民族文化研究叢書 165

한국어 텍스트 단위의 비명시적 인과 접속 연구

民族文化硏究叢書 165

한국어 텍스트 단위의
비명시적 인과 접속 연구

정주연 지음

高麗大學校
民族文化硏究院

이 책은 용운장학재단이 한국학 연구의 발전과 신진 연구자의 연구성과 확산을 위해 지원하는 〈용운 한국학 연구교수 지원사업〉에 의하여 출판되었습니다.

책머리에

이 책은 2022년 제출한 박사학위논문 '한국어 텍스트 단위의 비명시적 인과 접속 연구'의 일부 내용을 고치고 후속 연구를 더한 것이다. 연구의 목적은 한국어 텍스트에서 문장과 문장의 관계 의미에 관여하는 다양한 표지를 살피고, 그 중 비명시적으로 접속에 관여하는 표지의 세부적인 인과 의미를 밝히는 데에 있다. 그간 문장과 문장의 접속은 '접속부사'를 대상으로 한 논의가 주를 이루었다. 접속사의 존재 유무에 따라 명시적 접속과 비명시적(암시적) 접속을 구분해 왔고 접속사는 접속부사에 한정된 것이었다. 그러나 실제 텍스트에서 문장과 문장의 관계는 의미적 관련성을 본질로 하므로 명시적인 접속 표지 이외에도 관계 의미의 개념어나 양태부사, 문장 종결부의 복합적 표현 등을 통해서 나타날 수 있다. 이러한 점에 착안하여 이 책에서는 접속을 명시적으로 드러내지 않으면서 '인과'라는 특정 의미 관계를 드러내는 언어적 형식들을 다루고자 한 것이다. 이는 화자의 추론을 통해 접속 의미가 도출되는 과정에서 참조할 수 있는 요소를 접속사로 한정하여 보는 이분법적 시각에서 벗어나 텍스트라는 동적인 개념을 적용하여 접속의 범위를 확장하고자 것이다.

1장에서는 이러한 연구의 목적과 방향에 대해 설명하고 선행 연구를 텍스트 언어학적 연구와 인과 관계 유형에 대한 연구로 구분하여 살폈다. 이와 함께 이 책에서 주로 논의하고 있는 개념에 대한 용어

문제를 언급하였다. 2장에서는 텍스트 단위의 접속을 논의하기 위한 전제 조건으로서 접속 대상이 되는 문장의 특성과 명시성의 개념에 대해 설명하였다. 또한 Stadler(2011)의 명시성 지표를 참조하여 화행론적 관점의 명시성 판단 기준을 적용하여 텍스트 단위를 접속하는 비명시적 인과 표지를 선정하는 과정을 보였다.

3장에서는 인과 관계의 유형을 분류하는 기준을 제시하였다. 특정 의미 관계를 드러내는 명시적이거나 비명시적인 표지들을 통합하여 설명할 수 있는 분석 틀이 필요하다고 보고 문장의 의미 층위에 의한 유형 분류와 텍스트 구조적 측면의 유형 분류를 시도한 것이다. 문장의 의미 층위에 따라 사실 접속, 의견 접속, 화행 접속으로 구분하는 한편, 수사구조이론의 의미 관계 유형을 참고하여 수사 관계 중에서 인과 관계 범주에 포함할 수 있는 관계를 선정하였다.

4장에서는 2장에서 비명시적 인과 접속 표지로 선정한 '어쩐지', '어차피', '하기는', '-ㄴ 모양이-, -ㄴ가/나 보-', '-ㄴ 것이다', '-잖아, -거든'을 대상으로 3장에서 기술한 인과 관계 유형 분류 기준을 적용하여 접속 유형과 수사 관계를 분석하였다. 실제 말뭉치에서 나타나는 용례를 통해 각각의 표지가 드러내는 인과의 세부적인 특성을 밝힌 것이다. 그 과정에서 기존 연구에서 인과 관계의 순서가 반대로 해석될 수 있는 경우에도 명제 층위의 의견 접속으로 통합적으로 설명이 가능하다는 점, 텍스트 구조상 화자의 의도가 놓이는 핵의 위치에 따라 그 수사 관계 또한 다르게 분석될 수 있다는 점 등을 확인할 수 있다. 마지막으로 5장에서는 연구 내용을 요약하여 제시하고 이 책에서 미처 다루지 못한 부분과 연구의 한계를 짚어보았다.

연구자로서 항상 부족함을 느꼈기에 이 책이 나오면서 포기하지 않는다는 말의 힘을 새삼 실감하게 된다. 무엇보다 제자가 현실에 안주하지 않고 연구자의 길을 계속 갈 수 있도록 기나긴 시간을 기다려주신 홍종선 선생님께 깊은 감사의 마음을 전한다. 선생님께 받은 큰 은혜에 비할 바 못되지만 학위의 마지막 과정을 끝마치겠다는, 선생님과의 약속을 지켰다는 것이 필자에게는 무엇보다 큰 기쁨이었다.

비판과 조언으로 논문의 방향을 잡을 수 있도록 도와주신 도원영 선생님과 유혜원 선생님께도 감사드린다. 도원영 선생님은 언제나 따듯한 언어와 시선으로 박사 과정생의 삭막한 마음을 어루만져 주셨다. 또한 유혜원 선생님께서 논문을 꼼꼼하게 검토해 주시고 문제점을 날카롭게 지적해 주신 덕분에 그나마 논문의 틀을 갖출 수 있게 되었다고 생각한다. 이영제 선생님과 정연주 선생님, 정경재 선생님은 필자가 석사 신입생 때부터 가까이에서 봐오면서 공부하는 사람의 자세와 마음가짐이 어떠해야 하는지에 대해 많은 배움을 받은 분들이다. 이밖에도 육아로 인해 오랜 학업적 공백이 있던 필자를 끝까지 잊지 않고 멀리서나마 마음을 전해준 선후배 동학들이 있어 큰 힘이 되었다.

때론 모진 질책으로 악역을 맡아왔지만 존재만으로도 든든한 남편에게, 공부하는 며느리를 항상 응원해 주시는 시부모님과 빈틈 많은 엄마를 사랑으로 감싸주는 나의 토끼 같은 두 아이, 도영, 다영에게 고마움을 전한다. 마지막으로 딸을 위해 황금 같은 노년의 시간을 선뜻 내어준 엄마와 하늘에 계신 아빠께 이 책이 작은 기쁨이 되었으면 한다.

2023년 9월

정주연

차례

표 차례

1.
서론

1.1. 연구 목적과 방법

이 연구는 한국어에서 텍스트 단위의 인과 관계에 사용되는 비명시적 표지를 선정하고 그 세부적 인과 의미를 밝히는 것을 목적으로 한다. 텍스트[1] 단위 접속에 적용할 수 있는 관계 의미의 유형 분류 기준을 제시하고 이를 적용하여 각각의 표지가 갖는 인과의 세부 의미를 고찰해보고자 한다.

한국어에서는 연결어미나 접속부사와 같이 두 내용을 인과적으로 연결하면서도 그 의미가 세부적으로 구분되는 형식이 매우 다양하여

---

1) '담화'와 '텍스트'라는 용어는 학자에 따라서 조금씩 다르게 사용되고 있다. 텍스트를 담화의 상위 단위로 보기도 하고 문어 중심의 연구는 '텍스트'를, 구어 중심의 연구는 '담화'를 사용하기도 한다. 같은 맥락으로 언어 능력이나 규범화에 초점을 둘 때는 '텍스트'를, 언어 수행이나 기술에 초점을 둘 때는 '담화'를 사용하기도 한다. 이러한 두 용어는 문장 이상의 언어 단위를 대상으로 한다는 점에서 공통점을 가지므로 상호 보완적이고 양립 가능한 용어로 정리된다(김봉순 2002, 2004:4-5, 정희자 1999, 김강희 2018 참조). 이 책에서는 문어나 구어, 어느 한쪽에 초점을 둔 것이 아니기 때문에 상위의 단위로서 '텍스트'를 사용하지만 다른 학자의 논의를 인용하거나 구분할 필요가 있을 경우엔 '담화'도 함께 사용할 것이다. 전반적인 용어의 사용에 대해서는 1.3절에서 조금 더 다룬다.

지금까지의 인과 관계 연구에서는 이들을 중심으로 그 의미 차이를 구명하는 것에 집중하였다. 그러나 실제 텍스트 내에서는 이러한 명시적인 접속 표지에 의해서뿐만 아니라 좀 더 다양한 방식으로 인과 관계가 실현된다. 그 중에서 아래의 예들은 인과의 접속 기능을 갖는 접속사가 아니면서 다른 요소와 인과의 의미 관계를 암시하는 언어적 요소들을 통해 접속이 실현된 경우이다.

(1) ㄱ. 국회의원이 만든 국회법은 끼리끼리를 엄중하게 보고하고 있다. 하기는 의원 소환 제도는 자칫 악용이 될 소지가 너무나 많다.
ㄴ. 미국 기업 사상 최대의 적자인 이 기록은 단 하루만에 깨어졌다. 바로 다음날 세계 최대의 자동차 메이커인 GM사가 '92년도 적자 2백 35억 달러'를 발표한 것이다.
ㄷ. 눈이 어두운 어머니가 참기름병을 식초병으로 잘못 안 모양이었다. 참기름이 섞인 초장은 확실히 칼칼한 맛이 덜했다.

이 책에서는 위의 예에서 '하기는'이나 '-ㄴ 것이다', '-ㄴ 모양이-'와 같은 형식이 인접하는 요소들을 '원인-결과'라는 의미적 관계로 연결시키는 데에 역할을 하고 있다고 보는데, 이들은 그간 접속의 범주 안에서는 다루어지지 않았다. 그 이유는 양태 의미가 실현되는 과정에서 접속이 부차적인 기능으로 간주되거나 해당 형식을 통한 접속이 언어 형식이 가진 고정적 의미에 의해서라기보다 문맥에 의해 성립되는 현상으로 보았기 때문이다. 그러나 문장 경계를 넘어서 연결되는 의미 관계는 의미적 의존성이 통사적 결속으로 대응되지 않고 실현된 표지도 접속 기능 이외에 화자의 의도와 관련되어 있을 가능성이 높다. 또한 특정 텍스트에서는 인과 관계를 기술할 때 '-어서'나 '-니까'와 같은 인과 관계 연결어미보다는 단문의 연쇄를 통해 그 관계를 표현하는 경향이 있다.[2] 따라서 위와 같이 명시적인 접속사 이외에 특정 의미 관계의 판단을 유도하는 역할을 하는 요소를 접속의 범주 안에서 함께 다루는 것이 필요하다.

이 책에서 다루고자 하는 비명시적 접속은 접속사가 개재된 명시적 접속에 대치되는 범주로서, 특정한 접속 표지 없이 청자가 언어의 내적·외적 맥락을 바탕으로 추론하여 두 내용을 연결하는 접속을 말한다. 접속사가 개재되지 않은 두 문장의 의미를 해석할 때 청자는 배경지식을 이용하거나 발화 장면을 통해 관계 의미를 파악하는 경우도 있지만 문장 내에 존재하는 언어적 단서를 통해 관계 의미를 해석할 수 있다. 특정 의미 관계를 유도하는 언어적 단서들이 있다면 이들이 형성하는 관계 의미 또한 분석 대상이 될 것이다.

의미 관계 중에서는 '인과' 관계를 살필 것인데 인과 관계는 텍스트의 응집성(coherence)[3]을 실현하는 데에 주요한 요소로 간주되어 왔다.[4]

---

2) 황희선(2021: 777)에서는 열 편의 논증 텍스트에서 '-어/어서'나 '-니까'와 같은 인과 관계 연결어미가 사용되지 않았고 인과적 내용이 단문으로 응집성 있게 기술되어 있다는 것을 제시한 바 있다.

3) Beaugrande&Dressler(1981, 2002)는 텍스트를 텍스트답게 만드는 요소를 텍스트성(textuality)라고 하고 7가지 기준을 제시하였다. 이는 응결성(cohesion), 응집성(coherence), 의도성(intentionality), 용인성(acceptability), 정보성(informativity), 상황성(situationality), 상호텍스트성(intertexualiry)이다.

4) 이원표(1999)에서는 인과 관계가 응집성의 주요 운용 원리 중 하나로 다루어져 왔으며 기존 논의에서 인과 관계를 텍스트의 접속성(connectivity)이나 일관성의 중요한 출처로 보고 있음을 언급하고 있다.

응집성은 연속적인 문장의 나열을 하나의 텍스트로 볼 수 있게 하는 텍스트성(textuality)의 결정적인 구성 요소라는 점에서 인과 관계는 텍스트를 구성하는 가장 본질적인 접속 관계라고 할 수 있다. 이러한 인과 관계는 명시적 접속과 비명시적 접속이 모두 많이 관찰되는 의미 관계에 속한다. 접속 표지가 없는 무표적인 문장 연쇄에서 인간의 인지적 처리는 자연스럽게 시간적 선후나 인과적 해석에 따르는 경향이 있는 반면, 특정 텍스트 유형에서는 부연이나 첨가와 같은 의미 관계에 비해 접속 표지가 더 많이 사용되는 양상도 보인다.[5] 따라서 그간 주목하지 못했던, 문장 사이에서 명시적으로 드러나지 않는 인과 접속을 연구 주제로 삼고자 한다.

텍스트 단위의 접속을 다루기 위해서는 '텍스트'의 특성을 이해할 필요가 있다. 텍스트 접속은 의미적으로는 의존 관계[6]이면서 통사적으로는 독립적 관계이므로 그 의미 관계를 분석하기 위해서는 접속 단위에 적합한 방식으로 접근할 필요가 있다. 이는 관계의 의미적 측면과 텍스트 구조적 측면을 함께 살피는 것이다. 이은희(2000: 127-129)

---

5) 문숙영(2018: 103)에서는 나란한 두 사건이 선후관계나 인과관계로 해석되는 것은 내러티브 어순의 도상적 관습과 인과관계의 논리적 도상성 때문이라고 하였다. 한편 박나리(2009: 95)에서는 접속 관계가 부연 및 첨가일 때보다 역접이나 전환, 인과관계에서 접속표지가 명시되는 경우가 많다고 하면서 이는 부연과 첨가가 갖는 기준치(default)인 의미로 인한 것으로 해석하였다. 논의에 의하면 기준치(default)란 반대되는 지시 대상이 없을 때에 기본적으로 규정된다고 상정되는 조작이나 선택을 의미한다.

6) 이은경(2015)에서는 연결어미의 의미를 기술하면서 사태와 사태의 관계를 의존관계와 비의존관계를 나눈 바 있다. '의존관계'를 '후행 사태가 선행 사태의 존재에 의해 그 발생이 영향을 받는 관계'라고 하면서 '원인, 조건, 결과, 양보'가 여기에 속하고, 물리적이든 의지의 문제이든 상관없이 이 범주에 넣을 수 있다고 설명하였다. 이는 관계 의미를 기준으로 한 것이기 때문에 접속의 통사적 대상에서는 차이가 있더라도 문장 이상 단위의 인과 접속도 의미적으로 의존관계로 볼 수 있다.

에서는 텍스트의 접속 관계의 유형화 기준은 두 접속 대상 사이의 의미적 요소와 접속 관계의 결과로 형성된 구조적 요인의 두 가지임을 밝히면서 두 요인을 차례로 적용하여 접속 관계를 분류하였다. 전체로서의 텍스트를 대상으로 한 연구에서는 의미적 측면뿐만 아니라 접속 관계의 결과로 나타나는 구조적 특성을 고려해야 한다는 것이다. 여기에서는 직접적으로 선행·후행하는 문장 사이의 접속을 대상으로 하지만 텍스트 단위로서의 문장을 전제한 것이므로 접속 대상의 특성에 따라 접속 관계에서 의미적 특성과 구조적 특성을 함께 고려해야 하는 것으로 본다.[7]

먼저 의미적 특성을 밝히기 위해 '인과'라는 관계 의미의 개념을 바탕으로 하여 그 세부 의미를 살펴볼 것이다. 기존 연구에서 다루었던, 언어 현상으로서 인과 관계는 그 과정에서 화자의 추론이 개입되었는지의 여부나 어떠한 언어 층위에서 인과성이 적용되는지에 따라 구분되는 특징을 보인다. 화자의 추론 개입이나 인과성의 적용 영역은 텍스트 단위에서 접속 대상이 되는 문장의 의미 특성과 선·후행 문장과의 관계를 통해 파악된다. 따라서 그 세부 유형을 구분해 볼 수 있을 것이다.

---

7) 텍스트 접속 관계의 유형은 Martin(1983)에서 아래의 기준으로 제시된 바 있다(이은희 2000: 재인용).

Martin(1983)의 텍스트 접속 관계 분류 기준

① 명시적(explicit) : 비명시적(implicit)

② 시간적(temporal): 인과적(consequential): 비교적(comparative): 부가적(additive)

③ 종속적(subordinating): 비종송적(nonsubordination)

위의 분류는 각각 언어적 명시성 여부, 접속되는 선후 요소의 의미 관계, 접속 결과 형성되는 구조 관계에 따라 분류한 것이다. 위의 기준을 적용하면 이 연구의 연구 대상은 비명시적, 인과적, 종속적 접속에 해당되는, 제한된 범주를 다룬다.

다음으로 텍스트 구조적 측면에서 문장과 문장의 결합은 상위 층위의 계층적 구조를 형성한다. 한 문장이 다른 문장에 대해 하위 구조를 형성할 수도 있고, 두 문장이 대등하게 독립된 상위 구조를 형성할 수도 있다. 따라서 텍스트 단위 접속에서 계층적으로 연결되는 구조를 살펴야 할 것이다. 기존 연구에서는 인과 관계로 접속하여 텍스트의 상위 구조를 이룰 때, 원인과 결과를 상하위 구조로 보는 입장과 대등한 구조로 보는 상반된 입장이 존재한다. 따라서 인과관계 접속에서 그 구조가 어떻게 나타나는지 수사 관계를 분석할 필요가 있다. 이러한 인과 관계의 세부 의미 유형을 분석하는 과정에서는 인지적 관점으로 접속의 층위를 구분하는 접근법(Sweetser 1990, Maat & Degand 2001)을 참고하고 수사구조이론(Mann & Thompson 1988)의 관계 의미 정의를 활용하고자 한다.[8)]

본 연구에서 다루고자 하는 언어적 형식에 전제가 되는 명시성의 개념은 일부분 화행 이론에 기반을 둔 것이다. 화행 이론은 언어를 발화 행위의 측면에서 청자에게 전달하는 효과에 집중하는데, 접속 관계에서의 명시성은 화자가 두 문장 사이의 관계를 전달하기 위해 청자에게 접속 기능 또는 의미 관계를 드러내는 정도를 판단한다는 점에서 발화 행위와 접점이 있다.

텍스트 접속 관계는 어절에서 단락까지 다양한 언어 단위를 이어주고, 인접하는 문장이나 단락에서부터 인접하지 않은 문장이나 단락에 이르기까지의 다양한 거리로 관계를 맺는다(이은희2000: 106-7). 이 연구에서는 그 중에서도 직접적으로 인접하는 독립된 문장 사이의 접속

8) 각 이론에 대한 설명은 별도의 장에서 설명한다.

으로 제한하여 살폈으며[9] 해당 형식이 동일한 의미로 문장 내의 접속 기능을 보이는 경우 절 단위 연결도 함께 관찰하여 참고하였다. 접속 관계를 드러내는 언어적 형식은 텍스트 내에서 문장의 층위를 넘어 곳곳에서 드러나는데, 직접적으로 인접하는 선후행 문장 간의 의미 관계를 파악하는 것이 텍스트의 상위 구조로 나아가기 위한 첫 단계라고 할 수 있다.[10]

이 연구는 전체적으로는 표현론적 관점(onomasiological approach)과 해석론적 관점(semasiological approach)의 양방향의 접근 방식을 택한다. 먼저 접속의 내재된 의미적 측면에 중점을 두고 연구를 출발하고자 한다. 접속 표지의 사용이 필수적이지 않다는 것은 텍스트에서 두 사태를 연결하여 이해하는 과정에서 선·후행 사태의 의미적 관련성이 기반이 된다는 것을 의미한다. 이처럼 의미에서 기호로 나아가는 표현론적 관점에서 출발하는 것은 접속 표지의 문법적 위치나 접속 대상에 대한 전체적인 접근을 가능하게 한다고 볼 수 있다. 이는 관계 의미와

---

9) 텍스트를 이루는 구성 단위는 문장, 문장군(전병선 1995), 혹은 글분절(황미향 1999), 문단이 있고 그 중 텍스트 구성의 기본 단위는 '문장'으로 본다. '문장군'은 두 개 또는 두 개 이상의 문장이 일정한 문장 관계와 문장 접속 수단으로 구성되는데 구조상에서 문장 이상, 문단 이하의 단위로서 긴밀히 연계된 언어적 단위'이며 '문장보다 한 급 높고 문단보다 낮은 단위'라고 하였다. 황미향(1999)에서는 이러한 단위가 문장 종결에만 의존해서 설정한 덩이기 때문에 통사적, 텍스트적으로 의미를 가지는 단위가 아니라고 하여 '글분절' 단위를 제시하였다. 이러한 연구에서 제시된 '문장군'이나 '글분절' 단위는 의미를 기준으로 구분된 단위로서 텍스트 접속 단위로서 적합하나 그 의미 경계를 판단하는 것이 쉽지 않다는 문제가 있다.

10) 이은희(2000:120)에서는 문장 단위 접속으로서 미시구조적 접속관계와 단락 단위 접속으로서 거시구조적 접속관계로 나누면서 독해 과정에서 문단 단위의 접속관계를 이해하기 위해서는 위계적인 처리 과정이 필요하기 때문에 두 유형이 상이한 역할을 한다고 하였다.

접속 표지 의미의 개별성을 전제하는 것이고[11] 텍스트 내에서 발현되는 의미 관계를 접속 표지 개개의 의미로 치환하기보다 '인과'라는 의미 관계가, 독자의 추론을 이끌어가는 언어적 단서들을 통해 어떠한 양상으로 나타나는지를 살피는 과정이 될 것이다. 이와 함께 명시성 기준으로 통해 선정된 비명시적 표지 각각에 대해서 그 구체적인 의미를 분석하는 과정은 해석론적 관점에 선 것이다.

텍스트 연구는 실제 쓰이는 자료를 기반으로 해야 하는바 본 연구에서 제시한 용례는 국립국어원에서 제공하는 모두의 말뭉치의 문어, 구어, 신문 말뭉치와 21세기 세종계획 수정판, 고려대학교 민족문화연구원 용례 검색기에서 찾은 것이며 필요한 경우 최근 출판된 서적과 인터넷 검색을 이용하였다. 연구 대상이 되는 언어 형식 중에 구어에서만 특정적으로 사용되는 형식이 포함되어 있기 때문에 발화 맥락을 확인할 수 있는 드라마·영화 대본집[12]의 가공 대화에서의 사용 양상도 함께 참고하였다.

'인과'라는 관계 의미를 파악하는 과정에서 특정한 문법 형식을 중심으로 선행하는 문맥과 후행하는 문맥을 모두 살피는 것이 필요하다. 이로 인해 규모가 큰 말뭉치의 빈도를 계산하는 것보다는 기존 연구를

11) 유유현(2021)에서는 연결어미의 의미와 구분된 의미 범주로서 문장의 '관계 의미'를 확립해야 함을 주장하면서 '관계 의미'를 "어떤 사태나 명제가 다른 사태·명제·화행과 맺는 시간적, 영향적, 논리적, 담화적 관계"로 정의하고 있다. 이 책에서도 이러한 '관계 의미'의 개념을 받아들인다.

12) 본 연구에서 참고한 드라마 대본집은 다음과 같다. 대본집 자료는 용례를 찾고 그 용법을 확인하기 위한 용도로서 활용한 것이고 분포나 통계를 위한 자료로 활용한 것은 아니기 때문에 규모를 특정한 것은 아니다.
갯마을 차차차(1화~16화), 괜찮아 사랑이야(1화~15화), 비밀의 숲(1화~16화), 그 해 우리는(1화~16화)

참고하여 연구 대상을 먼저 선정하고 그에 해당되는 자료를 말뭉치를 통해 찾아보는 방식으로 연구를 진행하고자 한다.[13] 즉 이 책에서 사용한 말뭉치는 사용역이나 인과 의미에 따른 분포, 텍스트 구조를 파악하기 위함이다.

남은 1장에서는 선행 연구를 텍스트언어학적 측면에서의 접속에 대한 연구와 인과 관계의 하위 유형 분류에 대한 연구로 나누어 검토하고 연구에서 사용할 용어에 대해 간략히 설명한다. 2장에서는 비명시적 인과 접속 표지를 선정하기 위한 기본적 전제로서 텍스트 단위 접속의 특성과 인과 관계, 명시성의 개념에 대해 다루고 비명시적 인과 표지를 선정하기 위한 과정을 두 단계로 나누어 설명한다. 선행 연구를 통해 수집한 전체 인과 접속 표지 중에 텍스트 단위를 접속하는 표지를 간추리고 그 중에 인과의 의미를 비명시적으로 나타내는 표지를 선정하는 것이다. 3장에서는 인과 관계의 유형을 의미적 관점과 텍스트 구조적 관점으로 구분하고 그 각각에서 인과의 하위 유형 기준을 통합적으로 제시한다. 전자의 입장에서는 접속 대상인 문장의 의미 실체가 사태인지 명제인지 화행인지에 따라 사실 접속, 의견 접속, 화행 접속으로 나누어 각 유형의 특성을 설명할 것이다. 텍스트 구조적 유형은 텍스트 구조의 이론적 분석틀인 수사구조이론에서 제시한 의미 관계 중 인과 관계 범주에 속하는 관계를 제시할 것이다. 이와 함께

13) 말뭉치를 활용하는 방식은 말뭉치 기반 연구 방법(corpus-based method)과 말뭉치 주도 연구 방법(copus-driven method) 중 말뭉치 기반 연구 방식을 택한다. 말뭉치 주도 연구 방법은 말뭉치 그 자체에 언어 이론을 포함하고 있다는 관점으로 주로 말뭉치로부터 유형이나 목록을 추출하고 빈도를 계산하여 그 정보를 이용하는 것이다. 반면 말뭉치 기반 연구 방법은 기존의 이론이나 가설의 증명, 반박, 개선 등을 위해서 말뭉치를 사용하는 것이다(장석배 2015: 47).

문장의 의미 실체에 따른 유형과 수사구조이론에서의 의미 관계가 대응되는 양상 또한 살펴야 할 것이다. 4장에서는 2장에서 선정한 몇몇 비명시적 인과 표지를 대상으로 3장의 유형 분류 기준을 적용하여 각각의 표지가 갖는 인과의 세부 의미 유형에 대해 분석해보고자 한다. 마지막으로 5장에서 연구 내용을 요약하고 연구의 한계와 문제점을 짚어보는 것으로 논의를 마무리하고자 한다.

1.2. 선행 연구 검토

텍스트 단위 인과 접속의 선행 연구는 크게 '접속'에 대한 연구와 '인과 관계'에 대한 연구로 구분하여 살펴보고자 한다. 접속에 대한 연구는 크게 문장 단위 문법과 텍스트 단위 문법의 두 가지 측면으로 나누어볼 수 있다. 전자는 한 문장 내에서 절 단위의 접속 관계를 대상으로 한 연구이고 후자는 미시적으로는 문장과 문장의 접속을 시작으로 해서 거시적으로는 전체 텍스트에서의 접속 구조를 파악하는 것에 중점을 둔다. 본 연구의 연구 범위는 텍스트 단위의 문법 연구에 해당되므로 텍스트언어학적 관점의 접속 관계에서 접속 표지에 대한 논의를 중심으로 살필 것이다.

인과 관계 연구는 그 유형 분류에 대한 연구를 중심으로 살핀다. 인과의 유형 분류에 대한 연구는 접속 단위에 의해 구분된다기보다 관점의 차이로 구분할 수 있다. 크게 인과 의미가 적용되는 영역을 기준으로 한 분류와 텍스트 구조적 측면에서 텍스트의 계층성을 고려한 분류로 구분하여 살펴보고자 한다.

1.2.1. 텍스트언어학적 접속 연구

통사적 문장 내의 요소들 사이에서만 적용되어 온 '접속' 개념을 담화 텍스트를 대상으로 적용하는 접근법의 필요성은 고영근(1999), 박영순(2008), 신지연(1999, 2005, 2006), 황미향(2018) 등 이미 많은 연구자에 의해 제기된 바 있다. 그러나 이러한 필요성에도 불구하고 '접속'에 대한 텍스트 관점의 연구는 그 양이 많지 않다. 또한 텍스트언어학에서 문장 사이의 관계는 의미 관계를 다루기보다는 문장 간의 의미가 '관련되어 있음' 즉 '결속을 이루고 있음'을 드러내는 장치에 주목함으로써 특정한 의미 관계를 드러내는 장치에 대한 심층적 논의는 부족한 실정이다.

텍스트의 전반적인 의미 관계에 대한 국외 논의로는 Kintsch(1974), Frederiksen(1975), Meyer(1975, 1985), Van Dijk & Kintsch(1983), Mann & Thompson(1986, 1998) 등에서 이루어졌고, 국내 논의로는 김일웅(1989), 노석기(1990), 임홍빈(1991), 황미향(1998), 이은희(1993, 2000), 김봉순(2002), 신지연(2006), 양태영(2010), 염혜경(2012), 정종수·신아영(2012), 마쯔자키 마히루(2011, 2013), 정영교(2018) 등에서 찾아볼 수 있다. 문장 내 접속의 의미 관계 분류 체계와 비교하면 합의된 분류 기준이 있거나 의미 관계에 대한 일관된 메타 언어로 분석되기보다는 연구자 각각의 기준과 용어를 통해 체계를 세운 경향이 보인다.[14]

14) 본 논의에서는 텍스트의 의미 관계 유형을 새롭게 분류하지는 않는다. 이를 위해서는

텍스트에서 접속 현상을 바라보는 관점은 텍스트 응집성을 실현시키는 결속 기제 안에서 접속을 다루는 경우와 의미 관계를 드러내는 기제로서 접속이 독자적인 위치에 있음을 인정하고 그 접속 관계만을 대상으로 한 논의로 구분된다.

먼저 텍스트 응집성을 실현시키는 결속 기제 안에서 접속을 다루는 경우 접속 장치는 대용, 지시, 생략 등과 같은 궤에 놓인다. Halliday & Hasan(1976: 333-339)에서 문장들의 관계를 결속시켜 주는 결속 장치로 '지시, 대용, 생략' 등과 함께 '접속'을 제시하고 있고 한국텍스트언어학회(2009), Brinker(2004 이성만 역)에서는 '대체, 공지시, 지시' 등의 용어를 아우르며 텍스트의 내용을 엮는 문법적 규칙으로서 '재수용'의 개념을 제시하는데 '연접'(connexion)은 재수용과 함께 문법적 응집성에 기여한다고 하였다. 또한 '그러-'계열의 접속부사에서 볼 수 있

전체적인 의미 관계 양상을 깊게 살피는 일이 필요하다. 본 연구는 기존 연구에서 분류된 관계 유형 중에 '인과 관계'만을 대상으로 하므로, 기존 연구에서 전체적인 텍스트의 의미 관계 유형 분류는 아래의 표로 간략하게 정리하여 제시한다.

	임홍빈 (1991)	이은희 (2000)	김봉순 (2002)	신지연 (2006)	양태영 (2008)	염혜경 (2012)	정영교 (2018)
나열/열거	o	o	o		o	o	o
대조/비교		o	o (대응)		o	o	o
전환		o			o		o
인과	o	o	o	o	o	o	o
예시	o	o		o	o		o
포괄			o (핵심)		o		
설명/상술		o (보충, 환언)	o	o (부연, 명세화)		o	o (보충, 환언)
문제-해결	o		o	o		o	
시간	o				o	o	
공간	o						
평가				o			
강조					o		

듯이 연접은 많은 경우 대용으로 설명될 수 있다고 보았다. 이는 텍스트 내용의 연결 문제를 선행 발화의 특정 요소가 후행 발화에 의해 "재수용"되는 원리로 포섭하는 것이다(조국현 2020: 185).

'지시, 접속, 생략'과 같은 결속 기제를 통해 한국어의 문장 연결 양상을 전체적으로 분석한 논의로, 마쯔자키 마히루(2011, 2013)는 국어학계 내에서 비교적 크게 관심을 두지 않았던 문장과 문장의 연결에 집중한 논의라는 점에서 의의가 있다. 이들 결속 장치는 텍스트의 미시구조와 거시구조의 접속 방식과 관련되어 해석되기도 하였는데 신지연(2003)에서는 거시구조 접속 기제를 보조사, 대용표현, 직시소, 상적 표현 등으로 제시하여 텍스트 내에서도 문장 간의 접속과 문단 간의 접속에 기여하는 언어적 장치가 구분됨을 보였다.

한편, 좀 더 국지적으로 텍스트의 의미를 밝히기 위한 연구에서는 텍스트를 이루는 기본 단위인 문장과 문장의 논리적 관계를 파악하는 데에 초점을 맞춘다. 지시나 대용 등의 결속 구조가 사용되었더라도 내용 간에 의미 관계를 맺지 못하면 텍스트성을 결여한다는 점에서 접속의 독자성을 인정하는 입장이다. Halliday & Hasan(1976)에서도 접속을 텍스트 결속 장치 중 하나로 제시하였지만 지시, 대용, 생략 등을 통해 실현되는 결속성과는 근본적으로 다르다는 점을 인정한다. 텍스트 접속을 다른 결속 장치와 구별하는 견해는 이은희(2000), 차윤정(2000)에서 보이는데 차윤정(2000)에서는 접속 표지의 실현 여부와 관계없이 '대용, 생략, 낱말의 되풀이, 동의어 반의어' 등을 통해 의미적인 통일성을 바탕으로 텍스트가 구성되는 경우를 '엮음'으로 보고 그 중 접속 표지가 실현되는 경우만을 한정하여 '이음'이라고 하였다. 이음 표지가 텍스트 형성에 관여적이며 의미 관계 형성에도 특별한 기능을 담당하므로 이를 구분한 것이다.

접속 표지의 명시화 여부로 접속을 구분하고자 한 것은 이은희(2000), 박영순(2008), 길호현(2020), 장현주(2006) 등에서 보인다. 보통 '명시성'은 '내용이나 뜻을 분명하게 드러내 보이는 성질'의 일상어의 용법으로 사용되므로 기존 연구들에서도 언어로 드러난 표지의 유무로 명시성을 구분하는 경향이 보인다. 이은희(2000)에서는 접속어의 언어적 명시화 여부를 접속어의 실현 여부와 동일시하였고, 박영순(2008: 87)에서도 문장과 문장을 결속시켜주는 결속 장치들을 '외현적 결속(external binding)'과 '내재적 결속(internal binding)'으로 나누었는데, 전자는 여러 가지 문법적, 어휘적 장치에 의한 결속이고 후자는 결속 장치의 생략이나 의미론적 관련에 의한 결속으로 청자나 독자의 추론으로만 밝혀낼 수 있는 결속, 즉 무표지 접속(empty binder)이라 하였다.

길호현(2020)에서는 응집성에 영향을 미치는 텍스트 내의 요소들을 명시적 결속 요소와 비명시적 결속 요소들로 구분하고 명시적 결속 요소로 지시, 대용, 접속, 생략 이외에 '표지' 항목을 추가하였다. 여기에서 '표지'는 '접속에 포함되지 않으면서 텍스트의 구조나 전개 방식을 드러내는 것'이라는 설명으로 미루어보아 텍스트 접속 관계나 구조를 파악할 수 있는 언어적 형식을 모두 명시적 결속 요소로 포함시킨 것이다. 또한 텍스트 응집성은 그 결속 기제나 표지를 통해 명시적으로 제시되는 경우에서 비명시적 결속 요소나 외부 요소 등으로 확장될수록 독자의 개입 정도와 역할이 점점 더 커지게 된다고 함으로써 표지의 명시성과 독자의 추론 개입 정도의 상관성에 대해 언급하고 있다.

명시성은 번역학적 관점에서 번역의 대상이 되는 언어가 번역 결과가 되는 언어로 바뀌는 과정에서 어떠한 의미가 명료하게 드러나는가를 판단하기 위한 개념으로도 활용된다. 장현주(2006)에서는 번역학적 관점에서 텍스트 접속을 다루면서 텍스트 내 분석 단위인 분절문 사이의 관계에 대해 '접속'이라는 용어 대신에 '논리 연결'이라는 용어를 사용하였다. 이는 명시적, 비명시적 연결 관계를 모두 포함하기 위한 개념으로 제시한 것이라 하였다.[15)]

명시적 접속에서 텍스트 접속 표지는 주로 접속부사류에 한정되어 다루어졌다. 접속부사류에 대한 텍스트적 관점의 논의는 황미향(1998), 이은희(2000), 김미선(2001), 이후인(2015), 서반석(2018) 등을 들 수 있다. 이은희(2000)에서는 접속 관계의 교육적 적용을 위해 텍스트 접속 관계의 구조적 특성과 언어 사용 과정에서의 기능을 구체적으로 제시하였다. 접속 표지를 접속부사에 한정된 접속어로 설정하고 접속의 명시화 여부가 텍스트의 이해 과정에서 미치는 차이에 대해 주목하였다. 김미선(2001), 김선영(2003), 서반석(2018)에서는 접속부사의 기능과 의미를 텍스트적 관점으로 분석한 논의이다. 그중 서반석(2018)은 접속부사의 기능과 범위 등 근본적인 문제에 대한 접근으로 시작하여 접속부사가 텍스트의 생성에 관여하는 방식을 인지의미론적 개념인 '전경'과 '배경'을 통하여 고찰하였다. 이를 통해 접속 대상인 문장에 대해

---

15) 번역학적 관점의 '명시성'의 원어는 'explicitation'으로 사전에서 그 뜻을 찾아보면 '명료화'로 제시되어 있다. 대부분의 번역학 논의에서는 '명시화', '명시성' 등의 용어를 사용하고 있는 것으로 보인다. 이는 명시성(expliciness)의 개념과는 차이가 있지만 개념 구분 없이 사용되고 있어 관련된 선행 연구에 포함한다. 명시성의 개념에 대해서는 2장에서 다룰 것이다.

텍스트 내에서 그 위상을 분석하였다는 점에서 주목된다.

접속부사 이외에 접속 표지의 좀 더 확장된 목록은 김봉순(2002)에서 보이는데, 해당 논의에서는 Meyer(1975)의 신호어(signal word)의 개념을 이용하여 한국어 텍스트 관계 표지를 그 문법적 기능에 따른 구분 없이 다양하게 제시하고 있다. 인과 관계 표지를 '원인'이나 '결과'의 의미 자질을 갖는 개념어 표지와 원인이나 결과 상황에서 사용되는 연결어 표지로 구분하였는데, 이러한 표지에는 '원인은 -이다, -에 기인하여, -을 야기한다' 등의 구문표현이나 '왜냐하면, 따라서, 그러므로, 결국' 등의 접속부사를 포함한다.[16] 기존 논의에 비해 실제 텍스트에서 사용될 수 있는 다양한 표지를 다루고 있으나 '원인은 -이다'와 같이 형태적 고정성이 결여된 구문표현을 텍스트 관계 표지로 제시하는 과정에서 의미 관계 표지의 설정 기준이나 각각의 표지의 특성에 대한 논의까지 이루어진 것은 아니다.

추가적으로 한국어 교육적 측면에서는 텍스트 접속 표지의 사용을 발화의 전략적 수단으로 사용할 수 있는 가능성에 대해 주목한 논의가 주를 이룬다. 따라서 대부분 접속부사에 한정되어 있으며 '말차례 유

---

16) 김봉순(2002)에서 제시한 인과 관계를 나타내는 텍스트 관계 표지의 목록은 다음과 같다.

- 원인: 개념어 표지 : 원인은 -이다, -한 원인으로 하여, 이유는 -이다, 까닭은 -이다, -은 -을 예증한다, -의 근거로서, - 때문에, (때문)인 것이다, - 덕분에, -탓이다, -에 기인하여, -을 전제로, -으로 야기된, -에서 야기되어, -으로 인한 등.
  연결어 표지 : 왜냐하면, 따지고 보면, -에 의하여, -(하기)에 등.
- 결과: 개념어 표지 : 결과는 -이다, 결론부터 말하면, -으로 귀결된다, -게 결정된다, -을 야기한다, -이 야기된다 등
  연결어 표지 : 따라서, 그러므로, 그래서, 그리하여, 그러니까, 그러면, 그렇다면, 그러다보니, 결국, 마침내 등.

지하기', '상대방 발화 재촉하기' 등 담화에서 발화 상황에 대한 상위인지적인 전략을 분석하는 데 치중되어 있어 제한적 범주 안에서의 논의에 머무른 경향이 있다.

정리하면 기존에 문장문법적 측면에서 '접속'이라는 주제는 양적으로나 질적으로 깊이 다루어졌으나 텍스트언어학 측면의 접속 연구는 텍스트 내 접속의 본질이 의미적인 것임을 인정하면서도 접속부사를 중심으로 한 명시적인 접속 표지에 의한 접속을 중심으로 살폈다고 할 수 있으며 그밖에 국어교육을 위한 이론적 기반으로서 접속 현상에 대해 접근한 것이다. 그러나 텍스트 단위의 접속에 대해 의미 관계를 본질로 한 시각이 보완될 필요가 있는데, 즉 문장 이상의 단위를 연결하는 역할로서 접속부사 이외의 요소를 고려해야 하는 것이다. 문장 단위 이상에서 나타나는 접속은 '텍스트'라는 언어 단위의 특성에 맞게 다루어질 필요가 있고 이를 위해서는 이질적인 요소들에 대해 분류 기준의 객관성이 확보되어야 한다.

1.2.2. 인과 관계 유형 연구

지금까지 축적된 한국어 인과관계 표현에 대한 연구는 그 양과 성과가 상당하다고 할 수 있다. 그간의 연구에서는 형태적으로 연결어미 또는 연결어미 상당의 우언적 구성을 대상으로 한 논의가 주를 이룬다. 이는 국어 연구가 문장문법적 층위에서 이루어져 온 연유도 있거니와 한 문장 내에서 선·후행 절을 인과적으로 이어주는 문법적 요소가 실로 다양하게 존재하기 때문이기도 하다. 특히 '-어서'와 '-니까'를 대상으로 한 연구는 그 기능적 유사성으로 인해 1970년대 이후부터 현재까지 활발하게 이어져 오고 있는 실정이다.

국내 연구에서 '인과 관계'라는 존재론적 개념을 언어 형식에 적용할 때, 주로 이분법적인 관점을 취하였다. 관계의 '필연성'이라는 조건에 기반한 객관적 '원인'과 화자의 추론이 개입되는 주관적 '이유'를 구분한 것이다. 이는 특히 인과적 연결어미 '-어서', '-니까'의 의미 분석에 적용되었는데 남기심(1978)에서 '-어서'와 '-니까'가 각각 '원인'과 '이유'를 나타낸다고 분석한 이래, 성낙수(1978), 김진수(1987), 윤평현(1989) 등에서 보편성, 객관성 등의 유사한 기준을 들어 의미 차이를 구명하였다. 이러한 입장은 특정 접속 어미의 의미 분석 기준을 마련하기 위한 것이지만 결국 인과 관계를 인과적 추론 과정의 개입 여부에 따라 '원인'과 '이유'의 두 유형으로 나누어 본 것이라 이해할 수 있다.[17)]

인과 관계 유형에 대한 연구에서 인과 의미의 적용 영역에 따른 기준으로 인지론적 측면의 접근은 Sweetser(1990)으로 대표된다. Sweetser(1990) 는 인과관계를 내용 영역(the content domain), 인식 영역(the epistemic domain), 화행 영역(the speech-act domain)의 삼분법으로 분류하였는데 내용 영역은 실재 세계의 사건 사이의 관계를 반영한 것이고(2ㄱ), 인식 영역은 화자의 지식과 그로부터 도출되는 결론 사이의 인과성으로 설명된다(2ㄴ). 화행 영역은 '명령'이나 '질문' 화행과 이를 가능하게 하는 근거 사이에 성립되는 인과 관계이다(2ㄷ).

---

17) 절의 의미 범주로서 '원인'과 '이유'에 대한 선행 연구의 구체적 정리는 박지용(2020)을 참고할 수 있다.

(2) ㄱ. John came back because he loved her.

ㄴ. John loved her. because he came back.

ㄷ. What are you doing tonight? because there's a good movie on.

이러한 관점은 화자가 이해하는 인과 관계를 화자의 의식 세계와 발화 상황으로까지 확대하였다. 즉 화행 이론의 관점을 인과 관계의 범주 안으로 포함시킴으로써 '인과'라는 추상적인 개념을 언어 사용에서의 구체적 개념으로 바꾸어 놓았다고 할 수 있다. 이원표(1999), 임은하(2002), 안미경(2009), 박재연(2014) 등은 화행적, 인지론적 개념을 도입해 한국어의 인과적 연결어미 분석에서도 표지 사용이 변별되는 양상을 포착한 연구이다.[18]

이러한 인지적 관점의 인과 관계 유형은 Maat & Degand(2001)에서 좀 더 세분화되는데, 해당 논의에서는 화자 개입의 정도성, 즉 주관성을 척도로 삼아 단계적으로 등급화하고 있다. 인과적 응집성 관계를 다섯 가지 유형으로 제시하였는데 Sweester(1990)의 삼분법과 비교해 보면, 의도성에 따라 구분된 비의도적 인과 관계와 의도적 인과 관계는 내용 영역에, 인과적 인식 관계와 비인과적 인식 관계는 인식 영역에 대응시킬 수 있다. 이에 더해 화행 관계 안에 환언이나 요약 관계를 포함시켰다는 점에서 차이가 있다.

18) 국내 논의에서 인과적 형식을 분석하는 데 화행적, 인지론적 개념을 적용한 연구 중 대표적으로 이원표(1999)에서는 '-어서', '-니까', '왜냐하면'을 대상으로 일관성 성취의 방법론에 입각하여 분석하였으며. 임은하(2002)에서는 국어 인과관계 접속어미를 Sweester(1990)의 세 가지 영역을 적용하여 분류하였다.

[표 1] 인과적 응집성 관계 유형(Maat & Degand, 2001)

<table>
<tr><td colspan="2">1) Nonvolitional(비의도적 인과)</td></tr>
<tr><td colspan="2">2) Volitional(의도적 인과)</td></tr>
<tr><td colspan="2">3) Causal epistemic(인과적 인식)</td></tr>
<tr><td colspan="2">4) Noncausal epistemic(비인과적 인식)</td></tr>
<tr><td rowspan="2">5) Speech act(화행 관계)</td><td>5-1) 화행의 동기화</td></tr>
<tr><td>5-2) 바꿔쓰기와 요약하기</td></tr>
</table>

(2)에서 알 수 있듯이 Sweester(1990)은 결과를 가지고 근거를 추론하는 역행적 추론만을 인식 영역으로 제시하고 있어서 인과적 추론의 개입 여부를 추론의 방향성으로 판단해야 하는 것이다. 본질적으로 내용 영역을 정의하는 '실재 세계의 사태'와 인식 영역을 정의하는 '화자의 추론 개입', 화행에 대한 근거는 배타적인 요소가 아니어서 동일한 관계에 대한 중복적인 인과 층위 분석이 인정될 수밖에 없다.[19] 이에 비해 Maat & Degand(2001)의 층위 구분에서는 접속 대상이 되는 사태의 특성을 바탕으로 하여 유형을 구분하는 데에 적용하고 있으며, 인식 관계를 추론의 방향에 따라 '인과적 인식'과 '비인과적 인식'으로 구분하고 있어서 각 영역의 정의로 포섭하지 못하는 예를 포섭하거나 중복 분석의 문제를 최소화할 수 있다.

이러한 인과 관계 분류 체계를 살펴보면 내용 층위와 인식 층위의

19) 이는 국내 논의에서 인과관계를 원인과 이유로 구분한 기준과도 관련된다. 선행 연구에서 '원인'과 '이유'의 의미는 다양한 측면에서 구분되어 왔는데 보편적으로 누구나 동의할만한 것, 인간의 사유 작용이 개입한 것 등으로 정의한 것은 인과 관계를 판단하는 '과정'에 집중한 것이라 할 수 있다. 그러나 이러한 개념이 '-어서'와 '-니까'의 의미 변별에서 성공적인 것은 아니어서 지금까지 계속하여 '-어서'와 '-니까'의 의미 변별 기준이 제기되고 있다.

구분은 접속되는 사태가 실재 세계의 사태를 나타내는지, 화자의 인과적 추론이 개입되는지 하는 기준을 차용하고 있지만 이는 문장 내의 특정 접속 표지에 대해 인과 관계를 구분하는 데 초점이 맞추어진 것으로 보인다. Sweetser(1990)은 Because절을 대상으로 하였으며 이러한 인지적 관점을 수용한 국내 논의는 대부분 인과 관계 연결어미 '-어서'와 '-니까'에 집중된 것이다.

한편 텍스트적 측면에 초점을 맞추어 인과 관계를 분류한 논의는 Mann & Thompson(1986, 1998), Sanders et al(1992), Nicholas(1994), 이해윤·전수은(2009), 최승기(2014) 등이 있다. 먼저 Sanders et al (1992)은 12가지의 담화 관계를 크게 인과적(Causal) 관계와 부가적(Additive) 관계로 나누고 두 가지 기본적 관계 아래 응집성의 근원, 순서, 극성에 따라 다시 하위 유형으로 분류하였다. 인과 관계는 응집성의 근원에 따라 문장의 명제적 내용으로 인해 연결되는 의미론적 관계와 문장의 발화수반적 의미로 인해 연결되는 화용적 관계로 구분하였는데 각각에서 '원인-결과'라는 의미론적 인과와 '조건-결과', '수단-목적', '주장-근거'를 포함하는 화용론적 인과로 구분한 것을 보면 발화 행위와 관련된 접속은 포함되지 않은 것이다. 그러나 화용적 관계 안에서도 어떠한 언표적(locutionary) 층위의 관계가 존재하는지가 이차적 중요성을 가진다고 하였는데 인과 관계 안에서도 그 세부 관계가 더 분류될 수 있다는 가능성을 열어 두고 있는 것이다(Sanders et al,1992:8).

이해윤·전수은(2009)은 응집성 관계로서 인과 관계의 온톨로지 구성을 위한 방법론을 제시하였는데, 이는 한국어의 연결어미와 접속부사와 같은 어휘 항목의 분포에 의존하여 설정한 것이다. 인과 관계를

'인과'와 '목적'으로 나누고 '인과'는 원인과 결과의 시간성에 따라 나누었다. 그 중 일반적인 원인이 선행하는 인과(Precede-CauseResult)는 기존의 관점에 따라 의미적 관계와 화용적 관계라는 이분법으로 나누었다. 이러한 체계에서 연결어미는 각각의 유형에서 변별적인 형태가 사용되지만 접속부사는 유형에 따라 형태가 변별되는 양상이 뚜렷하지 않다. '그러-'계열 접속부사는 다의적으로 구분하여 의미적 관계와 화용적 관계에 모두 사용될 수 있는 것으로 해석하였다.

텍스트의 다양한 접속 관계의 세부적 유형은 텍스트 구조 분석 이론의 하나인 수사구조이론(Rhetorical Structure Theory, 이하 RST)[20]에서 찾을 수 있다. 화자의 의도를 기준으로 하여 정보적 층위(주요 내용 관계)와 화용적 층위(제시적 관계)를 구분하는 것에서 나아가 화용적 층위 내에서도 접속 대상의 특성이나 필자의 의도에 따라 관계가 구분되어 있어 인과의 세부 유형을 분석할 때 참고가 된다. RST의 의미 관계는 형태 통사적 신호에 의존하지 않고 오직 기능적, 의미적 판단에 의존하여 관계를 결정한다. 따라서 그 관계 의미와 접속 표지의 상관성은 파악하기 어렵지만 의미 관계의 본질에는 집중할 수 있다.[21]

---

20) 수사구조이론은 자연언어 생성에 관심이 있었던 William C. Mann과 Sandra A. Thompson에 의해 발전된 틀로서 텍스트 구조가 생성되는 원리를 밝히고자 하는 목적에서 1980년대에 개발된 것이다. RST는 텍스트 부분 간의 관계를 통해 전체 텍스트의 구조를 기술하는데 가장 규모가 작은 담화 단위, 즉 문장이나 절(proposition) 단위부터 규모가 큰 문단이나 장 단위까지 그 관계를 분석하여 전체적인 의미 구조를 구축하는 방법론이다.

21) 수사구조이론을 적용한 국내 논의는 그 양이 많지 않지만 문학적, 번역학적, 국어교육 및 한국어교육적, 텍스트언어학적으로 다양한 방면에서 활용되고 있다. 윤석민(1994)에서 수사구조이론과 분석 방법을 국내에 소개하였고 이혜윤·전수은(2007)에서는 기존의 텍스트 분석 방법이 각 유형에 고유한 개념을 사용하거나 구체적인 분석 방법이 결여되어 있는 데 반해 수사구조이론의 경우 텍스트 유형 간의 구조 비교가 용이하다고

RST를 참고한 인과 관계 유형 분류는 Nicholas(1994), 최승기(2013, 2014)를 참고할 수 있는데 먼저 Nicholas(1994)에서는 인과적 수사 관계를 아래와 같이 설정하였다.

[표 2] 인과적 수사 관계(Nicholas 1994: 46)

주요 내용 관계	해결성(Solutionhood) 조건(Condition), 목적(Purpose), 원인(Cause), 양자택일(Otherwise)
제시적 관계	정당화(Justify), 증거(Evidence), 동기화(Motivation), 가능화(Enablement), 양보(Concession)

위의 유형에서는 '인과'의 인접 범주인 '조건', '양보'와 인과의 하위 범주에 속하는 '원인', '결과' 관계가 동일한 층위에 포함되어 있음을 알 수 있다. Stede & Taboada(2017: 25-26)에서는 인과성(causality)이 꽤 많은 관계로 구성된다고 하였는데 인과의 의미론적 관계 중에서 조건(condition), 조건 가정(unless), 양자택일(otherwise), 목적(purpose)은 원인과 결과 사이에 잠재적, 가상적 또는 미래 사태의 연결로 제한된다고 하였다. '조건', '목적', '조건 가정' 등을 인과 관계에 사태의 비실현이나 부정의 제약을 통해 도출될 수 있는 관계로 보아 인과성으로부터 시작되는 것이라고 본 것이다.

최승기(2014)에서는 이를 구분하여 직접적인 인과성에 기반한 인과

보고 전래동화와 신문사설 텍스트를 분석하였다. 또한 서성교(2003)에서는 논증 텍스트와 비논증 텍스트의 수사구조를 비교하였고 최승기(2013)에서는 수사구조이론과 화행이론을 결합하여 정당 논평 텍스트의 구조 분석을 제시하였다. 신문 기사의 장르별 구조 특성을 밝힌 논의로는 이원표(2005, 2009, 2012)를, 설명텍스트 구조 분석에는 윤신원(2012, 2013)을 들 수 있다. 특정한 문법 표지를 대상으로 그 의미를 분석한 논의로는 이소현(2012, 2015), 황희선(2015), 안인경 외(2009)가 있다.

관계(causation)만을 제시하였는데 수사 관계에서 관계를 분석하는 데에 모호함이 있기 때문에 이를 이론적으로 보완하기 위해 Maat and Degand(2001)의 인과적 응집성 관계를 RST의 인과적 수사 관계와 비교하였다.[22] 이는 적용 영역을 구분하는 인과 관계와 관계의 구조를 파악하는 수사 관계를 함께 인과 의미 유형 분류에 적용하고자 하는 본 연구에서 직접적으로 참고될 만하다. 최승기(2014: 409)에서 제시한 응집성 관계와 수사 관계의 대응 양상은 아래와 같다.[23]

[표 3] 응집성 관계와 수사 관계의 대응(최승기 2014: 409)

응집성 관계	비의도적 인과 관계	의도적 인과 관계	인과적 인식 관계	비인과적 인식 관계	화행 관계
수사 관계	비의도적 원인(결과)	의도적 원인(결과)	가능, 증거, 동기		정당화

이처럼 응집성 관계와 수사 관계를 대응하여 비교함으로써 수사 관계만으로는 모호할 수 있는 관계 의미의 유형 분석 기준을 구체화할 수 있고, 따라서 분석의 용이성과 치밀성을 확보할 수 있다. 그러나 두 부류의 분류 기준이 상이한 만큼 대응 양상을 판단하기 위해서는 좀 더 구체적인 논의는 필요할 것이다.

기존에 인과 관계의 유형 분류 기준으로 제시되었던 것은 인과 판단의 과정적 측면과 인과의 적용 영역의 측면으로 구분할 수 있다. 전자

22) 최승기(2013, 2014)에서 응집성 관계와 수사 관계를 비교하여 논의한 것에는 각각의 이론적인 보완이 필요하다는 판단에 의해서다. 수사 관계를 분석하는 과정에서 나타나는 해석의 불일치를 해소하기 위해 응집성 관계를 제시한 것이다.

23) 의미 층위에 의한 인과 유형과 수사 관계 유형에 대해서는 3장에서 구체적으로 다룰 것이다.

는 인과 관계의 판단에서 화자의 추론 개입 정도로 구분한 것이고 후자는 인과 관계가 적용되는 영역이 명제 내용인가 발화 행위인가에 따라 구분되는 것이다. 그러나 이러한 기준은 화자의 추론 개입 여부를 판별하는 방법이나 화행의 범위를 설정하는 문제를 안고 있다.

인과 관계 유형에 대한 연구를 논의의 초점에 따라 인과 의미의 적용 영역에 따른 유형과 텍스트 구조적 측면의 유형으로 구분하여 살펴보았다. 접속 대상의 통사적 단위가 인과의 유형 분류 기준에 결정적인 영향을 미치는 것은 아니지만 전자의 경우 문장 내에서 특정 접속 표지에 대해, 후자의 경우 문장 이상의 단위들의 관계를 대상으로 한 연구에서 적용된 경향이 있다.

텍스트 단위의 의미 관계는 접속 단위의 측면에서는 텍스트 구조적 측면에 중점을 둔 기준과 의미 관계의 측면에서는 의미 특성을 고려한 기준을 함께 적용하여 분석할 필요가 있다고 판단된다. 화자의 의도를 기준으로 텍스트가 계층적으로 구조화되는 과정에서 두 문장에 대한 상위 명제를 판단하는 것이 필요한 한편, '인과'라는 특정 의미 관계를 분석할 때, 두 언어 요소의 관계를 의미적으로 판단하기 위한 기준을 함께 검토할 필요가 있는 것이다.

1.3. 용어의 문제

텍스트 내 접속 관계를 다루기 위해서는 용어의 문제를 거론하지 않을 수 없다. 문장문법론에서의 접속은 어미나 부사와 같이 문법적 기능에 따른 명칭이 부여되지만 텍스트 단위의 접속을 담당하는 형식은 특정한 품사나 문법적 형태로 국한되지 않는다는 점에서 이들을 지칭할 용어가 필요하다.

문장 단위 접속 연구에서 '접속어'나 '접속사'라는 용어를 사용하는 경우는 접속의 기능을 하는 언어적 요소를 문장 성분 층위에서나 품사로서 하나의 범주로 처리하고자 함이다. 이들은 '접속의 기능을 하는 언어적 형식'을 독립적으로 지칭하는 용어이므로 텍스트 내에서 접속을 '유도하는' 언어적 형식을 지칭하기 위한 용어로는 적합하지 않다.

텍스트 연구에서 광범위하게 사용되는 용어는 '표지'(marker)로서 특정한 내용이나 정보를 전달하기 위한 언어적 단서라는 의미로 적합하다. 언어 형식 자체가 가지고 있는 의미 기능보다는 특정 언어 형식을 통해 화자가 전달하거나 청자가 알아낼 수 있는 정보에 주목한다는 점에서 이 책에서도 '표지'를 사용하기로 한다.

접속의 문법적 경계를 넓힌다면 Meyer(1975), Mikulecky & Jeffries (1996)의 '신호어(signal words)'나 '실마리어구'(clue word), Schiffrin(1987)의 담화표지어(discourse marker)와 같은 용어에도 주목할 수 있다. '신호'나 '실마리'의 의미는 독자가 독해 과정에서 의미를 예측 가능하게 하는 언어적 요소라는 점에서 유사하다. 이를 받아들인 김봉순(2002)에서는 텍스트에서 나타나는 다양한 관계 표현들에 대해 '텍스트 관계 표지'라는 용어로 지칭하고 있으며 송석만(2004), 이경희(2008)에서는 '담화연결어'라는 용어를 사용하고 있다.

'표지'를 사용하는 경우 중에서도 '텍스트 표지'는 문어에서, '담화 표지'는 구어를 대상으로 한 연구에서 사용되는 경향이 보인다. 또한 '텍스트'와 '담화'가 명확히 구별되지 않는 것과 같이 '담화 표지'도 그 정의와 범주가 연구자마다 달라 사용역을 구분하지 않고 통칭하여 쓰이기도 한다(유해준 2017, 이숙의 외 2008, 김정남 2008).[24] 이 책에서는 구어에서의 화용적 기능보다도 특정한 언어 형식이 문장과 문장의 관계 안에서 사용되는 문법적, 의미적 특성에 초점을 맞추고자 하므로 '담화'보다는 '텍스트'라는 용어를 주로 사용할 것이다. 여기에서 '텍스트 단위'라 함은 '문장 단위 이상'의 의미와 동일한 것으로 본다.

'텍스트'와 '담화'의 차이, 텍스트 접속을 바라보는 관점에 따라 용어 사용에 차이가 있으나 여기서 제시된 표지들은 텍스트 내에서 내용의 논리적 연결이라는 공통적인 기능을 가지므로 '접속 표지'라는 용어를 사용하되 '텍스트적, 인과적, 비명시적'이라는 특성을 보여야 하는 경우 선택적으로 결합된 용어를 사용하겠다.

이 책에서는 접속의 '명시성'이라는 용어에 대해 형식적 측면과 의미적 측면을 구분하여 사용한다. 먼저 형식적 측면에서 인과 접속 표지의 분류 기준이 되는 용어로 '명시성'과 '비명시성'을 사용하였다. '명시성'에 대립적인 용어로는 '비명시성'(non-explicitness)이나 '암시성'(Implicitness)을 들 수 있다. '비명시성'은 명시적이지 않은 성질을 의미하는바 '암시성'보다는 용어가 지시하는 스펙트럼이 넓다. 두 용어 모두 그 경계를 명확히 구분짓기 어렵다는 점에서 정도성을 가진다고 할 수 있으나 '명시성-암시성'의 대응은 개념의 양 극단을 가리키

---

24) 텍스트 표지는 다시 텍스트 구조 표지(김봉순 1996, 양태영 2010, 유효진 2003), 텍스트 구성 표지(조국현 2020), 텍스트 표지(조진수 외 2015), 텍스트 결속 표지(손마정 2018), 텍스트 결속적 접속 표지(연동숙 2005) 등으로 사용되고 그밖에 '텍스트 결속적 접속 표현'이나 '텍스트 연결 표현', '응결 장치', '메타 담화 표지(홍혜란 외 2020)' 등의 용어도 사용되었다. 이처럼 텍스트의 구조나 관계를 나타내는 표지에 대해서는 유사하면서도 조금씩 다른 용어를 사용하고 있다.

는 용어이므로 이 책에서는 '명시성'의 대립어로서 '비명시성'을 사용하고자 한다.

비명시적 언어 형식을 통해서 전달하고자 하는 인과 의미는 '명시의미'라는 용어를 사용한다. 의미적 측면에서 '명시의미'는 언어 형식 자체가 가지는 고정적인 의미는 아니면서 화자가 텍스트를 통해 전달하고자 하는 의미이다. 텍스트의 명시의미는 문장을 구성하는 지시 대상들의 연관성을 통해 관계를 추론하여 형성되는 것이다. 따라서 접속 방식에 있어서는 비명시성을 가지는 형식들이라고 할지라도 그것이 텍스트 내에서 청자가 추론하여 화자가 전달하고자 하는 의미가 나타난다면 명시의미를 가지는 것이라고 할 수 있다. 이에 대해서는 해당되는 장에서 좀 더 구체적으로 설명할 것이다.

2.
기본적 논의와 연구 대상 선정

2.1. 기본적 논의

텍스트 접속은 문장 내의 접속 현상과 구분되는, 접속 대상으로부터 기인하는 독자적 특성을 가진다. 그중에서 명시성은 텍스트 접속에서 유의미한 개념이다. 이 장에서는 특정 언어 형식들을 비명시적 인과 표지로 범주화하기 위한 기본 개념인 텍스트 단위 접속과 인과 관계, 접속의 명시성에 대해 살펴보고자 한다.

2.1.1. 텍스트 단위 접속과 접속 대상

문장문법론에서는 '접속'이 언어 현상으로서 독자적 위치에 있는 데 반해, 텍스트 문법에서는 접속을 텍스트 결속 장치의 하나로 다루고 있다. 텍스트를 결속시키면서 의미를 형성하는 언어적 요소들은 지시, 대용, 생략, 접속, 어휘적 결속 등이 주로 논의되어 왔다.[1] 국내 연구

1) 길호현 2020: 200)에서는 담화 단위는 맥락과 결부된 언어 층위이므로 담화의 의미를 파악하는 것은 크게 '텍스트적 측면'과 '독자 측면', '상황 측면'의 요소들을 고려해야

에서 표준적으로 받아들여지고 있는 논의인 Halliday & Hasan(1976: 333-339)에서는 주로 텍스트 표면에 드러난 언어적 장치를 중심으로, 결속성이라는 용어 아래 문장들의 관계를 결속시켜 주는 자질을 제시하였다.

(3) ㄱ. 철수는 부산에 갔다. 영희도 그렇다.
ㄴ. 철수는 부산에 갔다. 영희도.
ㄷ. 철수는 부산에 갔다. 그는 부산이 고향이다.
ㄹ. 철수는 부산에 갔다. 그래서 지금 서울에 없다.

위의 (3ㄱ)에서 '그렇다'는 '부산에 갔다'를 대용하고 있는 것이고 (3ㄴ)에서는 '영희도 부산에 갔다'에서 선행 문장과 동일한 성분인 '부산에 갔다'가 생략된 예이다. (3ㄷ)은 대명사 '그'가 앞선 '철수'를 가리키면서 두 문장이 모두 '철수'에 대한 내용임을 알 수 있게 한다. 한편 (ㄹ)은 접속부사 '그래서'를 사용하여 선행 문장과 후행 문장이 논리적으로 연결되어 있다. (3ㄱ~ㄷ)의 기제는 선후행 문장이 의미적으로 관련되어 있다는 사실만을 알 수 있을 뿐, 그 관계 의미에 대해서는 아무것도 말해주지 않는 반면, (3ㄹ)은 두 요소가 어떠한 의미 관계로 연결되어 있는지 알 수 있는 '의미 관계성'[2)]을 드러낸다는 점에서 다른 결

한다고 하였다. 여기에서는 담화를 텍스트의 상위 개념으로 본 것으로 이해할 수 있는데, 이러한 구분을 따르자면 본 연구의 연구 대상이 되는 것은 텍스트적 측면에서의 결속 표지라고 할 수 있다.

2) 주세형(2016: 348)에서는 접속 표현이 다른 결속 기제에 대해 갖는 특화점으로 명제 내용 간의 '의미 관계성'을 들었다. 이는 '의미 관계를 나타내는 특성' 정도로 정의할 수 있을 것인데 여기에서도 그러한 의미로서 '의미 관계성'이라는 용어를 사용한 것이

속 장치와는 그 성격이 다르다.

이는 Halliday & Hasan(1976: 226)에서도 인정하고 있는 부분으로, 접속 관계가 지시나 대용처럼 선행 또는 후행 텍스트로 이어지는 직접적인 장치는 아니지만 다른 구성 요소들의 존재를 가정한 특정한 의미를 표현한다는 점에서 다른 응집성 관계와 다름을 기술하였다.[3)]

이와 관련하여 이은희(2000: 99-101)에서는 지시나 대용 같은 통일적 연결 관계와 텍스트 접속 관계의 차이를 제시하였는데, 첫째는 전자의 경우 언어적·맥락적 회복 가능성 조건에 의해 성립하는 반면, 후자는 이해 과정에서 접속 대상 간의 결합 관계를 본질로 한다는 점에서 구분할 수 있고, 둘째는 관계의 언어적 명시화가 필수적인 것인지 그렇지 않은지에 따라 구분된다고 하였다.

위의 견해와 같이 지시, 대용, 생략은 언어 표층적인 결속 방식이고 언어적 회복 가능성이나 명시화의 필수성에서 접속과 그 성격이 다르므로 의미 관계를 본질로 하는 현상이라는 점에서 이들을 동일한 층위에서 다루기는 어렵다. 동일한 층위에서 다루기 위해서는 접속 현상 자체가 아니라 접속사, 혹은 접속 표현과 같이 표면적으로 드러난 언어 형식으로 제한하여 비교할 수 있을 것이다.

다.

3) 이에 대한 기술은 아래와 같다.

Conjunction is rather different in nature from the other cohesive relations, from both reference, on the one hands and substitution and ellipsis on the other. It is not simply an anaphoric relation. Conjunctive elements are cohesive not in themselves but indirectly, by virtue of their specific meanings; they are not primarily devices for reaching out into the preceding (or following) text, but they express certain meanings which presuppose the presence of other components in the discourses.

접속은 의미 관계를 본질로 한다는 점에서 접속을 형성하는 데 관여하는 언어적 형식은 다양할 수 있고, 지시나 대용은 의미 관계를 판단하는 과정에서 관계 맥락을 형성하는 요소의 하나로 볼 수도 있다.

(4) ㄱ. 남편이 잡혀간다? 한울님이 유치장에? 걱정은커녕 피식 웃음이 삐져나왔다. 남편이 파업을 주도하다 감방에 갇힌다는 것은 틀림없이 사건이었고, 그것은 상희의 남편 연구에 있어 획기적인 자료가 될 것임에 틀림없었다.

ㄴ. 기사를 서너줄 훑기 바쁘게 그녀는 스르르 잠이 들어버린다. 입시생 때문에 늦게 자고 일찍 일어나는 혜연은 언제나 피로와 수면에 쫓기는 신세였다.

위의 예에서 (4ㄱ)는 남편이 유치장에 잡혀가는 상상을 하며 웃음이 나는 일반적이지 않은 상황이 기술되어 있는데, 그 뒤에 이어지는 '획기적인 자료'라는 단서를 통해 그 이유를 이해하게 된다. (4ㄴ)의 경우도 '혜연'이 금세 잠이 들어버리는 이유를 마지막 문장에서 찾을 수 있다. 관계를 맺는 두 내용 요소 사이에는 '왜냐하면' 정도의 접속 부사가 쓰일 수도 있을 것이지만 이러한 접속 표지가 없는 상황에서 인과적 해석이 가능한 이유는 '그것', '그녀'와 같은 대용어를 통해 두 문장의 의미적 관련성이 전제된 바탕 위에서 '스르르 잠이 들어버린다'와 '피로와 수면'의 어휘적으로 의미 관계를 맺는 표현을 통해 형성되는 맥락을 활용할 수 있기 때문이다. 이러한 경우 두 문장에서 언급된 대상의 지시적 일치성은 관계의 맥락을 형성하는 기능을 하지만 특정한 의미 관계를 이끌어내는 언어 형식이 아니라는 점에서 위 (4)과 같

은 문장 연쇄는 비명시적 접속에 해당된다.[4)]

위의 예 (4)를 특정한 접속 표지에 의존하지 않고 의미 관계가 실현되는 경우라고 한다면 텍스트 접속은 문법적 형식이나 관계 의미 자체를 개념화한 어휘에 의해서 명시적으로 실현되기도 한다.

(5) ㄱ. 개인주의 사상이 지배적인 현대에 와서는 오히려 자아 실현의 열매를 찾아볼 수 없다는 것은 참으로 아이러니가 아닐 수 없다. 이러한 현실은 우리가 현대적인 개인을 그릇되게 이해하고 있는 데 <u>원인이 있다</u>.

ㄴ. 운동을 할 때는 지방을 연소시키기 위해서 근육에 혈액이 공급되길 바라지만 식사 후라면 소화를 위해 위로 혈액이 공급되어 감량 효과는 떨어져 버린다. <u>그러므로</u> 식사는 1~2시간 전에 하는 것이 좋다.

(5ㄱ)에서는 후행하는 문장이 앞선 문장의 원인이 됨을 '-에 원인이 있다'의 관계 의미를 나타내는 구문을 사용하여 제시하고 있으며 (5ㄴ)에서는 '그러-'계 접속부사가 사용되었다. 이들은 문 연속만으로는 두 요소의 의미적 연결이 수월하지 않을 때 필수적이거나 선택적으로 사용된다. 따라서 텍스트 '접속'은 접속 방식이라는 형태 중심적 접근이 아니라 문장 사이에 내재된 의미 관계를 중심으로 정의되어야

4) van Dijk(정시호 역 1995: 53)에서 발화의 지시적 일치성이 문장 사이의 연관성이 성립되기 위한 필요·충분조건으로서 간주되는 것이 타당하지 못하다고 하였다. 즉 발화 내의 지시나 대용 표현은 특정한 의미 관계를 나타낼 수 있는 조건이 될 수 없다고 할 수 있다.

할 것이다.[5)]

기존에 '접속 표현'에 대한 정의를 살펴보면 유혜령(2005: 87)에서는 '사건과 상황의 관계를 명확하게 표시하는 텍스트의 내적 구조가 여러 가지 언어 형식을 통해 텍스트 표층에 사용된 것'이라고 하였고 Halliday & Hasan(1976)에서는 '텍스트 내 다른 구성 요소의 존재를 가정하는 특정한 의미를 표현하는 것'이라고 하였다. 이러한 정의에서 '접속 표현'은 내재된 의미 관계를 전제로 한 것이고, 따라서 그 문법적 범주를 제한하지는 않고 있다. 그러나 그 "관계를 명확하게 표시하는" 언어 형식이라고 기술한 것처럼 접속 표현에는 명시적인 접속사가 해당된다는 것을 알 수 있으며 이는 한국어의 경우 접속조사, 연결어미, 접속부사 등에 해당되는 것이다.

그러나 예문(4, 5)에서 볼 수 있듯이 접속을 형성하는 데에 결정적인 역할을 하는 것은 접속 표현이 아니라 두 대상이 맺는 의미 관계이므로 명시적인 접속조사, 연결어미, 접속부사 이외에도 의미 관계를 암시하는 다양한 언어적 형식을 포함하는 관점이 필요하다고 하겠다.

텍스트 단위 접속의 본질이 의미 관계에 있으므로 텍스트 접속은

---

5) van Dijk(1995, 정시호 옮김: 45)에서는 어떤 연속문들 사이에 형태론적 통사론적 관계가 나타났다 하더라도 문 사이의 관계는 주로 의미론적인 것이라고 하였고, 박나리(2009: 90)에서는 접속이 본질적으로 텍스트의 명제들 간의 '의미관계'의 문제이니만큼 형태 중심보다 의미 위주로 접근해야 한다고 하였다. 또한 이은희(2000:106-107)는 접속 관계 연구에서 형태 중심적 태도를 경계하면서 접속 관계란 내재적 의미 관계를 중심으로 설정되어야 하므로 응집성의 틀이 아닌 통일성의 틀로 보아야 한다고 주장하였다. 이에 따르면 응집성으로 접속관계를 살필 때, 형태 중심적이 되기 쉬우며 텍스트의 전체적인 모습을 파악하기 어렵다고 하였다. 이때 통일성의 개념은 중심 주제를 중심으로, 개념들과 관계들을 결합시킨 산물이라는 Beaugrande & Dressler 1981: 94)를 받아들인 것이다.

두 접속 대상의 의미 관계가 청자에 의한 해석에 기댄다는 것을 그 특징으로 삼을 수 있다. 아래의 예를 보자. (6ㄱ)은 정연창(2000), (6ㄴ, ㄷ)은 Mann & Thompson(1988)에서 제시된 예이다.

(6) ㄱ. The King died. The queen got sick. The queen died.
(왕이 죽었다. 여왕이 병에 걸렸다. 여왕이 죽었다.)
ㄴ. This is good juice. It is made from conventrate.
(이것은 좋은 주스이다. 그것은 농축액으로 만들어졌다.)
ㄷ. George Bush supports big business. He's sure to veto House Bill 1711.
(조지 부시는 대기업을 지원한다. 그는 하원법 1711에 거부권을 행사할 것이다.)

위 (6ㄱ)의 세 문장 연속에서 청자가 이끌어낼 만한 가장 그럴듯한 의미는 '왕이 죽은 후에(after)/죽었기 때문에(becausse) 여왕이 병에 걸려 죽었다'일 것이다. 이러한 의미 관계는 명시적으로 드러나 있지 않기 때문에 다른 해석의 가능성이 열려 있다. 같은 맥락으로 (6ㄴ)에서 두 번째 문장은 좋은 주스라는 첫 번째 명제에 대한 세부적인 설명인 '상세화'(Elaboration)로 분석되는 것이 가장 자연스럽지만, 특정 맥락이 작용한다면 농축액으로 만들어졌음에도 좋은 주스라는 '반론'(Antithesis)의 관계로도 분석이 가능하다.

한편 (6ㄷ)은 인과 관계로 해석되는데, 정보적 층위로서 '원인(cause)'이 될 수도 있고 화용적 층위로서 '부시가 하원법에 거부권을 행사할 것'이라는 주장에 대한 근거(증거)로 분석될 수 있다. 즉 (6ㄴ)과 같이 맥락이나 청자의 해석에 따라 전혀 다른 의미 관계로 분석할 수도 하지만 '인과'라는 동일한 의미 관계 내에서도 원인-결과의 사태가 연결된 것인지 화자의 주장과 그에 대한 근거의 관계로 접속된 것인지, 접속의 층위에 따른 중복 해석이 가능하다. 따라서 텍스트 단위의 접속은 청자의 입장에서 화자의 의도를 파악하는 과정으로서 청자가 추론하는 가장 '그럴듯한' 의미를 판단하는 것이므로 그 관계는 본질적으로 개연성에 근거하는 것이라 할 수 있다.[6)]

이처럼 텍스트 접속에서 관계 의미를 파악하는 과정은 Sperber & Wilson(1986)의 적합성 이론과 유사한 전제를 가진다. 적합성 원리는 간단하게 말하자면 '화자의 발화를 해석함에 있어서 청자가 동원할 수 있는 여러 가지 추론 중에서 가장 적절한 추론을 찾는 것'(정효진 1999)이다. 텍스트 생산자는 자신이 전달하고자 하는 정보를 텍스트 내에서 모두 드러낼 수 없는데, 특히 문장과 문장 사이를 연결하여 파악해야 하는 의미는 텍스트 수용자의 입장에서 생산자의 의도에 맞는 가장 적절한 추론을 찾아야 하는 것이다.

다음으로 접속의 대상에 대해서 살펴보자. 텍스트 접속에서 기본적인 접속 대상은 절, 문장, 명제 등으로 제시되었다. 즉 문장의 통사적 층위와 의미적 층위를 고려하지 않거나 특별하게 구분하지 않고 사용하

6) 이는 필연적으로 다중 분석의 문제로 이어진다. 동일한 텍스트 관계에서 여러 의미 관계가 동시에 분석될 수 있다는 다중 분석 가능성은 수사구조이론(RST)의 이론적 전제로, 이러한 문제는 주요 비판의 대상이 되어 왔다. 그러나 대부분의 RST 분석은 텍스트가 생성되는 맥락과 텍스트 수용자의 지식에 기초하기 때문에 문맥을 통해 그 모호성을 어느 정도 해소할 수 있다. 또한 텍스트 분석의 기본적 전제는 독자의 입장에서 텍스트 생산자가 의도한 텍스트 관계를 재구성하는 것이기 때문에 특정 상황에서는 다중 분석의 가능성을 인정할 수밖에 없다고 본다(Mann & Taboada, 2006: 442-444).

는 경향이 있으므로 이를 구분하기 위해서는 문장의 층위에 대한 고려가 필요하다.[7] 문장의 층위와 관련된 논의를 살펴보면, Lyons(1995: 260)에서는 체계 문장(system-sentence)과 텍스트 문장(text-sentence)[8]을 구분하였는데, 전자는 언어 체계에 대한 언어학자의 모형 속의 추상적이고 이론적인 실제로서의 문장이고, 후자는 언어 행동 일부의 산출물로서의 문장으로, 맥락과 결부됨으로서 완전할 수도 불완전할 수 있다고 보았다.

위와 같은 입장은 유현경 외(2015)에서 '문장' 단위를 '이론문'과 '분석문'으로 이원화하여 이해한 것과 맥을 같이한다. 이 논의에서는 '이론문'을 문법 이론에서 상정되는 추상적이고 이론적인 단위로, '분석문'을 실제 텍스트나 담화에서 쓰인 문장을 여러 가지 기준으로 분석하여 얻을 수 있는 단위로 설정하였는데 이론문은 언어 능력, 즉 랑그(langue)의 층위에, 분석문은 언어 수행, 즉 파롤(parole)의 층위에 존재하는 것으로 보았다.[9] 이는 이론적, 추상적인 문장과 실제적이고 수행

---

7) '문장의 의미 층위'의 논의에 앞서 "'문장'의 (통사론적) 범위를 어떻게 설정할 것인가'하는 문제에 대해서는 이미 여러 연구에서 논의되었다. 전통적인 입장에서 '문장'은 주어와 서술어가 갖추어진 정형화된 기본 구조를 갖춘 것으로 정의되어 왔으나 실제 구어 환경에서 효율적으로 의사 전달을 할 수 있는 언어 단위는 단어나 구의 형태를 띠는 경우가 대부분이므로 사용역에 따른 괴리가 작지 않기 때문이다. 기존에는 이처럼 불완전한 형식을 갖춘 문장에 대해 소형문(윤평현 2003), 생략문, 조각문(서은아 외 2004)등의 용어로 구어 중심의 문장 유형을 다룬 바 있다. 본 연구에서는 문장의 범위에 대한 구체적 논의를 포함하지 않지만 문어에서의 정형화된 문장과 구어에서의 비정형화된 문장이 모두 광의의 '문장'의 개념 안에 포함된다고 본다.

8) 'text sentence'는 임홍빈·이홍식 외(2002: 207), 임홍빈·장소원(1995:209), 이선웅(2013:246-248), 유현경 외(2015:303), 김태인(2019) 등에서 '쓰임문'으로 번역하였다. 특히 유현경 외(2015: 304)에서는 텍스트나 담화에서 실제로 쓰인 문장을 가리킨다는 점, 'text'가 일반적으로 문어 자료를 가리킨다는 점에서 '쓰임문'이라는 용어가 적절하다고 보았다.

적인 문장을 구분하여 이해한 이전의 연구들과 같은 입장에 선 것이라 할 수 있다.[10)]

김태인(2019: 39-48)에서는 체계 문장을 '형식적 접근에 의해, 정제된 문장'으로, 텍스트 문장을 '기능적 접근에 의해 발견되는 문장'으로 설명하면서 문장의 의미 층위를 파악하는 것은 기능적 관점의 문장관을 기반으로 했을 때 가능함을 설명하였다. 기능적 접근 방식에서 언어의 제1차적인 기능은 통보적(communicative) 기능이며 언어에 대한 기술은 실제 쓰임이라는 체계의 틀 속에서 이루어지기 때문에(임홍빈·장소원 1995: 207-208) 해당 문장이 위치한 맥락을 살펴야 문장의 의미를 파악할 수 있다는 것이다.

이처럼 체계 문장과 텍스트 문장의 이분법에서 이 책에서 다루는 문장은 텍스트 문장이라고 할 수 있다. 텍스트 내의 기본 단위로서 문장의 이러한 특성은 텍스트 관계를 구분하는 기준을 세우는 데에도 적용할 수 있다. 의미 관계를 구분하기 위한 기준으로 접속 대상이 되는 문장의 의미 층위가 고려되기 때문이다.[11)]

텍스트 문장은 문맥에 따라 여러 의미 층위로 해석된다. 김태인(2019: 42)에서 제시한 예를 들어 보면 '단우가 떡을 먹었어'라는 문장은

9) 해당 논의에서는 '분석문'은 '실제 텍스트나 담화의 분석을 통해 확인되는' 것에 중점을 둔 것이라는 점에서 text sentence와 차이가 있다고 보았다. 그러나 text sentence는 '분석문'으로 확인되므로 이론적으로는 다르지만 실체적으로는 동일할 것으로 가정하였다.

10) 문법 영역과 담화 영역에서의 문장 층위의 구분에 대한 논의는 이밖에도 이희자(2004), 강창우(2005), 안병섭(2007), 이현희(2014), 박철우(2017) 등을 참고할 수 있다.

11) 이러한 문장의 의미 층위는 Lyons(1977)나 Hengeveld(1998)에서 제시한 존재론적 차원의 실체 분류 층위와 관련된다. 3장에서는 접속 대상의 의미 층위를 사태, 명제, 화행으로 구분하고 각각의 층위에서 이루어지는 접속에 대해 구체적으로 제시할 것이다.

통사적 외연은 동일하나 맥락에 따라 사건, 명제, 사실, 화행으로 실현된다.

(7) ㄱ. a. 단우가 떡을 먹었어. 〈사건〉
　　　b. 아니 어디에서?
　ㄴ. a. 단우가 떡을 먹었어. 〈명제〉
　　　b. 뭐? 확실한 거야?
　ㄷ. a. 단우가 떡을 먹었어. 〈사실〉
　　　b. 오, 그것 참 다행이네.
　ㄹ. a. 단우가 떡을 먹었어. 〈화행〉
　　　b. 그거, 그래서 나한테 어쩌라는 거야.

위의 예에서 (7ㄱ)은 '장소'를 문제 삼고 있으므로 '사건'과 관련되고 (7ㄴ)은 문장의 신뢰성에 대해 문제 삼고 있으므로 '명제'와 관련된다. 또한 (7ㄷ)은 문장의 진위가 참인 것을 전제하고 평가를 내리므로 '사실'과, (7ㄹ)은 상대에게 어떤 행동을 요구하는 화행과 관련되는 것이다(김태인 2019: 43).

이러한 문장의 의미 층위는 접속 관계에도 관여한다. 문장이 각각 사태로서 접속되는지, 명제로서 접속되는지, 화행으로서 접속되는지는 결합하는 문장의 의미적 특성과 그 관계를 통해서 파악할 수 있다.

(8) ㄱ. 세 시쯤에 단우는 식당에서 밥을 먹고 있었어. 그래서 학원에 늦었어.
　ㄴ. 세 시쯤에 단우는 식당에서 밥을 먹고 있었어. 왜냐하면 내가

봤거든.

ㄷ. 세 시쯤에 단우는 식당에서 밥을 먹고 있었어. 그러니까 더 이상 물어보지마.

(8ㄱ)에서는 '세 시쯤 단우가 식당에서 밥을 먹고 있었다'는 사실과 단우가 '학원에 늦었다'는 사실이 결합되어 선행하는 사태로 인해 후행하는 사태가 야기되었음을 알 수 있다. 한편 (8ㄴ)에서는 화자가 실제로 보았다는 근거를 댐으로써 단우가 밥을 먹고 있었다는 명제에 대한 청자의 믿음을 높이고 있으며 (8ㄷ)에서 화자가 수행하는 명령에 대한 수용성을 높이기 위해 '단우가 식당에서 밥을 먹고 있었다'는 정보를 제시한 것이다.[12] 이처럼 접속은 문장의 의미 층위에서 사실, 명제, 화행 중 어느 한 영역에만 국한되어 나타나는 것이 아니다. 따라서 이들을 포괄하는 범주로서 통사적인 외연을 지칭하는 '문장'을 접속의 대상으로 삼아야 할 것이다.

텍스트 단위로서 문장을 맥락과 결부된 요소로 정의했을 때, 추가적으로 고려해야 할 것은 텍스트 단위의 접속에서 접속의 대상이 되는 단위를 맥락 혹은 장면으로 볼 수 있는가 하는 점이다. 최호철(2011:

12) 유연(2017: 27)에서는 사건과 명제를 구분하는 방식으로 '나도 봤어/나도 알고 있어'로 대답하는 대화 상황을 제시하고 있다. 예를 들어 '철수가 공을 찼어'에 대해 '나도 봤어/나도 알고 있어'는 모두 가능한 대답이므로 사건과 명제 층위가 모두 가능하고 '영에 일을 더하면 일이다'에 가능한 대답은 '나도 봤어'는 될 수 없고 '나도 알고 있어'만 될 수 있으므로 명제 지위를 갖는다는 것이다. 이러한 검증 방식은 강범모(2000)이나 Vendler(1967)에서 제시하고 있는 문장의 명사화, 보문화 기준을 대화 상황으로 적용한 것이다. 이는 위의 (8ㄴ)의 예와 유사해보이지만 차이가 있다. '나도 봤어'라는 대답에서 선행하는 문장은 목적어로 취해지지만 접속 관계에서 '내가 봤다'라는 사태는 선행하는 문장을 지지하는 증거가 되기 때문이다.

491)에서는 기존 연구에서 제시된 '문장 단위 이상'의 의미가 '문장+문장'과 '문장+장면'의 두 가지를 모두 포괄한다고 하였는데 기존의 정의에 따른다면 접속 관계에서도 문장과 문장의 접속과 문장과 장면의 접속을 모두 포함해야 할 것이기 때문이다. 실제로 담화의 접속 양상을 살펴보면 선행하거나 후행하는 언어적 요소와 연결되는 경우뿐만 아니라 발화 장면이나 상황과 연결되는 경우도 쉽게 찾을 수 있다.

(9) ㄱ. 여기는 더 이상 놀이기구를 안 하는 줄 알았어. <u>그래서</u> 할 거 없으면 영화 보러 가자고 영화를 보러갔지.
ㄴ. 국어 의미론이라는 강의를 한 학기 들어야 할 수 있는 내용을 여기서 얘기를 할 수는 없죠. <u>그러니까</u> 아주 거기서 기초적인 부분만 잠깐 언급을 하겠습니다.
ㄷ. (나가는 아이를 보고 빨래를 하다 말고) <u>그래서</u> 오늘 못 들어 온다고?
ㄹ. (부랴부랴 시험공부 하는 아이를 보며) <u>그러니까</u> 공부 좀 미리미리 하랬잖아.

(9ㄱ, ㄴ)에서는 '그래서'와 '그러니까'를 통해 선행 문장과 후행 문장이 인과 관계로 연결되어 있다. (9ㄷ, ㄹ)은 문숙영(2018: 124)에서 제시한 예로 선행 발화가 없어 표면적으로는 접속부사가 연결시킬 대상이 존재하지 않는 것 같지만 괄호 안에 제시된 것과 같은 특정한 상황을 전제했을 경우 성립되는 발화이다. 이는 접속부사가 발화 장면과 발화 문장을 접속시킨 것이라고 할 수 있다. 이러한 현상은 접속부사뿐만이 아니라 다른 텍스트 단위와의 관련성을 전제하는 아래와 같은 형식에

서도 동일하게 나타난다.

(10) ㄱ. a. 와 살면서 먹어본 된장찌개 중에 제일 맛있다.
(집밥을 오랜만에 먹는 친구를 보며)
b. 하긴 너무 바빠서 집에 갈 시간도 없겠다.
ㄴ. (잡지를 가리키며) 이 사람 맞지? 어쩐지 tv도 안 보는 네가 이 프로 다 챙겨보더라.

(10ㄱ)에서 '하긴'에 후행하는 문장은 상황을 통해 친구가 집밥을 오랜만에 먹는다는 화자의 추측과 연결된 것이며 (10ㄴ)에서는 '어쩐지'에 후행하는 문장인 특정 티브이 프로를 다 챙겨본 것에 대한 이유가 잡지에 나온 남성을 친구가 이전부터 좋아하고 있었다는 화자의 기존 지식으로 볼 수 있다. 이는 (9ㄷ, ㄹ)의 '그래서', '그러니까'와 같이 표면적으로 발화되지는 않았지만 발화 상황을 통해 충분히 예측되는 사실이나 사태와 발화된 문장이 연결된 것이다.

그럼에도 불구하고 본 논의에서는 텍스트 접속에서 '텍스트 단위', 즉 '문장 단위 이상'은 맥락의 층위까지 포함하지 않고 언어화된 문장과 문장의 결합으로 제한해야 할 것이라고 보는데, 그 이유는 첫째, 선행 발화가 존재하지 않는 상황에서 쓰이는 접속 표지는 그 역할을 분명하게 판단하기 어렵기 때문이다. 특히 접속부사의 경우 접속 기능으로 쓰인 것인지 담화 전략을 위해 사용된 것인지 구별하는 것은 쉽지 않다.[13)]

13) 〈고려대〉에는 '그래서, 그러니까, 그러게, 그니까'가 감탄사와 부사의 통용어로 등재되어 있다. 이 중 감탄사의 용법은 상대방의 발화를 재촉하거나 발화 중간에 시간을 벌기

(11) ㄱ. 저기 그러니까, 제 생각을 좀 말씀드려도 되겠습니까?
ㄴ. 1: 환자들이 점차 더 늘고 있는 것 같습니다.
2: 네. 그러니까 뚜렷한 그 예방접종이 없기 때문에.
그 예방할 수 있는 요령으로
그 외출 후에 귀가해서요.
반드시 손을 씻는 그 개인위성을 좀 철저히 하셔야 되겠군요?

(11)의 용례에서 '그러니까'가 시간을 벌기 위한 담화 전략적 용법인지, 발화와 장면을 인과적으로 연결하는 접속부사적 용법인지 판단하는 것은 발화 상황에 따라 결정된다. 이러한 예에서 같은 담화 장면에 존재하는 담화 참여자가 아니라면 '그러니까'의 의미를 정확하게 파악하기란 불가능하다.[14)]

두 번째로는 최호철(2011)에서 제시한 바와 같이 텍스트 단위의 계층적인 확대를 설명할 수 없다는 점이다. 최호철(2011: 496-497)에서는 '이야기'(문장 단위 이상)의 구성 단위는 문장 단위에 한정해야 한다고 하였다. 그 이유는 구성 단위의 수가 아니라 그 구성 단위의 의미에

위해 하는 말로 뜻풀이되어 있는데 이는 담화 전략과 관련된 의미라고 할 수 있다. 감탄사를 하위 분류하고, 사전에 등재된 감탄사와 부사의 통용어를 조사하여 분석한 논의로는 김미선(2010)을 참고할 수 있다.

14) 이는 접속부사의 담화표지적 용법의 의미가 연구자에 따라 다르게 분석되는 것을 통해서도 알 수 있다. 안윤미(2021: 144)에서는 전영옥(2017)에서 '그러니까'의 한 용법으로 제시된 (11ㄴ)의 예에 대해 '화제 정리 및 마무리'의 의미가 아니라 '앞선 발화들이 내용을 이유로 대용하고 있는 '대용(문맥), 이유 접속'의 언표 의미라고 분석하였다. 위와 같은 예에서 '그러니까'가 담화표지적 기능을 하는 것인지, 이유 접속의 언표 의미로 사용된 것인지에 대한 판단은 억양 등의 구어적 요소에 대한 분석에 의존할 수밖에 없다고 생각된다.

관여하는 것이 늘어나는 것까지 크기의 변화로 본다면 아래와 같이 크기의 계층적인 확대를 설명할 수 없기 때문이라고 하였다. 단어 단위가 모여 더 큰 문장 단위가 되고 문장 단위가 모여 이야기 단위가 될 때 (12ㄱ)의 경우 그 크기의 계층적 확대를 설명할 수 있지만 (12ㄴ)의 경우에는 크기의 변화에서 계층적인 관계가 형성되지 않는다.

(12)	단어 단위	문장 단위	이야기 단위
ㄱ.	단어	〈 단어+단어	〈 단어+단어+단어+단어
ㄴ.	단어	〈 단어+화맥	
	단어+단어	〈 단어+단어+화맥	

요컨대, 우리가 텍스트 내에서 문장 간의 접속을 살피고자 할 때, 위의 (9)와 (10)의 예와 같이 언어로 드러나지 않은 발화 상황과 연결되는 경우는 포함하기 어렵다. 이는 발화 상황, 즉 화맥과의 접속에서는 접속 표지의 의미 기능을 파악하는 것이 용이하지 않기 때문이고, 언어 구조적 입장에서는 접속의 대상이 너무 넓어져 언어 단위의 확대를 일률적으로 설명하기 어렵기 때문이다. 따라서 텍스트 단위로서 문장은 맥락화된 요소이지만 실제로 연결 대상이 되는 것은 통사적 외연을 가진 맥락화된 문장, 즉 텍스트 문장으로 볼 수 있으며 텍스트 단위 접속의 경계는 표면적으로 언어로 실현된 문장과 문장 사이가 될 것이다.

텍스트 단위의 접속과 그 특성, 접속 대상과 경계에 대해 살펴보았다. 정리하면 텍스트 단위 접속은 본질적으로 두 접속 대상 사이에 형성되는 의미 관계성을 통해 판단할 수 있는 것이므로 그 관계 의미가 청자의 추론에 기대어 해석되는 개연성을 가진다. 또한 텍스트 단위 접속에서 그 대상은 실제 텍스트를 생성하는 화자의 의도나 맥락이 고려된 '텍스트 문장'인 한편 접속의 경계는 표층적으로 실현된 문장과 문장으로 보아야 함을 논의하였다. 이러한 특성을 가진 텍스트 접속에서 그 관계 의미를 파악하기 위해서는 접속 대상이 되는 문장의 의미 특성이 주요하게 관여할 것이라는 점도 짐작할 수 있다.

다음 장에서는 비명시적 인과 접속 표지라는 범주를 설정하기 위해 전제가 되는 개념인 '인과 관계'와 '명시성'에 대해 살펴보고자 한다. 이미 학계에는 언어 현상에서 나타나는 인과 관계를 존재론적 개념을 차용하여 설명하기 위한 다양한 시도가 있어 왔다. 기존 논의를 바탕으로 인과 관계에서 원인과 결과가 되는 요소와 원인에서 결과가 산출되는 과정을 살펴 언어 현상으로서 인과 관계를 이해할 수 있을 것이다. 또한 텍스트 단위 접속의 본질이 의미적 관련성에 있다면 접속은 그 관련성을 얼마나 직접적으로 드러내는가에 따라 구분될 수 있다. 그에 따라 텍스트의 접속 방식을 구분할 수 있는 기준으로서 명시성의 개념을 설정하고 명시성 판단 기준에 따른 다양한 접속 방식을 대상으로 비명시적 접속 표지를 선정할 수 있을 것이다.

2.1.2. 관계 의미로서 원인 - 결과

'인과'는 원인과 결과를 지칭하는 상위 개념으로 원인과 결과 각각은 상대적으로 정의된다. '원인'의 사전적 정의는 '어떤 현상을 일으키거나 변화시키는 근본 현상이나 사건'이며 '결과'는 이러한 '원인으로 생긴 결말'이다. 철학사전[15)]에서 제시하고 있는 인과성은 '객관적 실재의 사물들, 과정들, 체계들 사이에 존재하는 연관 작용의 한 형식으로서 하나의 현상(원인)이 일정한 조건 아래서 특정의 현상(결과)을 필연적으로 산출하는 것'으로 정의된다. 이외의 철학적 논의에서 인과성은 '시공간적 인접성', '시간적 선후', '필연성' 등의 조건으로 정의된바 실재 세계에서의 인과 관계를 통해 언어 현상으로서 인과 관계를 설명하고자 하는 시도는 다양한 접근으로 제시되어 왔다.

먼저 최상진 외(2008)에서는 흄의 '필연성' 개념을 가져와 인과 관계의 조건인 필연성을 "계기적인 사건이 반복되어 나타나는 관계"인 '상례성'으로 설명하고 인과 관계를 형성하는 인지적 과정으로 연결어미의 의미를 구분하였고 임은하(2002: 19)에서는 Sweetser(1990)의 층위 구분 접근법을 바탕으로 국어 화자가 이해하는 인과 관계를 은유적으로 확장하여 제시하였다. 또한 박지용(2020)에서는 Lyons(1977)의 존재론적 속성[16]을 인용하여 "어떤 다른 실체의 발생이나 상태 변화, 성립 등을 야기한 실체"를 2차 실체와 3차 실체로 구분하여 이를 '원인'과 '이유'로 범주화하였다.

---

15) 한국철학사상대사전(1990) 참고.

16) 박지용(2020: 15)에서 제시한 Lyons(1977: 442-446)의 존재론적 지위의 유형과 특성은 다음과 같다.

가. 1차 실체- 공간과 시간 속에 위치함. 관찰할 수 있음.
나. 2차 실체- 시간 속에 위치함. 관찰할 수 있음. 존재한다기보다 발생함.
다. 3차 실체- 시공 속에서 발생하거나 존재할 수 없음. 관찰할 수 없음.
실재(real)의 문제가 아닌 참(true)의 문제라 할 수 있음.
단언되거나 부정될 수 있고 기억되거나 잊혀질 수 있음.
이유(reason)가 될 수는 있으나 원인(cause)이 될 수는 없음.
믿음, 기대, 판단 같은 명제 태도(propositioonal attitude)의 대상이 됨.

(13) ㄱ. 임은하(2002: 19)

실제 세계에서 A가 B라는 사건을 야기시켰을 때 A는 B의 원인이다.

화자의 의식 속에서 A가 화자로 하여금 B라는 결론을 내리게 했을 때 A는 B의 원인이다.

발화 상황에서 A가 화자로 하여금 B라는 화행을 가능하게 했을 때 A는 B의 원인이다.

ㄴ. 박지용(2020: 36)

기본적으로 원인은 2차 실체를, 이유는 3차 실체를 가리킨다. … 원인과 결과는 각 사태의 발생 순서가 시간적으로 순차적이어야 하지만 3차 실체로서의 이유와 귀결은 사태의 발생 순서 등과 무관하다. …

원인-결과, 이유-귀결 간의 관계가 늘 필연적이어야 하는 것은 아니다.

이들 설명을 통해 알 수 있는 점은 원인이나 결과가 되는 언어적 요소가 실재 세계의 사태뿐만 아니라, 화자의 인식 등을 포함한다는 것이고, 따라서 실제 세계의 사태 사이에 성립하는 인과 관계의 조건으로서 시간적 선후나 필연성 등의 개념은 언어 현상에서는 제한적으로만 적용된다는 것이다. 위에서 언급했듯이 '인과성'을 "하나의 현상이 일정한 조건 아래에서 특정 현상을 산출하는 것"(한국철학사상대사전, 1990)이라고 본다면 언어 현상으로서 인과 관계에서 '산출시키는 요소'와 '산출되는 요소'는 실재 세계뿐만 아니라 가능세계를 포함한다. 즉 실재의 사건이나 현상뿐만 아니라 화자가 판단하거나 추론한 명제나 화자의 발화 의도 등이 포함될 수 있는 것이다. (8)의 예를 다시 가져와 제시한다.

(14) ㄱ. 세 시쯤에 단우는 식당에서 밥을 먹고 있었어. 그래서 학원에 늦었어.
ㄴ. 세 시쯤에 단우는 식당에서 밥을 먹고 있었어. 왜냐하면 내가 봤거든.
ㄷ. 세 시쯤에 단우는 식당에서 밥을 먹고 있었어. 그러니까 더 이상 물어보지마.

원인과 결과가 되는 요소는 (14ㄱ)에서 실제 발생한 '단우가 식당에서 밥을 먹고 있었다'는 사태와 '학원에 늦었다'는 사태가 된다. (14ㄴ)에서 결과는 '단우가 식당에서 밥을 먹고 있었다'고 화자가 믿는 명제로, 원인은 화자가 직접 본 경험인 사태로 나타난다. (14ㄷ)에서 원인과 결과는 '단우가 식당에서 밥을 먹고 있었다'는 화자의 판단과 청자에게 더 이상 질문을 받지 않길 바라는 화자의 의도가 명령 화행으로 나타난다.

다음으로 철학적 인과성의 개념에 적용되는 '시간적 선후'나 '필연성'은 최상진 외(2008), 박지용(2020) 등의 논의에서 제시한 바 있듯이 언어 현상에서 인과 관계의 필요충분조건이 되지 않는다.[17] 실제 텍스

17) 인과성을 정의하는 '필연성'에 대해서는 철학자들의 견해를 참고하여 이해할 필요가 있다. 흄(Hume)의 정의를 따르면, 결과를 산출하는 필연성의 정체에 대해 '단지 시간적으로 연속되는 규칙적인 현상들이 항상적으로 결합된 것으로 간주하려는 습관에서 비롯된 것'이라고 하여 인과성을 '주관적인 심리 과정의 결과일 뿐'이라고 하였다. 즉 인과관계를 구현하는 필연성은 '이성이나 선험적 지식에서 만들어지는 것이 아니라 계기적인 사건이 반복됨으로써 그 관계가 상례화된 것'(최상진 외 2008; 130)이라고

트에서 인과적으로 나타나는 문장 연쇄를 보자.

(15) ㄱ. 기업이나 브랜드가 소비자들로부터 인정을 받고 있는가 아닌가는 어느 한 부분이 잘해서 또는 어느 한 부분이 잘못되었다기보다는 서로 각각에서 모두 문제가 있는 경우가 대부분이다. 따라서 다양한 측면에서의 분석을 통한 결과 도출이 필요하다.

ㄴ. SK텔레콤이 2만원 대 요금제에서부터 유·무선 음성통화를 무제한 쓸 수 있는 데이터 중심 요금제를 실시한다고 밝혔습니다. KT와 LG유플러스도 데이터 요금제를 실시할 것이라고 합니다. 따라서 현재 5만원 이상 가입자들이 1~2만원 싼 요금제를 선택할 수 있을 것으로 보이는데요.

위의 예 (15ㄱ)에서는 선행하는 문장에서 기업이나 브랜드가 가진 문제점이 제시되어 있으며 필자는 그에 대한 해결 방법으로 '문제를 다양하게 분석하는 것'을 제시하고 있다. (15ㄴ)은 '데이터 요금제를 실시한다'는 선행문의 사태에 대해 '가입자들의 선택이 달라질 것'이라는 필자의 관점이 도입된 해석이 이루어진 것이다. 두 예는 모두 인과적 접속부사 '따라서'를 사용하여 인과 관계로 표현된 것이다. 이

보는 것이다. 같은 입장으로 마흐(Mach)가 '원인과 결과는 인간의 의식 속에서만 존재한다'고 한 것은 인과관계의 존재론적 정의조차 인간의 의식을 배제하고는 설명될 수 없음을 드러낸다고 할 수 있으며 코플스톤(F. Copleston)은 흄을 논함에 있어 문제는 인과관계들이 있느냐 없느냐 하는 것이 아니라, 인과관계들이 있다고 말하는 것이 무엇을 의미하느냐 하는 것이라고 한 것도 이와 같은 입장이라고 할 수 있다(이운형 1993)(한국 철학사상대사전 1990) 참고.

처럼 텍스트 내에서 인과적 접속부사를 사용하여 인과 관계로 표현되는 관계는 실제적인 사태의 시간성이나 당위성이 적용되지 않는다. 따라서 특정한 언어적 실체가 다른 요소에 의해 야기되거나 다른 요소를 야기한다는 것은 원인과 결과가 실제 세계의 사태라고 하더라도 두 요소의 연관 작용이 '화자의 인식 안에서' 인정되는 경우라고 할 수 있을 것이다.

화자의 인식은 비단 결합하는 문장들의 의미 관계뿐만 아니라 후행하는 발화를 제공하는 화자의 의도와 연결될 수 있다. 따라서 화자의 판단과 그렇게 판단한 근거, 화자의 주장과 주장을 받아들이게 하는 증거의 관계가 형성된다. 이처럼 인과 관계에서 산출되는 또는 산출시키는 요소를 화자의 발화 의도까지 확장했을 때 살펴보아야 할 점은 선행하는 내용의 이해도를 높이기 위한 화자의 의도로 제시되는 정보 또한 인과 관계로 포섭할 수 있는가 하는 점이다. 선행 연구에서 보인 것처럼 Maat & Degand(2001: 226-227)에서는 선행하는 화행에 대한 해석이 후행하는 해석에 영향을 받는다는 추론을 유도한다는 점에서 새로운 유형을 화행 층위의 인과 접속에 포함하고 있다. 이는 기존에 환언이나 요약 관계로 제시되기도 한 것인데, 다시 쓰거나 요약하는 화자의 의도를 행위의 측면에서 해석한 것이라고 볼 수 있다.

(16) On the contrary, 38% of the respondents ... prefer the present situation ot remain unchangedm that is the right to vote remains reserved to Belgians.
(반대로 응답자의 38%는 현재 상황이 변하지 않는 것을 선호합니다. 즉 투표권은 벨기에인에게만 남아 있습니다.

그러나 환언이나 요약 관계까지 인과 관계의 범주 안에 포함시키기는 어렵다고 보는데 화자의 의도를 기준으로 판단할 때, '명령'이나 '질문'과 같은 발화 행위와 청자에게 이해시키고자 하는 화자의 '주장' 혹은 '단언'을 구분하는 것이 쉽지 않기 때문이다. 따라서 화행 층위에서 화자는 청자가 화자의 '발화 행위'를 더욱 수월하게 받아들일 수 있는 근거를 제시하지만 환언은 화자가 제공하는 사태나 명제의 '내용'을 청자가 받아들일 수 있는 근거가 된다는 점에서 본질적인 차이가 있다. 즉 위의 예는 '명령'이나 '질문'의 근거로 연결되는 화행 층위의 인과 관계와는 그 성격이 다르므로 인과의 하위 유형 안에서 다루기는 어려울 것이다.

인과 관계는 여러 의미 층위에서 실현되는 언어적 실체 사이의 관계이며 이는 화자의 인식 안에서 이루어지는 연관 작용에 의한 것이다. 그렇다면 두 언어 요소 사이에 작용하는 특정 언어 형식이 '인과'의 관계 의미를 이끄는 표지임을 판단할 수 있는 조건이 무엇인지 살펴보아야 할 것이다. 명시적인 인과 접속 표현 이외에 문장 내에서 맥락에 의해 관계가 결정되는 형식들을 대상으로 형식과 의미의 상관성을 살펴보도록 하자.

먼저 명시적인 접속 표지 이외에 관계 의미를 드러내는 언어 형식은 아래와 같이 시간적 관계와 논리적 관계를 동시에 나타낼 수 있는 경우를 포함한다.

(17) ㄱ. 그가 취직을 하면서 부모님께 용돈을 드릴 수 있게 되었다.
ㄴ. 나는 그 친구가 웃는 모습을 보고 더욱 친밀감이 생겼다.

위의 예 (17)에서 '-면서'나 '-고'는 시간적으로 각각 '동시'와 '선후'의 의미를 가지면서 선행절과 후행절이 인과 관계로 해석된다. 이에 대해 박진호(2009: 175)에서는 '-면서'가 '시간적 선후 관계'의 용법을 가질 때, 인과 관계의 함축을 가지며 이는 취소 가능한 것으로 보았고, 유유현(2018)에서는 "사태와 사태 사이의 의미 관계를 다면적인 것"으로 보고 하나의 서술에서 공존할 수 있는 의미들을 시간 관계와 논리·인과 관계로 구분하였다. 이때 각 국면의 의미들은 연결어미가 독립적으로 가지고 있거나 문장의 다른 요소에 의해서 달성되는 경우를 포함하는 것이다.

박진호(2009)에서처럼 (17ㄱ)의 인과 의미를 '함축'으로 본 것은 '인과' 의미가 언어 형식 자체가 고정적으로 가지는 축자적 의미가 아니라는 데에 있다. 화행론에서 화자에 의해 '말해진 것(what is said)'과 '함축된 것(what is implicated)'으로 구분하는 관점(Grice 1975)을 바탕으로 문장 사이의 인과 의미는 직접적으로 말해진 것이 아니라는 점에서 함축된 것으로 해석하는 것이다.

그러나 의미를 언어 형식 자체의 의미와 함축 의미로 이분화하는 관점은 그 중간 영역에 놓인 의미를 놓치게 되는데, 직접적으로 말해진 것은 아니지만 화자가 언어 형식을 통해 전달하고자 하는 의미, 즉 명시의미는 함축과 동일시할 수 없기 때문이다.[18] Sperber and

18) 김창익(2003: 150)에서는 명시의미가 함축에 비해 연구자들의 관심의 대상에서 다소 벗어나 있었으며 이는 명시의미가 문법의 영역에서 다루어져 왔기 때문이라고 언급하고 있다. 한편 여기에서 제시된 '명시의미'는 접속의 차원을 구분하는 '명시성'과는 그 개념이 조금 다르다. 이에 대해서는 '명시성'의 개념을 다루는 2.1.3절에서 조금 더 구체적으로 제시할 것이다.

Wilson(1995)에서는 문장의 의미를 넘어 화자가 전달하려는 의미의 한 부분으로 '말해진 것'을 접근한다. 이에 의하면 발화의 '명시의미'라는 것은 명시적으로 전달된 상정 내용(explicitly communicated assumption)[19]으로, 청자에 의해 그 의미가 보충된 것으로 설명된다(국지연·이성범 2007; 3).[20]

즉 '명시의미'는 표현된 언어 형식으로부터 해석된 의미이고 '함축'은 언어 형식과 명시의미를 기반으로 하여 다시 추론된 의미이다. 축자적 의미와 명시의미, 함축을 구분하면 아래와 같이 나타낼 수 있을 것이다.

(18) 말해진 것(축자적 의미) ----- 명시의미 ------ 함축

따라서 위 (17)에서 '-면서'나 '-고'를 통해 연결된 문장에서 파악되는 '인과' 의미는 함축이라기보다 '명시의미'로 해석할 수 있다. 문장과 문장의 접속 관계에 대한 한 예를 보자.

(19) ㄱ. Alice opened the wine and poured a glass.

---

19) Sperber and Wilson(1995: 182)에서 '명시적 상정 내용'(Explicitness)에 대한 정의는 아래와 같다.
"An asspmption communicated by an utterance U is explicit if and only if it is a development of a logical form encoded by U."
정의에 의하면 발화에 의해 전달된 상정 내용은 발화에 의해 부호화된 논리적 형식의 발전인 경우에만 명시적이라고 할 수 있다.

20) 국지연·이성범(2007)에서는 명시적으로 의사소통된다는 것은 말해진 것을 출발점으로 한 '외축(explicature)'이고 이는 함축을 회수하기 위해 복원될 필요가 있는 것임을 설명하였다.

ㄱ'. Alice opened the wine and <u>after that</u> poured a glass.
ㄴ. Stephen was tuning his bike and he was listening to the cricket.
ㄴ'. Stephen was tuning his bike and <u>simultaneously</u> he was listening to the cricket.

접속사 'and'로 연결된 문장의 연속에서 그 의미는 여러 가지 해석을 가지는데 위의 예에서 보인 것처럼 추론을 통해 추가되는 정보는 축자적 의미나 함축이 아닌 '명시의미'의 범주에 속하는 것이다. 밑줄 친 의미는 'and'가 가지는 고정적 의미라기보다 'and'로 결합된 문장에서 나타내는 사태들이 어떠한 순서로 결합하느냐에 따라 결정되는 것이기 때문이다(김창익 2003: 158).[21]

유사하게 한국어의 접속과 관련된 표지인 '-ㄴ 것이다'가 사용된 문장 연쇄에서도 텍스트의 관계 의미는 표지가 아닌 선·후행 문장의 의미를 파악하여 결정된다.

(20) ㄱ. 드디어 준오는 결심을 하였다. 끈채로 끌고 나가서 어디든 멀리 버리고 오기로 <u>한 것이다</u>.
ㄴ. 병사들 역시 감탄한 눈길로 소년들을 바라보고 있었다. 불과 세 명의 열 살 남짓한 꼬맹이들이 열 마리도 넘는 들개

21) 접속사 and와 관련된 예는 Grice(1975)에서 일반대화함축으로 다루어졌지만, Carston(1988), Blackemore(1992)에서 명시의미의 대표적인 예로 제시되었다. 적합성 원리에서 말하는 명시의미란 언어적으로 부호화된 논리형태(logical form)에서 생성되면서 중의성이 제거되고 의미보충이 끝난 완전한 명제형식을 갖춘 언어로 설명된다(정효진 1999: 31).

떼와 싸워 그중 절반을 죽이거나 부상 입힌 것이다

'-ㄴ 것이다'는 (20ㄱ)에서 선행하는 문장에 제시된 내용에 대해 부가적인 설명을 덧붙이는 관계를 나타내는 반면 (20ㄴ)에서는 병사들이 감탄한 눈길로 소년들을 바라본 이유가 후행하는 문장으로 제시되어 있어 인과적으로 해석된다. 이때 언어 형식으로 드러나지 않은 '부가 설명'이나 '인과 관계'와 같은 관계 의미는 언어적 형식에 의한 고정적 의미나 함축이 아닌 '명시의미'의 영역에 속하는 것이라 할 수 있다. 이에 따라 문장을 구성하는 지시 대상들의 연관성을 통해 관계를 추론함으로써 형성되는 의미를 텍스트의 명시의미라고 할 수 있고 문장 사이의 인과 의미는 텍스트의 명시의미의 지위로서 설명될 수 있는 것이다. 따라서 텍스트에서 인과 관계를 드러내는 표지는 축자적 의미로서의 '인과' 의미를 가지는 표지뿐만 아니라 '명시의미'로서의 '인과' 의미를 가지는 표지를 포함하는 것으로 범주화할 수 있을 것이다.

또 다른 조건은 맥락에 대한 것이다. 특정 언어 형식이 명시의미로서 인과 관계에 있는 두 문장 사이에 쓰였다고 하더라도 그러한 언어 형식에 대해 모두 인과 접속 기능을 인정할 수는 없을 것이다. 맥락에 의해 인과적으로 해석되더라도 그 사이에 게재된 표지가 '인과'라는 관계 의미에 관여해야 하기 때문이다. 따라서 특정 표지를 문장 사이의 인과 접속을 유도하는 것으로 해석하기 위해서는 그러한 표지가, 인과 관계가 일반화된 맥락에서 사용되어야 한다.

김혜령(2015: 45)에서는 어휘의 의미와 관련된 맥락은 일반화된 맥락과 일회적인 맥락으로 나눌 수 있으며 일회적인 맥락은 어휘가 사용된 개개의 맥락을 모두 일컫는 것이므로 일반화된 맥락을 의미의 실현 조건으로 보았다. 이는 어휘 의미를 대상으로 한 의미 실현 조건이지만 관계 의미에도 적용할 수 있을 것으로 보인다.

(21) ㄱ. 나는 박경리에 관하여 쓸 수가 없었다. 나는 어쩐지 그것이 말해서는 안 될 일인 것만 같았다.
ㄴ. 어느새 집었는지 나머지 하나가 손아귀에 들려 있는 거였다. 보이지 않게 손바닥으로 감고 있었던 것이다. 어쩐지 부엌에서 순순히 나오더라.

부사 '어쩐지'는 '어찌된 까닭인지'의 의미로 후행하는 문장을 수식한다. 이때 '어쩐지'는 선·후행 문장의 의미 관계와 관련 없이 화자의 태도가 놓이는 지점에 결합이 가능하다. (21ㄱ)에서 후행하는 문장이 선행하는 문장에 대한 이유로 해석되는 것은 두 문장의 의미를 통해 추론하여 형성되는 것이다. 따라서 이때 '어쩐지'는 후행하는 문장을 수식하는 기능을 하는 것이고 관계 의미에 '어쩐지'의 의미가 관여한다고는 볼 수 없다.

한편 (21ㄴ)의 '어쩐지'는 그 의미가 조금 다른데, 주로 '-더라(니)'와 함께 쓰이면서 어떠한 사태가 발생할 것을 화자가 예견하고 있었음을 드러내고자 할 때 그와 관련된 사태나 명제를 근거로 들어 제시하는 것이다. 이때 두 문장의 관계는 '특정 사태와 그에 대한 근거로서 화자의 경험 명제를 연결하는 관계로 일반화할 수 있다.[22] 따라서 인과 의미에 관여하는 '어쩐지'는 (21ㄴ)의 경우로 제한된다. 이러한 예를

22) 비명시적 인과 표지로서 '어쩐지'에 대한 논의는 4장에서 구체적으로 다룰 것이다.

통해 인과 의미로 해석되는 문장 연쇄에서 사용된 형식이라고 하더라도 그것이 일회적인 맥락인지 일반화된 맥락인지를 판단해야 할 필요성이 있다고 할 수 있다.

2.1.3. 명시성의 개념

'명시성'(explicitness)[23]은 인지심리학적 개념으로 화행론적, 언어교수법적, 번역학적으로 다양하게 적용되어 쓰이고 있다. 여기에서는 텍스트의 접속 관계에서 적용할 수 있는 특성으로서 화행론적 관점의 명시성 개념에 바탕을 두고자 한다.

접속의 명시성이라 함은 접속 대상의 명시성과 접속 관계의 명시성으로 구분할 수 있다. 접속 대상이 명시화되지 않은 경우는 그 대상이 화맥으로 제시되었거나 문맥적 단서를 통해 추론을 거쳐 찾아야 하는 경우이다. 본 연구에서는 접속 대상을 표층적으로 실현된 문장으로 제한하였거니와 접속 대상의 명시성은 맥락에 의존하므로 구어 사용역에서 유의미하게 논의될 수 있을 것이며 접속 방식을 통해 판단할 수 있는 범주는 아니다. 그러나 접속 방식이 비명시적일 때 접속 대상의 명시화 여부는 표지의 접속 기능을 판단하는 하나의 기준이 될 수

---

23) '명시성'에 대당하는 원어는 'explicitness'와 'explicitation'가 있다. Steiner(2005:8)에서는 두 용어를 연구 관점에 따라 구분해야 함을 주장하면서 'explicitation'은 하나의 텍스트나 담화에서 다른 텍스트로 이동하는 과정에서 어떤 의미가 명료하게(is made explicit) 만들어졌다고 가정하는 과정 또는 관계라고 하였다. 이는 번역학적 관점에서 사용되는 의미라고 할 수 있다. 한편 'expliciness'는 언어의 사용에 의존하는 의미와 문자 그대로의 의미의 구별에서 기인한다. 즉 언어적으로 보이는 부분은 명시적이라고 하고 보이지 않는 부분은 암시적이라고 한다는 것이다. 따라서 이 책에서 쓰이는 명시성의 개념은 후자에 해당된다.

있을 것이다. 여기에서는 접속 관계의 명시성을 대상으로 그 개념을 살피겠다.[24)]

정연창(2000: 23)에서는 텍스트에서 정보의 통합이 이루어지는 강도는 언어적 통사장치에 의해 이루어진다고 하면서 화자가 사용하는 통합의 정도와 청자가 의미를 이해하기 위해 사용해야 할 추론의 양 사이에 중요한 관계성이 있음을 언급하였다. 즉 문장 이상의 단위에서 의미 관계를 파악할 때 접속 표지는 관계를 성립시키는 요소라기보다 독자의 추론을 돕기 위한 목적에서 사용되는 언어적 책략에 가깝다. 따라서 독자가 텍스트의 결속적 의미를 오로지 접속 표지의 의미를 통해서만 파악하거나 독자의 추론만으로 파악하게 되는 것이 아니라 텍스트와 독자의 추론이 상호작용하는 과정 속에서 의미를 파악해 나간다.

이를 텍스트 의미에 적용하면 언어 형식 자체가 가지고 있는 축자적 의미와 문장의 연속을 통해 화자가 전달하려는 의미는 구분될 수 있다. 화자가 텍스트를 통해 전달하고자 하는 의미는 언어 형식 자체가 가진 의미를 통해서만 이루어지지 않으므로 다양한 추론을 통해 파악되는 텍스트의 의미를 상정할 수 있는 것이다. 김봉순(2015; 9)에서는 텍스트를 통해 나타나는 화자의 일관적 사고의 흐름을 파악하기 위해서는 그 사고의 흔적을 보여주는 언어 기호를 통한 추론이 필요하다고

24) 접속 대상의 명시화 양상에 대해서는 이은희(2000: 158-162)에서 간략하게 다루었다. 접속 대상이 명료화되지 않은 경우 그 접속 대상을 찾아서 접속 관계를 이해하는 과정이 필요한데 이때 맥락적 추론이 필요하다고 보았다. 또한 접속 관계가 미시적이고 직접적으로 나타날 때보다 거시적이고 간접적 양상으로 나타날 때 접속 대상을 찾는 데에 어려움이 있다고 하였다.

보았다. 텍스트의 의미를 명시의미, 확장의미, 잠재의미로 구분하고 그 중 명시의미는 '명시된 언어적 단서를 두 개 이상 사용, 연결하여 추론'(복원추론) 할 수 있는 의미로 정의한다.[25)]

화행의 측면에서 살펴보자면, Steiner(2005: 9)에서는 언어에서 명시적인 것과 암묵적인 것의 구별이 '말해진 것과 함축된 것', '언어적으로 부호화된 것과 부호화되지 않은 것' '맥락 독립적인 것과 맥락 의존적인 것' 등으로 단순히 이분법적 대조를 보이지 않는다고 하면서 아래와 같은 예를 제시하고 있다.

(22) ㄱ. 메리는 촘스키의 책을 아래층 거실 탁자 위에 놓았다.
ㄴ. 메리는 그 책을 탁자 위에 놓았다.
ㄷ. 저기에 두었다.
ㄹ. 테이블 위에.

이들은 화맥에 의해 복원될 수 있는 의미에 따라 명시성의 정도가 다른 것으로 간주될 수 있다. 암묵적인 텍스트일수록 수용자가 사회적, 상황적, 언어적 맥락에서 의도된 의미를 추론하고 복원할 것을 요구한다(Stadler 2011).

25) 김봉순(2015)에서 설명하는 텍스트의 의미와 각 추론의 유형을 정리하면 아래와 같다.

추론 유형		텍스트 의미
복원 추론	명시된 언어적 단서를 두 개 이상 사용, 연결하여 추론	명시의미
연장 추론	글 속의 명시요소 하나와 글 밖의 외부요소를 하나 이상 사용, 연결하여 추론	확장의미
간파 추론	명시적 의미를 도출할 수 있도록 하는 전제를 검색하거나 선정하는 추론	잠재의미

이러한 점에서 접속 방식으로서 '명시성'은 Sperber & Wilson(1995)에서 제시하고 있는 '명시의미'와는 구분하여 이해해야 할 필요가 있다. '명시의미'는 직접적으로 말해진 것이 아니라는 점에서 문자 그대로의 의미를 제외하지만 소위 '명시적 접속'으로 분류되는 것은 접속사라는 언어적 형식에 의해 관계 의미가 드러나는 경우를 지칭하는 것이기 때문이다. 명시의미와 명시성, 텍스트 의미로서 명시의미를 비교해 보면 아래와 같은 표로 나타낼 수 있을 것이다.[26]

[표 4] 화행 의미, 접속 방식, 텍스트 의미에서의 명시의미 비교

화행 의미	접속 방식	텍스트 의미
축자적 의미	명시적 접속	
⇓	⇕	명시의미
명시의미	비명시적 접속	
⇓		확장의미
함축		잠재 의미

주지하듯이 텍스트 접속은 접속의 기능을 가지는 형식을 통해 관계를 명시적으로 드러내는 방식, 관계 의미 이외의 의미를 전달하면서 간접적으로 관계가 맺어지는 방식, 관계 의미의 추론을 용이하게 하는 특정 맥락 단서를 제시하는 방식, 표지를 사용하지 않고 그 관계를 오로지 독자의 추론에 맡기는 방식 등의 다양한 선택항이 존재한다.

26) 접속 방식으로서 '명시성'과 관계 의미로서 '명시의미'를 다루는 데에 있어서 두 용어에 대한 혼동을 줄이기 위해 다른 용어의 사용을 고심하였으나 각각의 용어가 학계 내에서 공통적으로 쓰이고 있으므로 자의적으로 새로운 용어를 사용하는 것은 더 큰 혼란의 여지가 있다고 판단된다. 따라서 기존의 용어를 그대로 사용하고자 한다.

(23) ㄱ. 미국 기업 사상 최대의 적자인 이 기록은 그러나 단 하루만에 깨어졌다. 왜냐하면 바로 그 다음날 세계 최대의 자동차 메이커인 GM사가 '92년도 적자 2백 35억 달러'를 발표했기 때문이다.

ㄴ. 미국 기업 사상 최대의 적자인 이 기록은 그러나 단 하루만에 깨어졌다. 바로 그 다음날 세계 최대의 자동차 메이커인 GM사가 '92년도 적자 2백 35억 달러'를 발표한 것이다.

ㄷ. 미국 기업 사상 최대의 적자인 이 기록은 그러나 단 하루만에 깨어졌다. 바로 그 다음날 세계 최대의 자동차 메이커인 GM사가 '92년도 적자 2백 35억 달러'를 발표했다.

위의 (23ㄱ)은 두 문장 사이의 관계를 명시적인 접속 표현을 사용하여 드러낸 것이며 (23ㄴ)은 관계 의미 파악을 위해 맥락적 단서를 활용해야 하지만 '-ㄴ 것이다'가 관계 의미 해석에 단서로 작용하는 경우이다. 한편 (23ㄷ)은 두 문장의 관계 의미를 오로지 독자의 추론에 맡겨야 하는 무표지 접속에 해당된다. 즉 접속이 비명시적으로 나타날수록 독자가 추론해야 하는 정도가 커지므로 접속의 명시성과 독자의 추론은 반비례의 양상으로 나타나는 것이라고 할 수 있다. 따라서 접속 관계에서도 그 명시성은 접속 표지의 존재 유무가 아닌 관계 의미의 직접성 정도로 이해해야 한다고 보고 접속의 명시성을 아래와 같은 개념으로 사용하고자 한다.

- 접속의 명시성: 접속 방식에서 접속 대상 간에 관계 의미를 드러내는 직접성

개념 정의를 적용하면 비명시적 접속은 관계 의미에 해당되는 언어 형식이 표면적으로 존재하지 않거나, 해당 언어 형식 자체의 기능과 그로 인해 드러나는 의미 관계가 직접적이지 않은 것이다. 이는 관계 의미를 나타내는 방식의 측면에서 명시성을 파악한 것으로 그 방식에 따라 명시성의 정도를 구분한다면 각각의 접속 표지가 가지는 명시성에 대해 상대적 위치를 확인할 수 있을 것이다. 접속의 명시성을 판단하는 몇 가지 기제에 대해서는 비명시적 표지 선정 과정에서 소개하고 이를 적용해 보고자 한다.

2.2. 연구 대상 선정

한 문장 내의 인과 관계는 '-어서', '-니까'와 같은 연결어미나 '-기 때문에', '-는 바람에', '-ㄴ 덕분에'와 같은 우언적 구성 등을 통해 실현된다. 접속의 기능을 가진 특정 문법 형식에 의존하여 해석될 수 있다는 점에서 관련 연구에서 대상이 되는 접속 표지의 범주는 그 경계가 비교적 선명하다. 반면에 문장 단위 이상의 접속에서 매개가 되는 표지는 그 위상이 문장 내의 그것과 같지 않기 때문에 두 단위를 인과적으로 연결하는 방식을 텍스트적 측면에서 새롭게 검토할 필요가 있다. 문장 층위의 접속에서는 접속 대상의 단위나 접속 방식에 의해 유형이 분류되지만 문장과 문장, 즉 텍스트 층위의 접속에서는 관계 의미를 판단할 수 있는 언어 내적 요소가 다양하며, 접속 표지가 필수적이지 않기 때문에 접속 관계가 명시적으로 표현되는지, 암시적으로 드러나는지가 구분 기준이 될 수 있기 때문이다. 접속 단위와 접속 표지에 따른 접속 방식의 유형은 한희정(2017)에서 구체적으로 다루고 있어서 참고할 수 있는데 여기에서는 문장 외의 접속 방식을 추가하여 아래와 같이 분류해 볼 수 있다.

[표 5] 접속 단위와 방식에 따른 유형 분류

<table>
<tr><td rowspan="12">접속</td><td rowspan="6">문장 내</td><td rowspan="4">명사류 접속</td><td>접속조사</td></tr>
<tr><td>접속부사</td></tr>
<tr><td>복합 표현</td></tr>
<tr><td>무표지[27]</td></tr>
<tr><td rowspan="2">용언류 접속</td><td>연결어미</td></tr>
<tr><td>복합 표현</td></tr>
<tr><td rowspan="6">문장 외</td><td rowspan="4">문장 접속</td><td>접속부사류</td></tr>
<tr><td>어미류</td></tr>
<tr><td>복합 표현류</td></tr>
<tr><td>무표지</td></tr>
<tr><td rowspan="2">문단 접속</td><td>접속부사류[28]</td></tr>
<tr><td>무표지</td></tr>
</table>

27) 명사류의 무표지 접속에는 쉼표, 가운뎃점 등의 문장 부호가 사용된다는 점에서 완전히 표지가 없다고는 할 수 없으나 이는 언어적 형식이 아니라는 점에서 무표지로 분류하였다.

28) 접속부사가 가지는 문단과 문단 사이의 접속 기능에 대해서는 대부분 이견 없이 받아들여졌다. 그러나 신지연(2003)에서는 접속부사가 단락 경계에 위치하더라도 실제로 접속하는 것은 단락이 아닌 선후행 문장들이라고 하면서 '텍스트'라는 형식적 단위와 관련된다기보다 논리적 접속의 차원에서 이해되어야 함을 주장하였다. 그러나 이는 거시구조 접속에 접속부사보다 유의미한 결속 장치들이 있다는 것이지, 접속부사의 거시구조 접속 기능을 부정하는 것은 아니다. 이 책에서 다루는 접속은 명제와 명제 사이에 발생하는 논리적 접속의 차원을 의미하므로 정확하게는 문단 간의 접속에 대해서는 깊게 천착하지 않았으나 문단 사이에도 의미 관계를 상정할 수 있고 이는 접속부사가 담당할 수 있다고 판단하여 표에 제시하였다. 신지연(2003)에서 논의한 바에 따르

접속은 일차적으로는 접속 대상의 단위에 의해 분류되고 그 각각에서 접속 방식에 따라 구분된다. 명사류 접속에서 복합 표현은 '-뿐만 아니라', '-는/은 물론이고', '아니면' 등이 있고 용언류 접속에서 복합 표현은 '-기 때문에', '-어서 그런지', '-ㄴ 나머지'와 같이 연결어미의 기능을 하는 통사적 구성에 해당된다. 용언류 접속의 경우 연결어미가 필수적으로 결합하지만 명사류 접속과 문장 접속, 문단 접속은 접속 표지가 존재하지 않는 무표지 접속도 가능하다. 그 중에서도 문장 접속은 접속 표지가 존재하지 않는 경우에도 특정한 의미 관계로 해석될 수 있다는 점에서 명사류의 무표지 접속과 다르고, 문단 접속에 비해서는 그 접속의 기제가 형태 통사적으로 다양하다는 점에서 차이가 있다. 명사류 무표지 접속의 예와 문장의 무표지 접속의 예를 보면 아래와 같다.

(24) ㄱ. 과학관 주위에는 창경궁, 창덕궁, 경복궁 등 주위에 볼거리들이 많다.
ㄴ. 출근을 하다가 자동차 엔진이 고장났다. 나는 한 시간이나 지각했다.

명사류 무표지 접속(24ㄱ)은 쉼표로 구분하면서 단순히 접속 대상을 나열하여 특정한 의미 관계를 형성하지 않지만 문장 간의 무표지 접속(24ㄴ)은 청자의 추론을 통해 '인과'라는 특정한 의미 관계로 해석된다.

면 문단 간의 접속은 특정한 접속 표지에 의해 이루어지기보다는 보조사, 대용 표현과 직시, 양태나 상적 표현 등에 의해 암시적으로 이루어진다.

위의 표에서 '문장 외' 접속 방식은 문장 내 접속과의 비교를 위해 거칠게 분류해 놓은 것으로, 각각에 해당되는 예에 대해 구체적으로 살펴볼 필요가 있다. 인과 관계를 드러내는 언어적 표현은 위의 표에서 제시한 것처럼 그 통사적 분포가 흩어져 있고 각각의 연구 영역에서 주목하는 바가 다르므로 문법 연구와 텍스트 연구에서 다루고 있는 인과 표현을 모두 살펴보아야 할 것이다. 이 장에서는 기존에 인과 관계 표현으로 다루어졌거나 인과 의미로 분석된, 문법 및 어휘 형식들을 모두 수집하여 1) 텍스트 단위 접속 기능 여부, 2) 명시성 판단 기준의 여과 과정의 두 단계를 거쳐 연구 대상을 선정하고자 한다.

2.2.1. 텍스트 단위 인과 접속 표지 선정

인과 관계 표현은 크게 접속부사류, 어미류, 조사류, 복합 표현류로 나누어 볼 수 있고, 복합 표현류에는 구문 표현류와 종결 표현류가 포함된다. 먼저 접속부사류에 해당되는 표지는 전형적인 접속부사와 같이 문장과 문장 사이에 쓰이면서 선·후행 요소를 접속하는 역할을 갖는 언어적 요소들을 말한다. 아래에서는 사전에 부사나 접속 기능을 가진 관용어[29]로 등재된 형식(25ㄱ)[30]과 대용 용언의 활용형이나 특정 텍스트 유형에 자주 사용되는 텍스트 구조 표지로 다루어진 형식(25

29) 접속 기능의 관용어는 '그도 그럴 것이' 이외에는 사전에 등재되어 있지 않다. '그도 그럴 것이'는 학술 논문에서 관용적으로 쓰이는 '이에 따라, 이를 바탕으로, 이런 맥락에서' 등의 표현과도 그 성격이 유사하다 판단되지만 고정적으로 결합하여 굳어진 형식이라는 점에서 접속부사와 같은 범주로 분류할 수 있다.

30) 부사와 관용어로 등재된 형식은 〈표준〉, 〈고려대〉, 〈연세〉, 〈한국어기초사전〉을 확인하여 이 중 한 개 이상의 사전에 등재되어 있는 경우, 이에 포함하였다.

ㄴ), 접속 기능 외에 양태 의미를 가지는 부사(25ㄷ)[31]로 구분하여 제시하였다.

(25) ㄱ. 고로, 그도 그럴 것이, 그러니까, 그러기에, 그런즉, 그러한즉, 그래서, 그러므로, 그러니만큼, 그러니만치, 그런만큼, 그런고로, 그리하여, 그러다가, 그러자, 따라서, 왜냐하면, 이리하여, 이에, 이러므로, 연고로, 시고로, 써, 연즉, 한즉, 즉, 요컨대

ㄴ. 그러느라(고), 그래가지고, 이래가지고, 그러다보니, 그렇게 하여, 이렇게 되자, 이로써, 결론적으로, 그 결과, 결론부터 말하면, 그 결과로 인해, 이를 바탕으로, 이런 맥락에서, 이에 따라, 그로 인하여, 그렇기 때문에

ㄷ. 어쩐지, 어차피, 하기는, 그야, 마침내, 드디어, 끝내, 급기야

접속부사는 표면적으로는 문장과 문장 사이에 위치하면서 의미적으로는 여러 문장의 의미 내용을 접속할 수 있는 대표적인 접속 표지이다. 문법론 안에서는 접속부사에 대해 접속 혹은 수식의 의미 기능

31) 접속부사와 양태부사를 양분할 때 명확하게 두 부류 중에 하나에 포함시키기 어려운 부사들이 존재한다는 것은 여러 논의에서 지적된 바 있다. 임유종 외(2001: 195)에서는 접속부사와 양태적 의미가 포함된 부사에 대해 각각 '무표적 접속부사'와 '유표적 접속부사'로 구분하였다. 전자는 단순한 접속 기능만을 담당하고 후자는 단순한 접속 기능 이외에 어휘적인 의미를 함께 지니고 있는 부류를 말하는 것으로, 이러한 구분을 통해 선행 연결어미와의 결합 제약을 설명하였다. 비교적 최근의 논의인 이후인(2015)에서는 접속과 양태의 기능을 모두 가지고 있는 부사에 대해 '양태접속부사'라는 하위 유형을 설정하고 그 의미적, 통사적 특성을 밝혀 양태접속부사의 목록을 제시하고 있어 참고할 만하다. 여기에서는 이후인(2015)에서 제시한 용어인 '양태접속부사'를 사용하였다.

을 밝히면서 품사를 설정하는 문제나 유형을 분류하는 것에 초점이 맞추어져 있다. 이때 접속부사의 접속 혹은 수식의 대상은 후행 단어나 문장에 한정된 것이었다.

그러나 실제 쓰임에서 접속부사가 문장 이상의 단위를 연결할 수 있다는 점에 주목하면서 최근 텍스트언어학적 논의에서는 접속부사의 텍스트적 기능, 특히 텍스트 관계를 형성하는 기능을 밝히고 있다. 고영근(1999: 151)에서는 텍스트의 통사론적 응결장치로 논리적, 시간적 접속부사를 제시하였고, 이은희(2000: 138-150)에서는 '접속어'로 규정된 '접속 관계의 언어적 표지' 안에 접속부사와 그에 대당되는 용언의 활용형 등을 포함하고 있다.

(25ㄴ)에서 제시된, '그러-'나 '이러-'계 대용 용언의 활용형은 (25ㄱ)과 성격이 유사하며 기존 논의에서도 이들을 함께 다루었다. 그러나 '그래서, 그러니까, 그러므로'와는 달리 형태적 고정성의 정도가 낮다는 점에서 특정 텍스트 유형에서 고정적으로 사용되는 텍스트 구조 표지 '이를 바탕으로', '이러한 맥락에서', '이에 따라' 등을 함께 범주화하여 분류할 수 있다고 보았다.[32)]

(25ㄷ)의 '어쩐지'와 '어차피'는 최종원(2016)에서 인과적 구문 패턴을 보임을 밝혔으며 '하기는'에 대해서는 구현정(2012)에서 그 기능 중

32) 대용 용언의 활용형이 부사의 범주에 포함되는지는 학자에 따라 다른 견해를 보인다. 이에 대해 서반석(2018: 28-32)에서 언급한 것과 같이 "이들이 용언인지 부사인지 아니면 변천의 과정에 있는 것인지"는 함부로 단언할 수 있는 문제가 아니라는 입장에 동의한다. 해당 논의에서는 대용어류 접속부사를 인정하는 기준으로 "이러, 그러-, 저러-'가 동등하게 나타나는가', '양태 부사의 수식을 받는가'를 살펴 접속부사의 범위에 포함시키고 있다. 여기에서는 부사와 아직 활용형의 층위에 머무른 형태를 구분하는 기준으로 현행 사전의 등재 여부를 기준으로 두었지만 이러한 차이로 부사의 범주를 구분하는 것은 아니다.

하나로 이유 표지를 설정하고 있다. '마침내', '드디어', '끝내'는 사태의 마지막 국면을 강조하는 부사로 의미의 유사성으로 인해 '결국'과 함께 유사문법표현으로 다루어졌다. '결과'라는 의미에 상대되는 '원인'이 상정될 수 있다는 점에서 서반석(2018: 238)에서는 이들을 간접적인 인과성을 갖는다고 보았다.

다음으로 인과 접속의 어미류 목록은 다음과 같다.

(26) ㄱ. -거늘, -고, -관데, -기로, -기에, -길래, -나니, -노니, -느라(고), -다가, -다고/라고, -답시고/랍시고, -더니, -더니마는, -던지, -던지라, -(으)ㄴ/는데, -라서, -어(서), -(으)니/(으)니까, -(으)니만치/느니만치, -(으)니만큼/느니만큼, -(으)리니, -(으)매, -(으)므로, -면서, -자, -(으)ㄴ즉, -(으)ㄴ즉슨, -(으)ㄴ지/는지, (으)ㄴ지라/는지라, -(으)ㄹ세라, -(으)ㄹ지니

ㄴ. -기 때문에, -고 해서, -고 하니(까), -어서 그런지, -어서인지, -어 가지고, -이라 놓아서, -으로 해서, -으로 말미암아, -다 보니, -(으)ㄹ 테니까, -는 바람에, -ㄴ/는 통에, -ㄴ/는 탓에, -는 덕분에, -ㄴ 결과, -(으)ㄴ 나머지

ㄷ. -게, -거든, -잖아

위의 (26ㄱ)의 연결어미 부류에는 단순히 인과 접속 기능을 가지는 어미뿐만 아니라 추측이나 감정적 태도의 의미를 함께 가지는 어미가 포함된다. (26ㄴ)은 연결어미의 기능을 하는 우언적 구성(도재학 2014, 김선혜 2018)으로 이는 연결어미 상당의 명사구 보문 구성(채숙희 2002), 접속 관형절(배진영 2009), 의존성 명사 구성(김강희 2019) 등으로 지칭되

어 다루어졌다. 이 또한 특정 사용역에 제한된 표현이나 긍정이나 부정의 결과를 초래하는 표현적 정보가 담긴 표지가 포함된다. (26ㄷ)은 청자의 앎에 대한 가정의 의미를 갖지만 원인-결과 구조에서 특정적으로 쓰인다는 점에서 인과 관계 표현으로 제시된 '-거든'과 '-잖아'를 포함하여 앞 문장에서 질문한 근거를 제시하는 '-게'를 함께 종결어미 부류로 묶을 수 있다.

연결어미에 대해 텍스트 단위를 접속하는 기능을 인정할 수 있는 것은 아래의 예(27ㄱ, ㄴ)과 같이 의미적으로 문장 이상의 단위를 연결할 수 있으며, 문장 종결 기능을 획득한 경우가 있기 때문이다.[33] 그러나 연결어미의 통사적인 접속 대상은 구나 절 단위이고 연결어미가 문장 내에서 가지는 관계 의미가 텍스트 단위의 접속에서 그대로 드러나지 않기 때문에[34] 어미 내에서 텍스트 단위를 접속하는 기능을 갖는 것은 종결 용법의 연결어미 및 종결어미 부류로 제한해야 할 것이다.

---

33) 텍스트 언어학 분야는 아직 외국 이론의 영향력이 크기 때문에 한국어 담화에서 '어미'의 역할은 간과되기 쉽다. 그 때문인지 연결어미는 텍스트 관계 표지의 범위 안에 포함되어 언급되기는 하나 '어미' 부류만을 주목한 논의는 찾아보기 어렵다. 그러나 실제 텍스트를 살펴보면 연결어미는 종결적 쓰임으로 다른 명제와 관계를 표현하기도 하고 문장 이상의 단위를 접속하기도 하므로 텍스트 관계 표지로서 역할에 대한 세심한 관찰이 요구된다. 응결장치로서 연결어미의 역할에 주목한 논의로는 유혜령(2005)를 참고할 수 있다.

34) 이는 문장 내에서 실현되는 연결어미의 모든 기능이 접속부사에 담기지 않는다는 것을 통해서도 알 수 있다. 예를 들어 '-어서'의 경우 '인과', '계기', '행동/상태 지속'의 의미가 있으나 '그래서'의 경우에는 '인과'의 의미만 남으며 '-니까'와 '그러니까'를 비교하면 '-니까'는 '발견'의 의미를 갖지만 '그러니까'는 이러한 용법을 보이지 않는다. 이러한 특징은 유현경 외(2019), 안주호(2000;123-126)에서 설명되었다.

(27) ㄱ. 나와 철수야. 도둑들 갔어. 아무 일 없으니까 어서 나오래두.
ㄴ. 할머니는 돌아가실 때 연세가 99세였고 많이 편찮으셨다. 나와 썩 살가운 관계도 아니어서 그렇게까지 비통하지는 않았다.
ㄷ. 그 이후로 애가 밥을 안 먹어. 학교도 안가고. 내가 그냥 애간장이 타. 애가 며칠째 저러고 있으니까.
ㄹ. a. 어른이 그렇게 눈치를 줬으면 얼른 알아들어야지. 정말 내 입에서 험한 소리까지 나와야겠어요?
b. 형님도 그만하슈. 뭐가 죄송한 진 몰라도 여튼 죄송하다 잖아요.

(27ㄱ)과 (27ㄴ)은 연결어미 '-니까'와 '-어서'가 선후행 절만을 연결시키는 것이 아니라 앞선 문장을 포함하여 뒷절과 의미 관계를 형성하고 있다.[35] (27ㄷ)는 문장 종결기능으로 쓰이는 연결어미 '-니까'가, (27ㄹ)는 이미 종결어미화된 요소인 '-잖아'가 결합된 문장이 선행 문장과 관련하여 해석된다. 특히 구어에서는 (27ㄷ, ㄹ)과 같이 연결어미의 종결적 기능이나 '-잖아'와 '-거든'과 같이 특정 종결어미로 끝맺는 발화가 높은 빈도로 쓰인다.

종결적 용법을 가지는 비종결 형태에는 특정 연결어미와 '-을 테니

35) 유혜령(2005: 94)에서도 아래와 같은 예를 통해 접속 어미가 문장의 범위를 넘어선 접속 기능을 보인다고 하였다. 아래 ㄹ의 선행절을 포함한 ㄱ, ㄴ, ㄷ 모두가 ㄹ의 후행절과 대립관계를 맺는다.
ㄱ. 형석은 집안 구석구석을 쓸고 닦았다.
ㄴ.그는 손수 된장찌개를 끓이고 밥을 지었다.
ㄷ.그리고 마당에서 개나리꽃을 꺾어 식탁 위의 꽃병에 꽂아 두었다.
ㄹ. 그가 이렇게 정성을 다해 준비했지만 지영은 전화도 없이 나타나지 않았다.

까'와 같이 연결어미가 결합한 통사적 구성이 포함된다. 이들의 종결 기능은 대부분 구어의 대화 상황에서 사용되는 것으로, 생략이나 도치의 과정을 통해 담화적 기능을 획득한 것이다. 그 중에서도 다른 관계 의미에 비해 이유, 근거를 나타내는 연결어미는 종결적 쓰임이 자연스러운데 유현경(2003)에서 제시한 종결 용법이 인정되는 목록은 '-어서, -니까, -길래, -느라고, -는데, -다고'를 들 수 있다.[36] 한편 비종결 용법의 연결어미와 '-ㄴ 바람에, -ㄴ 덕분에'와 같은 연결어미 상당 구성의 경우에도 의미적으로는 앞선 여러 문장을 포괄할 수 있으나 의미적인 연관성 이외에 텍스트 관계를 드러내는 표지로서 유의미한 특성은 찾기 어렵다.

다음으로 인과 접속의 조사류 목록은 아래와 같이 찾을 수 있다.

(28) (-ㄴ/는)다고, 라고, (으)로, 으로써, 에, 에서

---

36) 유현경(2003: 126)에서 제시한, 종결어미 기능이 인정된 연결어미 목록은 '-고, -어/어서, -고/고서, -(으)면, -(으)ㄴ데, -지만, -(으)니(까), -(으)려고, -(으)러, -든지, -느라고, -거든, -게, -도록'이다. 해당 논의에서는 논리적인 인과 관계일 때 연결어미의 종결어미화가 불가능하고 '이유'일 때 종결어미 용법으로 자연스럽게 쓰인다고 보았다. 유현경(2003)의 목록 이외에 '-ㄴ지'도 종결기능을 인정할 수 있다. 그러나 연결어미로 쓰일 때와 그 의미가 완전히 달라져 목록에는 포함하지 않았다. 박주원(2020: 88-94)에서는 '-는지'를 한정된 서술어 생략으로 인해 종결용법을 획득한 형식으로 제시하면서 종결용법으로 쓰일 때 원인이나 추측의 의미 기능이 상실되고 의문과 감탄 기능만 보인다고 하였다.
연결어미의 종결적 용법을 기술할 때의 문제는 그 층위가 다양하다는 점이다. 즉 의미적 관련성이 유지되고 있는 것부터 완전히 종결어미로 취급될 수 있는 항목까지 문법적 층위의 인정 범위가 다르고, 종결적 용법의 문법성 판단 또한 연구자의 주관이 개입될 여지가 크다. 그러나 종결적 용법의 획득 기제가 '문법화'라는 점에서 이를 과정상의 문제로 바라보아야 할 것이다. 따라서 연결어미의 종결어미화 여부를 판단하는 과정에서 필요한 기준은 현대 국어 말뭉치에서 관찰되는가를 살펴야 할 것이라고 본다.

이들 형식은 원인이 되는 요소를 대상화하여 인과 의미를 실현시킨다. 결합할 수 있는 단위가 명사구로 제한되므로 절이나 문장 단위 접속 표지와는 그 성격이 이질적이다. 한편 조사는 거시적인 텍스트 구조적 측면에서 의미를 가질 수 있는데 텍스트에서 거시구조의 경계에 관여적인 요소로서 보조사 '는, 도, 보다'의 텍스트적 기능이 주목된 바 있다. 신지연(2003: 98)에서는 아래의 예를 제시하면서 이들을 거시구조 경계 구분에 관여적인 요소로 접속 표지와 유사한 기능을 하는 문법적 요소로 보았다.

(29) ㄱ. 우선 정·부통령제 주장이 그렇다. …… 4년 중임제 주장<u>도</u> 그렇다.

ㄴ. …… 이<u>보다</u> 더 염려스러운 것은 우리 내부의 '편가르기 증상'이다. ……

그러나 보조사 부류는 텍스트에서 문장과 문장 간의 의미 관계성을 갖는다기보다 거시구조의 응집성을 높이는 요소라고 할 수 있으므로 접속 표지의 범주에 포함하기 어렵다.

다음은 인과적 구문 표현류 목록이다. 구문표현은 주로 텍스트언어학적 논의에서 텍스트 관계를 드러내는 표지로 제시되었는데 학자마다 담화표지, 텍스트구조표지, 담화 연결어, 발화성격규정어, 메타담화표현 등 다양한 용어를 사용하여 다루고 있다.

(30) 원인은 -이다, -한 원인으로 하여, 이유는 -이다, 까닭은 -이다, -은 -을 예증한다, -의 근거로서, -(때문)인 것이다, -탓이다,

> –에 기인하여, –을 전제로, –으로 야기된, –에서 야기되어, –으로 인한, –에 의하여/의해/의하면, –에 따르면, 결과는 -이다, –으로 귀결된다, –게 결정된다, –을 야기한다, –이 야기된다, 등[37)]

위에서 제시된 목록은 텍스트 관계를 형성하거나 응집성을 실현시키는 표지로 제시된 항목 중 구문적 범주에 있는 항목을 '원인'과 '결과'의 순서로 나타낸 것이다. 이들 표지는 문법적 위치에 따른 제약을 두지 않고 '원인이 -이다', '결과가 -이다'라는 원인이나 결과의 개념 어휘가 포함된 구문과 원인이나 결과의 의미와 관련된 동사 등이 해당된다. 이들은 텍스트 구조에 따라 접속 단위가 상이하게 나타나기 때문에 표지만으로는 문장 이상의 단위를 연결하는지 판단할 수 없고 텍스트 내에서 위치하는 개별적인 예를 확인하는 과정을 거쳐야 한다.

마지막으로는 종결 표현 부류로, 연결어미의 종결적 용법이나 종결어미 이외에 문장 종결부에 쓰이면서 다른 명제와의 관련성을 가지는 표지이다.[38)] 여기에는 인과적 추론의 의미를 갖는 양태 표현과 텍스트

---

37) 이들은 고정된 형식이 아니라는 점에서 목록을 한정하기 어렵고 개방집합에 가깝다. 여기에서는 다양한 텍스트 표지를 제시하고 있는 김봉순(2002)를 중심으로 텍스트언어학적 연구에서 제시된 표지를 수합한 것이다.

38) 신지연(2003: 103)에서 거시구조 접속의 언어적 수단의 하나로, 양태나 상적 표현이 제시된 바 있는데 '–고 있–'이나 '–고 하–', '–야 하–'와 같이 서술어에 나타나는 양태 표현을 통해 화자의 태도 변화를 볼 수 있으며 이러한 양태 표현들이 단락 내부의 응집성을 높이는 수단으로 이용된다고 한 것은 종결 표현 부류를 접속 표지로 다루는 데 시사점을 제공한다. 양태나 상적 표현이 그에 속해 있는 단위 안에서 응집성을 강화시키는 것에 비해 여기에 제시된 종결 표현 부류는 원인과 결과의 접속 대상이 텍스트에 제시되어 특정 의미 관계로 연결된다는 점에서 의미 관계성을 갖는다.

내 응집성을 실현시키는 표지로 다루어졌으면서 인과 관계 의미를 드러내는 형식이 해당된다.

(31) -ㄴ 모양이-. -ㄴ가/나 보-, -ㄴ 것이다,

'-ㄴ 모양이-'와 '-ㄴ가/나 보-'는 결합하는 명제에 대한 추측을 나타내는 표현으로 명제에 대한 불확실성만을 드러내는 것이 아니라 확인된 결과 사태를 전제한다는 점에서 인과 추론 기능이 인정된 바 있다(이의종 2012, 정경미 2016). 정경미(2016:15)에서 '-ㄴ 모양이-'와 '-ㄴ가/나 보-'는 귀납적 추론 표지로 분류되는데 이 귀납적 추론에는 관찰된 결과를 가지고 그 원인을 찾는 인과율의 원리가 포함된다.[39] '-ㄴ 것이다'는 텍스트 내 두 요소를 연결시키는 기능을 인정하여 박소영(2001)에서 텍스트의 응결성 표지로, 안인경 외(2009)에서 연결어의 일종인 특수 연결어라고 보면서 맥락에 따라 실현되는 의미의 하나로 인과 의미를 제시하였다.

지금까지 살핀 문법적, 어휘적 인과 표현 안에서 텍스트 단위를 접속하는 기능이 인정되는 표지를 아래와 같이 정리할 수 있다.

39) 정경미(2016)에서는 한국어의 추론 증거성을 [직접 경험하지는 못했지만 추론해서 알게 된 명제]임을 밝히는 범주로 설정하고 여기에 '-ㄴ 모양이-', '-ㄴ가/나 보-', '-겠-', '-을 것이-'의 표지를 분석하였다. 이들 추론 표지는 그간 언어보편적으로 설정되었던 분류 기준인 '추론의 근거'에 의해서가 아니라 '추론의 방법'에 의해서 구분하고 있다.

[표 6] 텍스트 단위의 인과 접속 표지

<table>
<tr><td rowspan="3">(1) 접속 부사류</td><td colspan="2">고로, 그도 그럴 것이, 그러니까, 그러기에, 그런즉, 그러한즉, 그래서, 그러므로, 그러니만큼, 그러니만치, 그런만큼, 그런고로, 그리하여, 그러다가, 그러자, 따라서, 왜냐하면, 이리하여, 이에, 이러므로, 연고로, 시고로, 써, 연즉, 한즉, 즉, 요컨대</td></tr>
<tr><td colspan="2">그러느라(고), 그래가지고, 이래가지고, 그러다보니, 그렇게 하여, 이렇게 되자, 결론적으로, 그 결과, 결론부터 말하면, 그 결과로 인해, 이를 바탕으로, 이런 맥락에서, 이에 따라, 그로 인하여, 그렇기 때문에</td></tr>
<tr><td colspan="2">어쩐지, 어차피, 하기는, 그야, 마침내, 드디어, 끝내, 급기야</td></tr>
<tr><td rowspan="2">(2) 어미류</td><td>종결어미</td><td>-게, -거든, -잖아</td></tr>
<tr><td>연결어미의 종결적 용법</td><td>-어서, -니까, -길래, -느라고, -는데, -다고,</td></tr>
<tr><td>(3) 구문 표현류</td><td colspan="2">원인은 -이다, -한 원인으로 하여, 이유는 -이다, 까닭은 -이다, -은 -을 예증한다, -의 근거로서, -(때문)인 것이다, -탓이다, -에 기인하여, -을 전제로, -으로 야기된, -에서 야기되어, -으로 인한, -에 의하여/의해/의하면, -에 따르면, 결과는 -이다, -으로 귀결된다, -게 결정된다, -을 야기한다, -이 야기된다, 등 (텍스트에 따른 개별적 판단)</td></tr>
<tr><td>(4) 종결 표현류</td><td colspan="2">-ㄴ 것이다, -ㄴ 모양이-, '-ㄴ가/나 보-</td></tr>
</table>

위와 같이 텍스트 단위를 접속하는 표지는 접속부사류, 종결(적) 어미류, 구문 표현류, 종결 표현류까지 여러 통사적 범주에 산재되어 있다. 이들은 통사적인 차이와 더불어 접속을 드러내는 명시성에서도 차이를 보일 것이다. 지금까지 살펴본 목록을 토대로 관계 의미를 드러내는 데에 비명시적 편향을 가지는 표지를 선정하고자 한다.

2.2.2. 비명시적 인과 접속 표지 선정

앞서 접속의 명시성을 '접속 대상 간의 관계 의미를 드러내는 직접성'으로 정의한바 접속을 드러내는 표지 중에서 비명시적 편향을 가진 표지를 선정하기 위해서는 텍스트의 접속 관계에 적용될 수 있는 명시성 판단 기준이 요구된다. 여기에서는 본질적으로 화자가 말하고자 하는 바를 언어로 표현할 때 그 직접성의 정도에 차이가 있음을 전제하고 화행론적 관점의 명시성 판단 기준을 적용하고자 한다. Stadler (2011)에서 제시한 명시성(explicitness) 지표를 참조하여 '해석의 자립성(autonomy), 통사-기능 상관성(syntax-function correlation), 지시성(reference), 구조적 지표(structural indication)'를 접속의 명시성 판단 기준으로 적용하였다.[40)]

접속의 명시성을 살피기 위해서는 접속 기능을 명시화하는지, 관계 의미를 명시화하는지를 구분하여 판단할 수 있다. 접속 기능을 갖거나 접속을 암시하는 언어적 형식을 사용하는 경우 접속 기능이 명시화된 것이라고 할 수 있으며, '인과' 의미를 해석하는 데 있어서 맥락 의존도가 낮거나 '인과'라는 관계 의미 자체를 지시하는 경우 관계 의미가 명시화된 것이라고 판단할 수 있다. '접속 기능'의 명시성은 텍스트 단위 접속에서 특정적으로 살펴야 하는 특성이며 '관계 의미'의 명시성은 접속 기능을 전제한 언어적 형식에 대해 적용할 수 있을 것으로 보인다.

먼저 '통사-기능의 상관성'은 그 기능에 따른 통사적 형식을 사용

---

40) Stadler(2011)에서는 명시성(explicitness)을 화행 표현의 직접적인 수준으로 보고 이러한 네 가지 항목을 명시성을 평가하는 지표로 삼았다. 텍스트 내 응집성의 측면에서 명시성 판단의 기준을 제시한 연구로는 Steiner(2005)가 있다. 그러나 그의 명시성 판단 기준은 문장 단위보다는 더욱 거시적인 텍스트 전체를 대상으로 할 때 적합하다. Stadler(2011)의 기준은 화행 이론에 기반한 것이지만 문장 단위 층위에서 적용하기에 적합하므로 미시구조의 접속 관계의 명시성을 판단하는 데도 적용할 수 있을 것이라고 본다.

하는가이다. 화행론에서는 화행적 기능에 따른 문장 구조 형식의 사용 여부를 판단한다. 명령을 할 경우에 명령문으로, 질문을 할 경우엔 의문문의 형식을 취하는 발화가 다른 문장형식으로 실현된 것에 비해 가장 명시적이라고 보는 것이다. 접속 관계에서는 접속 기능에 따른 (통사적) 언어 형식을 사용하는가를 살필 수 있는데 접속 기능을 가지는 전형적인 언어 형식은 접속 대상의 문법적 층위에 따라 접속조사, 연결어미, 접속부사에 국한되므로 이들 문법 범주와의 상관성이라 할 수 있다. 아래와 같이 구문 표현류에 속하는 관계 의미의 개념 어휘가 사용된 경우를 보면 접속 기능을 갖는 문법적 형식에 의한 것은 아니라는 점에서 통사-기능 상관성을 충족하지 않는다.

(32) 극예술연구회가 서구의 국민극을 해석하는 방식에서 드러나는 이러한 문제는 좌파 계열 연극인들의 지적처럼 일제강점기 조선이라는 동시대의 현실을 도외하고 있다는 데서 그 일차적 <u>원인</u>을 찾을 수 있다. 그러나 이것은 국민극과 민중극의 개념을 동일한 것으로 이해하고 있었던 극예술연구회 회원들이 가진 인식의 문제에서 <u>기인한 것</u>이라 할 수 있다.

그렇다면 구문 표현류와 접속부사류의 명시성 차이에 대해서도 생각해 볼 수 있다. 위의 예(32)에서는 '극예술연구회가 서구의 국민극을 해석하는 방식에서 나타나는 문제'에 대한 원인을 '극예술연구회 회원들이 가진 인식'으로 제시하였다. 후행 문장이 원인으로 해석되는 것은 선행 문장에서 '원인을 찾다'라는 개념어 구문을 사용하였고 그것을 '그러나'로 연결함으로써 후행하는 문장에서 다른 원인이 제시될 것이라는 독자의 기대와 후행 문장에서 원인을 기술하는 동사인 '기인하다'의 사용에 의한 것임을 알 수 있다. 이처럼 소위 텍스트 구조 표지를 통한 접속의 경우 접속 관계를 판단하기 위해서는 텍스트의 거시 구조에 대한 이해가 필수적이다. 따라서 이는 텍스트 구조를 고려하여 개별적으로 판단해야 하는 문제로 보인다.

'구조적 지표'[41]에 해당되는 담화표지(discourse marker) 기준은 화행의 기능을 드러내는 담화표지를 사용한 경우에 더욱 명시적이라고 보는 것이다. 담화표지의 범위는 논의에 따라 다르지만 여기에서는 '특정한 화행이 다가오고 있음을 알리는 기능을 수행하는 단어나 구절'로 보고 있다. 즉 담화표지를 화자가 말하고자 하는 바를 암시하는 언어적 지표라고 할 때, 접속의 경우에는 접속을 암시하는 언어적 지표가 존재하느냐로 판단할 수 있을 것이다. 접속을 암시하는 것은 해당 형식의 완전한 해석을 위해서는 표지가 결합하는 명제 이외에 다른 언어 단위와의 관련성이 전제되어야 한다는 점을 살펴야 한다. Knott & Dale(1994:45-47)에서는 because, meanwhile, but 등 연결 기능을 가지는 실마리어구(cue phrases)를 검증해 내기 위해 대용어를 사용하여 두 절을 분리시켰을 때 의미가 불완전하여 의미 해석에 있어서 다른 요소가 필요한지를 살피는 방법을 제시하였다. 즉 아래와 같이 Because절이 의미적으로 불완전하기 때문에 because를 신호어구라

41) Stadler(2011)에서 제시하는 '구조적 지표'에는 '선호 담화구조(change of preference organization)', '끼어듦(interruption)', '담화표지(discourse markers)', '관례적 단서(conventionalization cues)', '반복(repetition)'의 다섯 가지 항목을 포함한다. 담화표지를 제외한 항목은 접속 현상에 적용할 수 있는 기준으로서는 적합하지 않아 논의하지 않았다.

고 판단할 수 있다는 것이다(송석만 2004: 191).

(33) John fell because Bill pushed him.

→ because Bill pushed John.

위의 검증 방식은 접속 표지를 선정하는 방법으로 느슨해 보이긴 하지만 이는 접속사(connectives)가 아닌 신호어구(cue phrase)를 판별한다는 점에서 유의미한 검증 기제가 될 수 있다. 앞선 표6에서 텍스트 접속 기능을 인정할 수 있는 표지를 제시하였는데, 제시한 접속 표지는 통사적으로는 독립적인 문장 사이의 관계 의미를 실현하기 때문에 문법적인 불완전성을 갖지 않으나 의미적인 불완전성은 확인할 수 있을 것이다.[42] 그러나 위의 검증 방식을 적용했을 때 몇몇의 양태접속부사나 '-ㄴ 모양이-'가 쓰인 아래의 예를 보면 의미적으로 불완전하다고 판단하기 어렵다.

(34) ㄱ. 어쩐지 좀 이상하더라니.

ㄴ. 드디어 시험이 끝났다.

ㄷ. 마침내 두 사람은 헤어지게 되었다.

ㄹ. 저는 코믹한 연기라고 생각하지 않았는데 시청자들은 재미

42) 의미적인 불완전성은 특정한 문장이 내용적으로 완결된 단위가 아니라 다른 문장과의 관련성을 가지는 경우이다. 고창운(1996: 15-16)에서는 다른 발화와 관련성을 가지는 형식으로 'ㄴ데'를 들었다. "나는 아가씨가 아닌데"와 같은 문장은 상황에 따라 '젊게 봐 주어서 기분이 좋다', '나이 대접을 제대로 해 주지 않아서 불쾌하다' 등의 생각이나 발화가 있을 때에만 실현되는 말이라는 점에서 다른 발화나 생각과 관련성을 가진다고 보았다.

있게 본 모양입니다.

(34ㄱ)의 '어쩐지' 구문은 어떤 사태에 대해 화자가 미리 예견하고 있었음을 나타낼 때 쓰인다. 이때 관련된 사태는 상황 맥락과 관련되어 해석될 수 있기 때문에 '어쩐지'가 단독으로 쓰이는 경우에도 어떠한 의미로 쓰인 것인지 짐작할 수 있어 자연스럽게 해석된다. 결과가 되는 사태에 초점이 놓이는 '드디어'나 '마침내'는 그에 대응되는 선행 사태가 상정되지 않는 경우에도 자연스럽게 쓰일 수 있으며 '-ㄴ 모양이-'가 쓰인 화자의 추측 표현은 확인 가능한 추측의 근거를 요구하지만 (34ㄹ)과 같이 맥락이 주어지는 경우 그 근거는 텍스트 내에 명시되지 않을 수 있다. 이러한 경우 '어쩐지, 드디어, 마침내, -ㄴ 모양이-'는 구조적 지표로 보기 어려우므로 접속부사류나 종결 표현 안에서도 양태 의미를 갖는 표지들을 구별할 필요가 있을 것이다.

다음으로 '관계 의미'의 명시성 조건으로서 '해석의 자립성'이란 발화가 이루어진 맥락의 도움 없이 문장에 쓰인 단어들의 의미만으로 화자가 전하려는 정보의 내용을 알 수 있는 특성이다. 화행의 측면에서 누군가에게 창문을 닫아달라고 할 때, "창문 닫아!"라고 하는 것은 "창문 좀 닫을 수 있니?"라고 하는 것에 비해 명시성이 높고, "이 안이 춥다고 생각하지 않니?"라고 말하는 것은 대화의 맥락을 고려해야 하므로 가장 비명시적인 요청행위라고 할 수 있다(이성범 2017: 286-287).

접속에서는 맥락에 의존하지 않고 접속 표지 자체로 인과 관계를 형성할 경우 자립성을 가지는 반면 선·후행 맥락을 고려해야만 그 의미 관계를 판단할 수 있는 경우 해석의 자립성이 낮다고 할 수 있다. 해석의 자립성은 연결어미의 의미를 검증하는 기준의 하나로 제시되기도 하였는데 유유현(2021)에서는 남기심(1978)을 참고하여 연결어미의 의미를 검증하는 기준의 하나로서 '의미의 명시성'을 들고 아래와 같은 검증 방식을 제시하였다.[43)]

(35) 의미의 명시성 검증

ㄱ. 대체하거나 두 문장으로 나누는 등 해당 어미를 제거하면 검증하는 의미가 사라진다.

ㄴ. 추가 맥락을 통해 검증하는 의미를 취소할 수 없다.

(36) ㄱ. 불량배들이 나를 때리고 골목 안으로 도망했다.

ㄱ'. 불량배들이 나를 때렸다. (그들이) 골목 안으로 도망했다.

ㄴ. 형이 장작을 쪼개고 아우가 그것을 쌓아 올렸다.

ㄴ'. 형이 장작을 쪼갰다. 아우가 그것을 쌓아올렸다. (남기심, 1987: 16)

위의 예 (36)과 같이 연결어미를 삭제하고 두 문장으로 분리했을 때 두 사태가 시간적 선후 관계로 유지되므로 '-고'가 선행의 의미를 가진다고 보기 어렵다는 것이다. 이러한 기준으로 동일한 문맥에서 여러 연결어미의 쓰임이 허용될 때 그 의미 관계의 명시성을 판단할 수도 있을 것이다.

---

43) 이러한 방식은 접속 표지의 의미를 검증하기 위함이었다면 앞서 제시한 Knott & Dale(1994:45-47)의 검증 방식은 접속 표지를 검증해 내기 위한 것이다. 두 검증 방식은 유사하지만 유유현(2021)은 분리된 두 문장 간의 관계가 유지되는지를 보고 그 관계 의미가 접속 표지의 의미인지를 확인하는 것이고 Knott & Dale(1994)는 분리된 문장이 온전히 해석될 수 있는지를 살펴 접속 표지를 구분한 것이다.

(37) ㄱ. 올 겨울은 날씨가 춥다는데 겨울옷을 장만할까요?
ㄴ. 올 겨울은 날씨가 춥다니까 겨울옷을 장만할까요?

'-는데'는 화행과 연결되는 인과 관계에서 '-어서'나 '-니까'보다 사용 분포가 넓은 반면 접속 관계를 드러내는 직접성의 정도는 약하다고 할 수 있다.[44] '-는데'와 '-니까'가 동일한 의미 관계에서 쓰임에도 그 관계 의미가 '-니까'에서 더 직접적으로 나타나고 있으므로 연결어미의 사용이 필수적인 절 단위 접속에서 명시성은 연결어미의 의미를 구분해 내는 기제가 될 수 있다.

텍스트 접속에서 해석의 자립성을 파악하기 위해서는 맥락을 구분할 필요가 있는데 이 책에서는 발화 장면, 즉 화맥을 접속 대상으로 포함하지 않았기 때문에 접속에서 고려해야 할 맥락은 문맥으로 본다. 접속부사나 연결어미는 그 관계 의미를 온전히 해석하기 위해서 선후행 문장의 언어적 요소들을 필요로 한다. 먼저 접속부사의 경우 다음과 같이 '그러나'는 대조되는 대상이 사용 문맥에 따라 차이를 보이는 양상이 나타나기 때문이다.

(38) ㄱ. 철수는 공부를 잘 한다. 그러나 영수는 공부를 못 한다.
ㄴ. 철수는 공부를 잘 한다. 그러나 몸이 약하다.

---

44) 서정수(1994)에서는 '-니까'의 이유 제시가 뚜렷한 반면 '-는데'는 근거를 넌지시 암시하는 문맥에 쓰인다고 보았으며 한계임(2017)에서는 '-는데'와 '-니까'의 비교에서'-는데'가 선행 내용의 인식강도가 낮고 청자를 의식한 화자의 소극적 의견을 제시하며 '-니까'가 선행 내용의 인식 강도가 높고 화자가 힘의 우위에 있는 상황에서 사용된다고 하였다. 박지용(2020:52-55)에서는 '-어서', '-니까' 대신 사용되는 화행의 이유를 나타내는 '-는데'는 공손성 관련하여 해석될 수 있다고 하였다.

ㄷ. 철수는 공부를 잘 한다. 그러나 잘난 체 하지 않는다.

ㄹ. 철수는 공부를 잘 한다. 그러나 늘 1등만 하는 것은 아니다.

신지연(2005:27-40)에서는 위의 예를 제시하면서 '그러나'의 대조 양상을 사용 문맥에 따라 '객관적 대조', '주관적 대조', '함축적 대조', '부분적 대조'로 구분하여 보였다. 그러나 이처럼 하위 의미가 구분되더라도 '그러나'의 모든 문맥에서 선·후행절 사이에 대조의 의미가 발견된다는 점에서 관계 의미 자체가 바뀌는 경우와 동일하게 보기는 어렵다.

접속부사와 비교하여 연결어미는 문장 내에서 그 관계 의미가 더욱 세부적으로 나타나기 때문에 그 의미를 파악하기 위한 맥락의존성이 더 크다고 할 수 있다. 그러나 종결적 용법으로 쓰인 연결어미는 그 세부적 의미가 제한적으로 나타난다. '-니까'의 경우 종결적 용법으로 쓰일 때 그 관계 의미 자체가 맥락에 따라 바뀐다기보다는 '강조, 확인, 불만' 등의 화용적 기능이 덧붙는 것이라 할 수 있다.

(39) ㄱ. 점심은 내가 살게. 오늘 월급을 받았으니까.

ㄴ. *?지갑이 없었어. 버스를 타고 보니까.

ㄷ. *?부모님이 돌아가셨어요. 이제 살 만하니까.

(40) ㄱ. a. 내가 그때 한번 해 봤었었어. 잘되더라고.

b. 잠깐 멈추고 들어볼까?

a. 내가 해 봤다니까.

유현경(2003)에서 제시한 위 (39)의 예와 같이 '-니까'의 종결적 용법의 쓰임은 시간적 선후(39ㄴ)나 조건(39ㄷ)의 의미에서는 제약을 보인다. 또한 (40)은 김혜지(2016: 96)에서 제시하고 있는 종결어미 '-니까'의 의미 중 하나인 '확인'이나 '질책'의 예로, 이 또한 '이유'의 '-니까'와 구별되는 의미라기보다는 맥락에서 획득된 화용적 의미로 해석할 수 있다.[45)]

한편 아래와 같이 '어쩐지'나 '-잖아'가 사용된 문장 연쇄를 보자.

(41) ㄱ. 어쩐지 어눌하고 이치에 안 맞게 군다 싶더니, 심부름꾼은 뜻밖에도 소년이었다.

ㄴ. W군의 존재가 어쩐지 나의 마음을 어둡게 하였다.

ㄷ. 이건 구실이나 변명이 아니야. 우리가 당장 결혼할 수 없다는 건 누구나 다 아는 사실이잖아.

ㄹ. 이거 한 번 하잖아. 금방 날라간대. 그래서 두 번 해야 색이 정확히 나오는거야[46)]

(41ㄱ)에서는 원인이 되는 사태를 화자가 겪은 경험과 연결시킴으로써 두 내용이 인과적으로 관계를 맺고 있는 반면, (41ㄴ)의 '어쩐지'는 '그 까닭은 모르지만 왠지'의 의미로, 결합하는 문장에서 화자의 태도를 수식한다. (41ㄷ)에서도 '-잖아'는 선행하는 문장에 대한 근거로 작용하지만 (41ㄹ)에서는 후행하는 발화의 전제나 조건의 의미로

---

45) 박주원(2020:134-135)에서는 '-으니까'의 종결 용법에서 보이는 다양한 기능이 모두 '이유'에서부터 기인한 것이라고 설명한다. 접속 구문에서 분리된 'S-으니까'가 선행 발화나 담화와 관계를 맺게 되면서 후행절 내용을 담화상에서 해석할 수 있고 그 과정에서 청자의 추론이 개입되면서 다양한 화용적 효과가 얹혀진 것으로 볼 수 있다는 것이다.

46) (40ㄹ)의 예는 조민하(2015:181)에서 제시된 대화의 예를 단독 발화로 바꾸어 제시한 것이다.

파악할 수 있다. 위의 (41)의 '어쩐지'와 '-잖아'의 의미는 그 본질적 의미 기능에 의한 인과 관계라기보다는 특정 맥락과 결합했을 때 '이유'나 '근거'의 의미가 실현되는 것이다. 이를 통해 볼 때 의미가 맥락에 의존한다는 것의 기준은 문장에서 문맥에 의해 해당 표지가 가지는 의미적, 문법적 기능이 달라지는 경우라고 할 수 있다.

마지막으로 '지시성'에 대해 Stadler(2011)에서는 선행하는 발화를 직접 가리키는가 하는 '지시' 기준을 제시하였다. 발화 행위에서는 이전 발화를 가리키는 것을 통해 자신의 발화 의도를 명시적으로 제시할 수 있는 것으로 보았기 때문이다. 접속 관계에 대한 지시성을 구체화하면 그 관계 의미 자체를 지시하는 것과 접속 대상을 지시하는 것으로 구분할 수 있다. 접속 대상을 지시하는 경우 '접속 기능'이 명시화된 것으로 판단할 수 있고 관계 의미 자체를 지시하는 경우 '관계 의미'가 명시화된 것으로 판단된다.

접속 대상을 지시하는 경우는 대용이나 지시적 형태를 포함하는 접속부사류가 해당될 것이다. 그러나 어휘화된 접속부사나 관용어의 대용 기능은 텍스트 층위에서는 상당히 희미해진다는 점(황미향, 1998: 282)에서 '그래서, 그러니까, 그러므로' 등과 '이에 따라, 이를 토대로, 이런 맥락으로'에 대해 그 지시성을 동일하게 판단할 수는 없을 것이다.

관계 의미를 지시하는 경우는 '원인, 이유, 까닭, 근거, 결론, 귀결' 등의 개념 어휘를 사용하거나 '기인하다, 야기하다, 결정되다' 등의 동사를 포함하는 구문표현에 해당된다. 이들 표지는 '인과'라는 관계 의미 자체에 대한 개념어이기 때문에 명시적으로 관계 의미를 드러내는 것으로 판단할 수 있다. 관계 의미와 접속 대상의 지시성은 명시성을 드러내는 기능이 다르긴 하지만 지시나 대용을 포함하는 부사류와 구문 표현류에 제한적으로 적용되므로 '지시성'이라는 지표로 통합하여 적용하고자 한다.

이제까지 논의한 명시성의 기준을 다시 정리하여 보이면 아래와 같다.

(42) 접속의 명시성 판단 기준

▸접속 기능의 명시성

1) 통사-기능 상관성: 접속의 기능에 따른 언어 형식(접속사)을 사용하는가

2) 구조적 지표: 접속을 암시하는 언어적 지표를 사용하는가

3) 지시성①: 접속 대상을 지시하는가

▸관계 의미의 명시성

1) 해석의 자립성: 맥락적인 단서 없이 언어를 통해 드러난 의미만으로 접속 관계를 파악할 수 있는가

2) 지시성②: 관계 의미를 지시하는가

위와 같은 명시성 판단 기준을 적용하여 위의 2.2.1.에서 텍스트 단위를 인과적으로 접속하는 표지에 대한 명시성을 판단할 수 있다.

접속부사류의 경우 그 자체로 접속을 암시하는 구조적 지표가 되므로 접속 기능이 명시화된 것으로 볼 수 있으나 양태접속부사는 다른 언어 단위와의 의미적 관련성을 드러내지 않고 쓰일 수 있어 구분된다. 또한 어휘화된 접속부사, 관용어인 '그도 그럴 것이'와 대용 용언의 활용형, '이를 바탕으로, 이런 맥락에서, 결론부터 말하면'과 같은 텍스트 구조 표지로 다루어진 형식 또한 통사-기능 상관성과 지시성의 특징을 동일하게 공유하고 있다고 볼 수 없으므로 이를 구분하여

제시하였다.

종결어미 '-잖아, -거든, -게'는 접속 기능의 통사적 형식이 아니면서 단독으로 쓰였을 때 의미적으로 불완전하다는 점에서 접속을 암시하는 구조적 지표라고 할 수 있다. 또한 접속 관계나 접속 대상을 지시하는 형식을 포함하지 않으면서 인과 의미를 해석하기 위한 맥락 의존도가 높은 것으로 판단된다. 종결적 용법의 연결어미는 접속 기능의 통사 형식에 해당되면서 접속을 암시하는 구조적 지표로 기능한다. 종결 용법으로 쓰였을 때 제한된 의미로만 해석되므로 해석의 자립성은 높은 것으로 볼 수 있는 반면 접속 대상이나 관계를 지시하는 특성에는 해당되지 않는다.

구문 표현류는 통사-기능 상관성 기준에는 적용되지 않지만 인과 의미의 개념어를 포함하는 형식이므로 관계 의미가 명시화된 형식이라고 할 수 있다. 따라서 지시성이나 해석의 자립성을 모두 가진다.

종결 표현류인 '-ㄴ 것이다'와 '-ㄴ 모양이-', '-ㄴ가/나 보-'는 대부분의 기준을 공유하고 해석의 자립성 기준에서만 차이를 보인다. 위의 예 (40)에서 확인한 바와 같이 '-ㄴ 모양이-'의 경우에는 화자 추론의 근거가 되는 부분이 명시되지 않더라도 근거를 전제하고 완전하게 해석할 수 있기 때문에 '-ㄴ 것이다'와는 차이가 있다. 이제까지 논의한 각 접속 표지에 적용한 명시성 판단 결과를 정리하여 보이면 아래와 같다.[47]

---

47) 표에서 명시성 판단 기준을 화살표를 통해 높고 낮음으로 이분화하여 표시하였지만 높고 낮음의 정도를 동일하게 보는 것은 아니다. 또한 명시성 기준은 접속부사류나 어미류에 속하는 형태 각각에 대해 적용할 수 있고 그 안에서도 명시성의 차이를 보일 것이다. 예를 들어 위에서 '-니까'와 '-는데'의 명시성 차이에 대해 언급한 바 있듯이

[표 7] 텍스트 단위 인과 접속 표지의 명시성 판단

		접속 기능 명시성 기준			관계 의미 명시성 기준
		통사-기능 상관성	구조적 지표	지시성	해석의 자립성
접속부사류	접속부사·관용어	↑	↑	↓	↑
	대용언의 활용형·텍스트 구조 표지	↓	↑	↑	↑
	양태접속부사	↑	↓	↓	↓
어미류	종결어미	↓	↑	↓	↓
	연결어미의 종결적 용법	↑	↑	↓	↑
구문 표현류		↓	↑	↑	↑
종결 표현류	-ㄴ 것이다	↓	↓	↓	↓
	-ㄴ 모양이-·-ㄴ가/나 보-	↓	↓	↓	↑

논의의 편의상 명시적 접속과 비명시적 접속으로 지칭하였지만 명시성 판단 기준을 적용하여 접속 방식이 가진 명시성의 정도를 판단할 수 있을 것이다. 위의 표를 통해 명시성 정도가 낮아 비명시적 편향을 가진 형식으로 양태접속부사, 종결어미, 종결 표현류를 선정할 수 있으며 해당 목록을 제시하면 아래와 같다.

(43) ㄱ. 어쩐지, 어차피, 하기는, 그야, 마침내, 드디어, 끝내, 급기야

ㄴ. -잖아, -거든, -게

이들이 종결적 용법으로 쓰이는 경우에도 문장 내 연결어미로 쓰일 때와 마찬가지로 관계 의미를 드러내는 명시성의 정도가 같다고 판단하기는 어렵다. 그러나 여기에서는 좀 더 상위 범주의 부류 사이의 명시성을 비교하기 위하여 개별 형태 각각의 명시성의 정도는 비교하지 않았다. 여기에서 천착하지 못한 각 부류의 개별 형태에 대한 비교 논의에 대해서는 추후 연구를 통해 보완이 필요할 것이다.

ㄷ. -ㄴ 것이다, -ㄴ 모양이-, -ㄴ가 보-

(43)에서 제시한 형식은 인접한 내용에 대한 원인이나 결과가 되는 부분과 결합하는, 인과적 문맥에서 용법을 가진다. 그러나 위의 형식 중에서 형태적 기원이 인과 의미와 직접적으로 관련되어 있어 그 용법의 경계가 모호하거나, 인과적 용법이 일반화된 맥락이 아니라 일회적인 맥락이라고 판단되는 경우는 연구 대상에서 제외하기로 한다.

먼저 '그야'는 '어쩐지, 어차피, 하기는'과 같이 양태 의미를 가지는 접속부사로 앞선 내용에 대한 원인이나 이유를 설명할 때 결합된다. 지시대명사 '그'와 보조사 '야'가 결합한 형태적 어원으로 인해 '그러-' 계열 접속부사와 의미 기능에서 유사하면서도 동의나 인정 등의 부가적 의미가 파악된다. 이후인(2015: 38)에서 언급하고 있듯이 '그야'는 아직까지 통사적 구성으로 활발하게 사용되므로 이를 어휘화된 부사로서의 '그야'와 구분하기 어려워 보인다. 말뭉치에서 관찰되는 대부분의 예에서 인과적 연결어미 '-어서'나 '-니까'와 호응하기 때문에 인과의 의미가 '그야'에서 기인하는지, 연결어미에서 기인하는지 파악하는 것이 용이하지 않다.

'마침내, 드디어, 끝내, 급기야'는 앞서 '결과'가 되는 사태에 초점이 맞추어져 있어서 선행하는 원인이 상정될 수 있다고 하였다. 그러나 이들은 원인 사태에서 논리적으로 야기된 결과가 아니라 시간적 흐름에 따른 결과라는 점에서 위에서 정의한 인과 관계는 이들의 일반화된 맥락으로 보기 어렵다. 아래와 같이 논리적 추론을 통해 형성되는 인과 관계에서 '끝내, 드디어, 마침내, 급기야'는 쓰일 수 없으며 부정적인 결과나 화자의 기대에 부응하지 않는 결과와 결합하는 양상을 보면[48] 이들이 특정한 사태를 야기시키는 원인과 그에 따르는 결과 사태를 연결하는 것이 아니라 시간적으로 선행하는, 관련된 사태와 연결되는 것임을 알 수 있다.

(44) ㄱ. 태평양의 물은 짜다. 대서양의 물도 짜다. 지중해의 물도 짜다. 북극해와 남극해의 물도 짜다. *끝내/*드디어/*마침내/*급기야 모든 바닷물은 짜다고 할 수 있다.

ㄴ. 나는 다른 연은 다 떨어지더라도 방패연은 떨어지지 않을 것이라 생각했다. 그러나 끝내/마침내 방패연도 추락하기 시작했다.

그렇다면 결과 현상을 야기시키는 인과 관계에서 쓰인 '마침내, 드디어, 끝내, 급기야'는 두 문장 사이의 인과 관계에 이들 형식이 관여하는 것인지 판단하기 어렵다고 할 수 있고, 따라서 이는 일반화된 맥락이 아닌 일회적인 맥락이라고 판단하여 제외하였다.

종결어미 '-게'는 〈표준〉에서 '앞 문장에서 어떤 상황을 묻고서, 뒤 문장으로 그처럼 물은 근거를 제시하는 종결어미'로 뜻풀이 되어 있으며 '장사가 잘 됐나봐? 표정이 밝으시게.'의 용례를 제시하고 있다.

---

48) (42)의 예는 서반석(2018: 252)에서 가져온 것으로 '급기야'를 추가하여 보인 것이다. 서반석(2018ㄴ)에서는 '끝내, 드디어, 마침내'의 이러한 특성을 텍스트의 진행 방식이 논리적 진행이 아닌 시간적 진행에 따른 결과만을 나타낸다고 분석하였으며 강현주(2020)에서도 시간부사의 범주로 설명하고 있다. 즉 이들은 원인을 전제하는 결과 의미 측면에서는 인과적 접속의 기능을, 화자의 기대를 실현하는 양태 의미 측면에서는 양태 의미를, 후행하는 문장에 대해 시간적으로 수식하는 기능의 측면에서는 시간적 의미를 분석할 수 있다.

이때 '-게'는 부사적 용법이 도치를 통해 종결어미 지위를 획득한 경우와는 구분되는데 이에 대해 김현주·정연주(2021)에서는 이러한 '-게'의 용법을 '이유'의 연결어미 '-기에'에서 기원한 것으로 분석하고 있어서 참고할 수 있다.

(45) ㄱ. 그런 문신을 했기에 나는 그가 깡패라고 생각했다.
cf) 나는 그가 깡패라고 생각했다. 그런 문신을 했기에.
ㄴ. 당신 깡패예요? 그런 문신을 했게.

해당 논의에서는 위의 예에서 '그가/당신이 깡패다'라는 판단의 사실적 근거를 제시하기 위해 쓰인 '-기에'와 '-게'의 유사성을 확인할 수 있다고 보고 있다. 따라서 종결어미 '-게'의 용법은 연결어미의 종결적 용법과 함께 부류화할 수 있을 것이다.

위와 같은 여과 과정을 거쳐 본 연구에서 연구 대상으로 선정한 비명시적 인과 접속 표지를 부류별로 제시하면 아래와 같다.[49]

(46) ㄱ. 어쩐지, 어차피, 하기는
ㄴ. -잖아, -거든
ㄷ. -ㄴ 것이다, -ㄴ 모양이-, -ㄴ가/나 보-

49) 형태 표기에서 '-ㄴ 모양이-'와 비교하여 '-ㄴ 것이다'를 특정 활용형으로 표기한 것은 '-ㄴ 모양이-'는 활용형에 따라 그 용법이 달라지지 않지만 '-ㄴ 것이다'는 활용형인 '-ㄴ 거야'와는 구분되는 것으로 보기 때문이다. 또한 '-잖아'의 경우 이를 선어말어미로 보면 '-잖-'으로, 종결어미로 보면 '-잖아'로 표기하는데 본 연구의 입장은 '-잖아'와 '-거든'을 모두 구어에서 특정적으로 사용되는 종결어미로 보아 위와 같이 표기하였다.

위의 목록 중 '어차피, 어쩐지, 하기는, -ㄴ 모양이-'는 명제와 관련된 화자의 태도를 담고 있어 접속과 수식의 기능이 혼재되어 있는 부류이다. 즉 개별적으로 가지는 의미 특성으로 인해 '-어서'나 '-니까', '그래서'와 같은 전형적인 인과 관계 접속 표지와 사용 맥락을 공유하지 않는다. '어쩐지', '어차피', '하기는'은 각각의 의미를 통해 특정 사태나 주관적 진술과 함께 이를 수용하는 화자의 관점이나 태도에서 차이를 드러낸다. '-ㄴ 것이다', '-잖아', '-거든'은 표지 자체에서 인과 관계와 관련된 의미가 파악되지 않고 선·후행 문장을 통해 그 관계를 파악할 수 있다. 즉 인과적 해석에 있어서 맥락적인 요인이 개입되고 '-어서'나 '-니까'로 교체될 수 있어 명시적 인과 접속 표지와 사용 맥락이 부분적으로 공유되는 특징을 갖는다.

또한 이들 표지는 접속 대상을 원인부와 결과부로 나눌 때 각각 결합하는 부분에서도 차이가 있다. 대부분은 원인이 되는 사태나 판단의 근거가 되는 문장에 결합하지만 '-ㄴ 것이다'의 경우에는 결과 사태에, '-ㄴ 모양이-'는 판단 결과에 결합하여 나타날 수 있다.[50] 위의 형식 중에 '-ㄴ 모양이-'와 '-ㄴ가/나 보-', '-잖아'와 '-거든'은 문법적, 의미적 특성을 공유하므로 함께 다루되 구분된 특성에 대해서는 개별적으로 언급하는 방식을 택한다.

50) 이에 대해서는 각각의 항목을 다루는 장에서 구체적으로 기술할 것이다.

3.
인과 관계 유형 분류 기제

3장에서는 비명시적 인과 표지가 실현하는 인과의 의미 특성을 파악하기 위해 인과 관계의 의미 층위를 구분하고 텍스트 구조적 기준으로 유형을 분류한 기존 연구를 참조하여 인과 관계의 하위 유형을 구분해 보고자 한다.

특정 목록에 대해 텍스트 단위의 접속 표지로 범주화하고 이러한 표지들에 의해 유도되는 인과의 세부 의미를 살피기 위해서는 명시적, 비명시적 인과 표지들을 통합하여 설명할 수 있는 텍스트 의미 관계의 분석 틀이 필요할 것이다. 이에 연구 대상을 분석하기 위한 인과의 유형 분류 기준으로서 각각 관계의 의미적 측면과 텍스트 구조적 측면에 중점을 둔 기준을 제시하고자 한다.

먼저 의미적 측면에서는 접속 대상의 의미 특성을 파악하는 층위 구분 접근 방식을 취한다. 층위 구분 접근은 '인과'라는 추상적인 개념을 언어의 내적 의미 관계뿐만 아니라 인간의 인식과 언어 사용 영역으로 확대하여 적용할 수 있다는 점에서 특정 관계 의미의 유형을 분류하는 상위의 기준으로서 적합하다.

한편으로 텍스트 단위의 접속은 그 관계가 계층적으로 조직화되어 있으므로 문장과 문장 사이의 수사 구조를 분석할 수 있다. 수사 관계는 화자의 의도와 상위 명제로 통합되는 구조를 기준으로 구분함으로써 텍스트의 미시적, 거시적 구조를 한눈에 파악하는 데에 장점을 가진다. 각각의 분석 기제에 대해 차례대로 살펴보도록 하겠다.

3.1. 의미 층위에 따른 접속 유형

본 장에서는 인과 관계의 하위 유형을 설정하는 데에 관여하는 요소로서 접속 대상이 되는 문장의 의미 특성을 살피고자 한다. 이는 의미 관계를 판단하기 위한 본질적인 요소인 접속 대상의 특징을 기준으로 한 것이다. 문장의 의미 특성을 분류 기준으로 삼은 이유는 먼저, 기존에 인과 추론의 개입 여부라는 기준을 적용한 연구에서 명시적인 접속사를 통한 접속만을 연구 대상으로 삼고 있어, 명시적, 비명시적 접속 관계를 포섭하지 않는다는 데에 있다.

인과 관계에서 의미 층위를 구분하는 접근법은 Sweetser(1990)의 삼분법 체계가 대표적으로 논의된다. 인과 추론 개입 여부나 접속이 이루어지는 언어적 층위를 적용하여 인과 관계를 내용 영역, 인식 영역, 화행 영역으로 구분하고 있는데 접속 표지를 중심으로 한 논의에서는 그 유형 안에서 빈 칸이 생길 수밖에 없다. 예를 들어 Sweetser(1990)은 화행 영역의 접속을 질문과 명령에 한정하여 제시하고 있는데 '-어서'와 '-니까'에 의해서는 질문 화행과 결합하는 인과 관계를 표현할 수 없으며 이는 접속 대상을 독립된 문장으로 변환하여 접속부사를

사용하는 경우에도 완전히 자연스럽게 수용되지는 않는다.[1)]

(47) ㄱ. 일한 것에 대한 비용을 지불하고 {*싶어서/*싶으니까} 청소 일을 한지 얼마나 되셨죠?

ㄴ. 일한 것에 대한 비용을 지불하고 싶습니다. {?그래서/?그러니까} 청소 일을 한지 얼마나 되셨죠?

이원표(1999: 135)에서 '-어서'와 '-니까'는 '원인-결과'의 관계가 선행절과 후행절에 국한됨으로써 표현될 수 있는 원인의 범위가 제한된다고 한 것은 이러한 문제 의식과 맥을 같이 하는 것이라 할 수 있다.

또한 접속부사나 연결어미와 같은 접속사 자체를 통해서는 화자의 인과적 추론이 개입되는지 판단하기 어렵기 때문에 추론이 개입되어야만 해석될 수 있는 접속 관계의 접속 가능성을 살펴 층위가 구분되기도 한다. Sweetser(1990)의 인식 영역의 인과 관계는 화자의 지식과 그로부터 도출되는 인과성으로 설명된다고 하였으나 해당 연구에서 제시한 인과의 내용 영역과 인식 영역의 예를 보면 실재 세계의 사태 사이에서 도출되는 결과인지, 화자의 지식이 작용한 결과인지에 의해 구분된다기보다는 추론의 방향으로 구분된다는 것을 알 수 있다.

(48) ㄱ. Since John wasn't there, we decided to leace a note

1) 접속부사로 연결된 발화는 뉘앙스에 따라 자연스럽게 수용될 수 있다. 그러나 이러한 발화가 자연스러운 경우는 '그래서, 그러니까'가 선후행 요소를 인과적으로 연결하는 접속부사의 용법이 아닌 담화표지의 용법에 가까워 보인다. 접속부사와 담화표지의 경계가 명확히 구분되는 것은 아니지만 접속부사로 쓰였을 경우 형태적 기원이 되는 '-어서'와 '-니까'의 성격이 유사하게 나타날 수 있어 수용성이 낮은 것으로 판단된다.

for him. (내용 영역)
(존이 그곳에 없어서, 우리는 그에게 메모를 남기기로 했다.)
ㄴ. Since John isn't here, he has (evidently) gone home.
(인식 영역)
(존은 여기에 없기 때문에 (확실히) 집에 갔다.)

(48ㄱ)에서 존이 그곳에 없다는 사실은 실재 세계에서 화자('우리')가 해야 할 일을 초래한다고 보면 내용 영역의 인과이지만 '우리가 그에게 메모를 남기기로 했다'는 화자의 판단 결과를 이끄는 것으로 보면 인식 영역으로 분석될 수 있다. 여기에서 (48ㄱ)과 (48ㄴ)의 차이는 실재 세계의 사태와 화자의 머릿속 지식의 차이라기보다 결과를 이끌어내는 방향의 차이로 보인다. 화자는 경험이나 지식을 통한 근거를 바탕으로 다른 명제를 판단하고 그에 대한 믿음을 갖게 되는데 (48ㄱ)은 근거를 통해 추론하여 결과를 도출하는 반면 (48ㄴ)은 결과가 되는 확인된 사태를 통해 원인 사태를 추론하는 양상이 드러난다.

즉 기존에 전형적인 인식 영역의 인과로 다루어진 관계는 확인할 수 있는 결론적 사태를 가지고 그 원인이나 근거가 되는 사태를 추론하는 역행적 추론[2]에 해당된다는 것을 알 수 있고,[3] 따라서 그간의 '–어

---

2) 결과로부터 그 원인을 추론하는 것은 이 책에서는 역행적 추론이라고 지칭하였으나 이는 역방향 추론, 귀추적 추론, 귀납적 추론 등의 여러 용어가 사용된다.

3) 이 책의 논의와 유사한 견지에서 Sweetser(1990)의 인식 영역의 인과에 대한 박지용(2020)의 분석은 참고가 된다. 그는 Sweetser(1990)의 인식 층위의 예들은 각 절에서 지시되는 사태의 순서가 실제 사태의 순서와는 반대로 되어 있어서 인식 층위 접속으로밖에 해석될 수 없다고 하면서 인간의 추론 행위가 수반되는 것의 여부보다는 인식 층위 접속으로 해석하지 않으면 선·후행절이 자연스럽게 연결될 수 없는 것들을 인식 층위 접속으로 분류한 것으로 판단하였다.

서'와 '-니까'의 의미 차이는 역행적 추론으로 접속이 가능한지를 판단하여 분석한 것이라 할 수 있다. 그러나 아래의 예와 같이 화자의 추론 대상이 되는 원인이 명제의 태도를 나타내는 동사에 내포되는 경우 '-어서'도 자연스럽게 쓰일 수 있는 것을 보면 '-어서'와 '-니까'의 변별은 추론의 개입 여부로만 결정되는 것으로 보이지는 않는다.[4)]

(49) ㄱ. 그가 왔으니까 그는 내가 부르는 소리를 들었다.
ㄴ. *그가 와서 그는 내가 부르는 소리를 들었다.
ㄷ. 그가 와서 그는 내가 부르는 소리를 들었다고 생각했다.

Sweetser(1990)의 발전적 논의인 Maat & Degand(2001)의 인과적 응집성의 유형 분류 기준을 다시 가져오면 아래와 같다.

[표 8] 인과적 응집성 관계 유형(Maat & Degand, 2001)

1) Nonvolitional(비의도적 인과)	
2) Volitional(의도적 인과)	
3) Causal epistemic(인과적 인식)	
4) Noncausal epistemic(비인과적 인식)	
5) Speech act(화행 관계)	5-1) 화행의 동기화
	5-2) 바꿔쓰기와 요약하기

4) '-어서'와 '-니까'의 변별에 개입하는 것은 다양한 요소가 존재하겠지만 이 둘의 문제를 인과의 인식적 차이로 보기는 어려울 것이다. '-어서'의 경우 시간적으로 순차적인 사태만을 나타낼 수 있기 때문에 인과의 방향성이 실재 세계와 다를 때 그 관계가 보편적이거나 당연하게 받아들여지기 어려울 수 있으며, 이러한 경우 결론(근거)에 대한 화자의 확실성이 떨어지므로 인식 영역에서 '-어서'의 결합은 부자연스러운 양상으로 나타나게 되는 것으로 보인다.

표에서 3)과 4)에 해당되는, 화자의 인과적 추론이 개입되는 인식적 관계는 인과적 순서에 따라 일어나는 관계(인과적 인식)와 인과적 순서와는 관련이 없는 관계(비인과적 인식)로 구분한다.[5] 인과적 인식 관계에서는 실재 세계의 인과 관계와 같은 방향성(원인→결과)을 가지는 반면, 비인과적 인식 관계에는 실재 세계의 효과가 실재 세계의 원인을 지지하는(결과→원인) 역행적 추론을 포함한다.

접속 관계를 형태 중심적 관점에서 벗어나 범주를 확장할 때, 인과 추론이 개입된 유형을 역행적 추론으로만 제한적으로 설정할 필요가 없으며 접속 표지로 연결되지 않는 화행 층위 접속이나 한국어에서 다양한 방식으로 나타나는 역행적 추론 양상을 포섭할 수 있을 것이다.

(50) ㄱ. 기온이 0도 이상이다. 눈이 녹을 것 같다.
ㄴ 기온이 0도 이상이니까/어서 눈이 녹을 것 같다.

(51) ㄱ. 눈이 녹고 있는 걸 {보니/봐서/보니까} 기온이 0도 이상이다.
ㄴ. 눈이 녹고 있다. 기온이 0도 이상인 모양이다.

---

5) Maat & Degand(2001)에서는 기존 연구에서 귀납적 추론만이 인식적 영역의 전형이 되었음을 지적하면서 다음과 같은 이유를 제시하였다. 첫째, 텍스트에서 접하는 대부분의 인식적 관계는 인과관계에 기반한다는 것, 둘째, 귀납적 추론 외에 실제 인과관계를 모델로 삼지 않은 다른 종류의 추론이 있다는 것이다.

It's 10o'clock. Everyone has probably left for work.

His twin brother is very tall. He will probably be tall too.

오전 10시라고 해서 사람들이 모두 출근하는 것은 아니며 쌍둥이 중 한 명의 키가 큰 것이 다른 한 명의 키가 큰 이유가 되진 않는다. 이러한 예에서는 두 사태 사이에 인과성이 아닌 다른 가정(대부분의 사람들이 오전 10시 이전에 출근을 한다, 일반적으로 쌍둥이 형제는 키가 같다)이 있는 것으로 보아야 한다는 것이다. 이러한 예에 대해서는 배경이 되는 맥락 지식으로부터 인과성이 형성되어 도출되는 관계로 보아 인식적 층위의 인과 관계 범주 안에 포함시킬 수 있다고 본다.

ㄷ. 눈이 녹고 있으니까 기온이 0도 이상이다/이상일 것이다.

ㄹ. 기온이 0도 이상이다. 어쩐지 눈이 녹고 있더라.

(50)은 원인이 되는 사태를 통해 그 결과로 이어질 내용을 추론하고 있어 원인-결과의 방향성을 가지며 (51)은 '결과-원인'의 역행적 추론을 드러내는 예로, 녹는 눈의 관찰은 그 원인, 즉 온도가 0도 이상임을 추론하는 데 근거가 된다. (51ㄱ)은 '-어서'나 '-니까'와 결합하여 생성된 '-ㄴ 것을 보아서', '-ㄴ 것을 보니까' 구성으로, '-어서'를 통해서는 수용성이 낮았던 경우에도 '-ㄴ 것을 봐서' 구성을 통해서는 자연스럽게 결합이 가능하다.[6] (51ㄴㄷ)에서는 눈이 녹고 있다는 결과적인 사태를 근거로 그 원인을 추측하여 '-ㄹ 것이다', '-ㄴ 모양이다'로 표현한 것이며, (50ㄹ)은 결과가 되는 사태를 인식하고 그 이전에 겪었던 원인을 인식하여 인과 관계로 연결한 것이다.

다음으로 텍스트 단위의 접속에서는 화자의 추론 개입 여부나 유형이 접속 표지에 의해 유의미하게 변별되지 않는다는 점 또한 지적할 필요가 있다.

(52) ㄱ. 어 수염은 인제 일부러 그 짧게 면도를 하질 않습니다. 왜그러느냐며는 그 저희들이 그 니스를 발른 다음에 인제 수염을 붙이거든요.

ㄴ. 글쎄요 그거는 인제 사실 정도전 역할을 제가 한다 그러며

---

6) 박지용(2020: 86)에서는 "불이 켜져 있을 것으로 봐서 현우는 지금 집에 있다"와 같이 '-ㄴ 것{으로/을} 보아서'는 '-어서'와는 달리 역방향 추론의 근거를 나타낼 수 있으므로 'ㄴ 것{으로/을} 보아서'를 하나의 구문으로 처리할 필요성이 있다고 하였다.

는 자신이 없을 거 같애요. 왜그러냐며는 형님께서 하시는 거를 봤기 때문에 제가 그런 자신이 없을 거 같은데.

(53) ㄱ. 1 다들 퇴근했나봐. 왜 이렇게 조용해?
2 송 편집장님 환영회 해준다고 우르르 몰려나갔잖아요.
ㄴ. 내가 양보할게. 철수가 원하잖아.
ㄷ. 너도 뭐 좀 생각을 해봐. 컴퓨터라면 누구에게도 뒤지지 않는다고 큰소리쳐 왔잖아.
ㄹ. 우리가 여기에 언제 이사왔지? 너 기억력 좋잖아.

이원표(1999: 138)는 (52ㄱ)는 내용 영역의 인과관계를, (52ㄴ)는 인식 영역의 인과관계를 나타내는 것으로 분석하고 '왜냐하면' 구문이 위의 세 가지 의미 영역 모두에서 기능을 한다고 보았다. 마찬가지로 (53)[7] 또한 구어적 종결어미 '-잖아'가 각각 내용(53ㄱ), 인식(53ㄴ), 화행(53ㄷㄹ)의 영역 구분 없이 인과관계를 표현한 것이다.

위의 예는 Sweetser(1990)의 층위 구분 방식을 적용한 것이지만 위에서 언급했듯이 Sweetser(1990)의 인식 영역의 인과가 역행적 추론인 경우만을 대상으로 한 것이므로 정확하게는 접속 대상이 되는 선후행 문장의 의미 층위와 관련되어 있음을 알 수 있다. (52ㄱ)은 '면도를 하지 않는다'-'니스를 바른 다음 수염을 붙인다'의 실재 세계의 두 사태가 제시되어 있고 (52ㄴ)은 '정도전 역할은 자신이 없을 것 같다'와 '형님이 그 역할을 하시는 것을 보았다'와 같이 화자의 추측이 개입된 명제와 실재 사태가 연결되어 있다.

7) 정주연(2020: 548-550)에서 제시된 예로, 해당 연구에서는 '-잖아'를 통한 인과관계는 맥락에 의해 파악할 수 있는 의미로 보아 함축적 인과로 지칭한 바 있다.

요컨대 인과 관계에서 화자의 추론이 개입되었는지는 인과 추론의 방향성이나 접속 표지가 변별됨으로써 판단할 수 없는 것이다. 이러한 점을 근거로 삼아 본 논의에서는 접속 관계에서 상대되는 요소를 통해 인과적 추론을 판단해야 하고 그 과정에서 층위 구분 접근으로서 접속 대상인 문장의 의미 특성 또한 고려되어야 하는 것으로 본다.

문장의 의미 특성을 파악하기 위해서는 언어 형식에 대한 의미 층위를 존재론적 실체에 따라 구분한 논의를 참고할 수 있을 것이다. 존재론적 차원에서 의미 실체를 구분한 것은 Nida(1975), Lyons(1977), Hengeveld(1998) 등의 논의에서 찾아볼 수 있는데 여기에서는 Lyons(1977)에서 좀 더 확장된 유형을 제시한 Hengeveld(1998: 345)의 실체 유형을 참고하였다.[8)]

[표 9] 언어 형식의 의미 실체 유형(Hengeveld 1998: 345)

실체 유형	기술 Description	값 Evaluation
0차	속성 혹은 관계 Property or relation	적용성 Applicability
1차	개체 Individual	존재 Existence
2차	사태 State of affairs	사실성 Reality
3차	명제 내용 Propositional content	진리치 Truth
4차	발화 행위 Speech act	정보성 Informativeness

8) Hengeveld(1998)의 실체 유형은 Lyons(1977)에서 제안된 분류에서 0차와 4차 실체를 추가하여 5가지 유형으로 설정한 것이다. 표에 대한 번역어는 유유현(2021: 92)의 것을 따랐다.

(54) ㄱ. They escaped by sliding down a rope. (0차)
그들은 밧줄을 타고 도망쳤다.
ㄴ. The fuse blew because we had overloaded the circuit. (2차)
회로에 과부하가 걸려서 퓨즈가 끊어졌다.
ㄷ. Jenny went home because her sister would visit her. (3차)
제니는 언니가 찾아와서 집에 갔어요.
ㄹ. Jenny isn't here, for I don't see her. (4차)
제니는 여기에 없어. 안 보이니까.

Hengeveld(1998: 345)에서는 인과적 관계를 보이는 부사절을 대상으로 그 의미 실체를 0차, 2차, 3차, 4차로 구분하여 보였다. 이 중 0차 실체는 다른 유형의 실체에 대해 서술되어야 하는 속성이나 관계로, 다른 유형에 대한 적용의 적절성 측면에서 평가될 수 있는 것이다. (54ㄱ)은 그들이 내려가는 방식으로 '밧줄을 타는' 행위와 연결된다. 독립적인 사태로 존재하지 않는다는 점에서 한국어에서 0차 실체는 연결어미에 의한 접속만을 허용하는 것으로 보인다.

2차 실체인 사태나 사건은 시공간에 위치할 수 있고 현실적 측면에서 평가될 수 있는 것으로 보았다. (54ㄴ)은 '회로에 과부하가 걸리다', '퓨즈가 끊어지다'의 사실성을 전제로 한 선행절과 후행절이 원인-결과로 이어져 있다. 3차 실체인 명제는 시공간에 위치할 수 없고 진리치로 평가되는 것이다. 이는 믿음, 기대, 판단과 같은 명제적 태도의 대상이 된다. (54ㄷ)에서는 제니가 집에 간 사태에 대한 이유를 언니가 찾아왔다는 사실에서 찾은 화자의 태도가 드러난다. Lyons(1988: 442-446)에서 제시한 존재론적 유형 중에 3차 실체에 대한 특성 중 하나는 이유가(reason) 될 수 있으나 원인(cause)이 될 수 없다는 것인데 시공간적으로 관찰이 가능한 사태를 원인으로, 관찰이 불가능한 화자의 믿음이나 판단의 대상이 되는 명제를 이유로 구분하고 있음을 알 수 있다. 마지막으로 화행은 4차 실체로 시공간에 위치하면서 정보성 측면에서 평가되는 것으로 본다. (54ㄹ)에서는 제니가 없다는 사실을 단언하면서 그렇게 주장하게 된 이유를 제시하고 있다.

위의 사태, 명제, 화행으로 나타나는 문장의 의미 층위는 중의성을 가진다. 특히 2차 실체인 사태와 3차 실체인 명제의 구분은 맥락에 의존하기 때문에 독립된 문장만으로는 그 실체 유형을 파악하기 어렵다. (8)에서 제시한 예를 다시 보자.

(55) ㄱ. 세 시쯤에 단우는 식당에서 밥을 먹고 있었어. 그래서 학원에 늦었어.
ㄴ. 세 시쯤에 단우는 식당에서 밥을 먹고 있었어. 왜냐하면 내가 봤거든.
ㄷ. 오늘은 저녁에 약속이 있어서 진수는 이미 퇴근을 했다.
ㄹ. 사무실에 불이 꺼져 있으니까 진수는 이미 퇴근을 했다.

'세 시쯤에 단우는 식당에서 밥을 먹고 있었어'라는 동일한 문장이라고 하더라도 (55ㄱ)에서는 단우가 학원에 늦었다는 현실 사태에 대한 원인이 되는 것이고 (55ㄴ)에서는 화자가 봤다는 근거를 댐으로써 화자의 판단이나 주장인 명제가 되는 것이다.[9] 유사하게 역행적 추론

9) 서반석(2021: 119-120)에서는 명제와 사건의 구분을 정도성의 문제라고 표현하였는데 이는 이유와 원인의 구분이나 각 의미 층위 사이에 정도성을 가진 영역이 존재하는

인 인식 영역의 인과에 해당되는 (55ㄹ)의 예에서도 후행절인 '진수는 이미 퇴근을 했다'는 실재 일어난 사태의 층위가 아니라 화자가 믿고 있는 명제 층위이므로 사태 층위로 실현된(55ㄷ)과는 구분된다.

이러한 특성과 관련하여 Hengeveld(1998: 346-347)에서는, 위의 표7에서 제시한 2차 실체와 3차 실체의 유형을 구분하는 데 동원되는 요소로 명제적 태도의 표현이 인정되는가를 들어 실체 간의 구분 근거를 제시하고 있다.

(56) ㄱ. Jenny went home because her sister might visit her.
ㄴ. *The fuse blew because we might have overloaded the circuit.
ㄷ. Jenny isn't here, for, honestly, I don't see her.
ㄹ. *Jenny went home because, frankly, her sister would visit her.

예 (56ㄱ)은 '제니는 언니가 그녀를 방문할지도 모르기 때문에 집에 갔다'로 수용 가능하지만 (56ㄴ)처럼 '회로에 과부하가 걸릴까봐/걸릴지도 몰라서 퓨즈가 나갔다'의 문장은 수용이 불가능하다. 또한 3차 실체와 4차 실체 유형의 구분은 발화 행위에 대한 수정이나 수식 가능성을 통해 드러난다. 화행은 그 근거의 주체가 화자인 반면 3차 실체인 이유의 근원은 주절 참여자인 제니이다. 따라서 (56ㄹ)과 같이 발화

것으로 해석할 수 있다. 한편 표면적인 문장의 형태가 동일하더라도 화자에 의해 표현되거나 청자에 의해 해석되는 방향은 문장의 의미 층위 중 하나만 선택되는 것이므로 이는 '정도성'이 아닌 '중의성'으로 설명된다.

행위를 꾸미는 'frankly'(솔직히 말하면)와 같은 부사와는 결합할 수 없다.[10] 이처럼 영어에서 의미 실체의 유형은 그 사이에 나타나는 양태 표현이나 양태부사와의 호응 양상에서 차이를 보이기도 한다.

이 책에서는 이러한 문장의 의미 실체와 텍스트 단위의 특성을 참고하여 2차 실체인 사태 사이에서 맺어지는 사실 접속과 3차 실체인 명제를 포함하는 의견 접속, 4차 실체인 발화 행위가 개입된 화행 접속으로 인과 관계 유형을 구분하여 보고자 한다.[11] 아래에서 각 접속 유형의 특성에 대해 좀 더 구체적으로 살펴볼 것이다.

[표 10] 접속 대상의 의미 층위에 따른 인과 유형

인과 유형	접속 대상의 의미 층위
사실 접속	사태 + 사태
의견 접속	사태/명제 + 명제
화행 접속	사태/명제 + 화행

3.1.1. 사실 접속

사실 접속은 접속 대상이 사태의 의미 층위를 갖는 인과 관계 유형이다. 사실 접속에서 화자의 역할은 두 사태의 의미적 관련성을 인식하고 인과적인 판단을 내려 연결시키는 것이다.[12] 접속 대상인 사태나

---

10) 이는 텍스트에서 '사실'과 '의견'의 구분에서 의견 층위임을 나타낼 때 동원되는 기제로 설명되기도 하였다. 박나리(2009: 72)에서는 영어에서는 의견층위임을 나타낼 때 양태 조동사(might, should, would)나 양태부사(apparently, surely)를 통해 알 수 있다고 하였다.

11) 표8에서는 결합 대상이 되는 요소만을 제시한 것으로, 제시된 사태와 명제의 결합 순서는 텍스트 내에서 고정되어 나타나는 것은 아니다.

사실의 층위에 대해 좀 더 살펴보겠다.

'사실'은 문장문법적 관점과 텍스트적 관점에서 그 개념과 사용에 차이가 있다. 전자의 경우 '사실'은 '화자에게 진리치가 참으로 확정되어 있는 상태의 명제'로 정의된다. 이때 '사실'은 참인 문장과 참·거짓을 판단할 수 없는 문장을 포함하는 넓은 의미의 명제 안에 포함되는 것으로 맥락에 의해 참이 확정된 경우에 한정적으로 쓰인다(김태인 2019: 79, 강범모 2000).

한편 텍스트적 관점에서 '사실'은 언어 현상을 크게 대상 층위와 화자의 의견 층위로 이분할 때, 화자의 의견에 대한 상대적인 개념으로서 '객관적으로 증명할 수 있는 구체적인 진술'로 정의된다(Irwin & Baker 1989, 이상구 2001, 박나리 2009). 이러한 정의로서 '사실'은 이미 참이어야 하기 때문에 참을 증명할 수 없는 맥락에서는 그 지위를 확정하기 어렵고, 객관적으로 증명할 수 있어야 하기 때문에 형용사, 감정적 표현, 일반적이고 추상적인 진술 등이 제외되는, 문장에서 매우 좁은 범위로 한정될 수밖에 없다.

이와 관련하여 권이은(2010)에서는 '사실'과 '사실 문장'을 구분하는데, 거칠게 정리하자면 '참으로 확정된 것'은 '사실'이고 '참과 거짓을 판별할 수 있는 것'은 '사실 문장'으로 언어 사용에서는 후자의 개념이 유의미함을 보였다.

---

12) 사실 접속에 대응되는 Sweetser(1990)의 내용 영역의 관계나 Maat & Degand(2001)의 '의도적·비의도적 인과' 관계는 실재 세계의 사건 간의 인과 관계로서 인과 관계를 판단하는 화자의 역할이 최소화된 부류로 정의된다. 이는 화자의 추론 과정이 배제된 객관적 사실에 의한 접속이라 할 수 있다.

(57) ㄱ. 아내가 고향에서 나를 기다리는 생각을 하면 일이 힘들지 않았다. 그런데 아내는 나를 속였고 날마다 집을 비워 왔던 것이다.

ㄴ. 연우는 [단우가 내일 돌아온다는 것]을 모두에게 말했다.

ㄷ. 연우는 [단우가 내일 돌아온다는 것]을 안다/믿는다/모른다.

권이은(2010)의 정의를 적용하면 실제 세계와의 관계에서 위의 예 (57ㄱ)의 첫 번째 문장의 보문은 후행하는 문장의 의미로 인해 사실을 전제한다고 보기 어렵다. 그러나 사실 문장의 차원에서 주어가 그 당시에 일이 힘들지 않았다는 것이 참인지 거짓인지를 판단할 수 있으므로 이는 사실 문장이라고 할 수 있다. 김태인(2019: 239)에서는 한 문장 내의 보절이 '사실'의 층위를 갖느냐를 밝히는 데 주목하고 있지만 이때 '사실'은 '객관적으로 참의 성격을 갖는 것'이 아니라 '화자가 머릿속에서 '참'으로 여기고 다음 대화로 이어가는 일종의 전제와도 같은 것'이라는 언급을 주목할 필요가 있다. 따라서 아직 일어나지 않은 일 (57ㄴ, ㄷ)인 [단우가 내일 돌아온다는 것]은 사실로 해석된다. 즉 실제 세계에서의 참이라기보다 화자의 정보처리상으로 기정사실화된 것을 참으로 보는 것이다. 이러한 점에서 김태인(2019)의 '사실'과 권이은(2010)의 '사실 문장'의 접점이 있다.

접속이라는 현상은 메타언어적인 결속 행위라는 점에서 '사실'이 아닌 '사실 문장'의 개념이 적용되어야 한다고 본다.[13] 아래의 예는 '-어

13) 이 책에서는 '사실 문장'의 의미로 '사실 문장', '사실', '사태'의 용어를 구분하지 않고 사용하지만 더욱 보편적으로 사용되는 '사실'이나 '사태'라는 용어를 주로 사용할 것이다. '사실'은 텍스트적 관점, '사태'는 문장문법적 관점에서 주로 사용되나 두 용어의

서'와 '그래서', '왜냐하면'을 통해 명시적으로 사실 문장 사이의 인과적 결합을 형성하는 사실 접속의 예라고 할 수 있다.

(58) ㄱ. 나는 그저 미안해서 의자에 앉자마자 눈을 감고 아무 말도 하지 않았는데.

ㄴ. 외계인이나 UFO 같은 데에 흥미가 있었는데, 여러 가지 문헌이나 ≪성서와 우주인≫이라는 책에도 이 모양이 나와 있었습니다. 그래서 이 모양에 흥미를 가지고 있었지요.

ㄷ. 이런 종류의 토치에서 나오는 불꽃은 너무 밝아서 직접 들여다보면 눈이 상한다. 그래서 우리는 둘 다 어두운 안전 고글을 착용하고 있었다.

ㄹ. 빨간 전구 하나만 켜져 있는 암실에서 흰 종이를 보면, 그때는 그 종이가 빨갛게 보인다. 왜냐하면 종이가 빨간 전구에서 나오는 파장을 모두 반사시켜 빨간색으로만 둘러싸이기 때문이다.

(58ㄱ)에서 '나는 그저 미안했다'는 것은 화자의 당시 감정 상태를 기술한 사실로, 화자는 이를 '눈을 감고 아무 말고 하지 않은' 행동 사이를 인과적으로 판단하여 연결시킨 것이다. (58ㄷ)에서도 '토치의 불꽃으로 인해 눈이 상한다'는 일반적으로 알려진 사실과 '우리는 안전 고글을 착용하고 있었다'는 과거 사태를 연결한 것이다. 텍스트 단위에서 '사실'은 이미 발생했거나 현재 발생하고 있는, 과거와 현재의 사태, 실제 세계의 발생 여부를 떠나 화자에 의해 (앞으로 일어날 것이)

의미는 구분하지 않는다.

기정사실화된 사태가 해당된다. 따라서 사태를 바라보는 화자의 관점이 드러난 상적 특성도 함께 나타난다.

또한 여기에서 짚어두어야 할 점은 인과적 판단과 인과적 추론을 구분해야 한다는 것이다. 전자는 화자가 두 사태에 대해 인과적이라고 판단하여 연결하는 과정이며 후자는 하나의 사태나 명제에 근거하여 다른 명제를 추론하여 도출하는 과정을 포함한다는 점에서 구분된다. 기존에 내용 영역의 인과는 실재 세계의 사태나 사건 사이에 맺어지는 관계로 규정함으로써 화자의 의식과 관련 짓지 않거나 관계를 전달하는 역할 이상으로 보지 않는다. 그러나 이처럼 내용 층위의 관계에서 화자의 역할을 축소하고 존재론적 측면에 중점을 두어 설명할 때, 이미 언어로 표현된 결과물에 대해 실재 세계의 사건들 사이에 존재하는 '존재론적' 영역을 설정할 필요가 있는가 하는 의문이 제기될 수 있다.

세계를 인식하고 이를 반영한 언어 표현은 그 자체로 화자의 판단에 의한 결과물이기 때문에 실재 세계의 사태 간의 인과 관계라고 하는 것도 그것이 판단자(화자)에 의해 인과적이라고 판단되어 연결되는 순간 인간의 인지적 차원으로 편입된다. 흄의 '상례성' 개념으로 인과 관계를 설명한 최상진 외(2008)의 설명에 따른다면 위 예(54)에서 2차 실체의 예인 '회로에 과부하가 걸려서 퓨즈가 끊어졌다'에서 '회로에 과부하가 걸렸다'는 사실과 '전기가 나갔다'는 사실이 인과적으로 연결될 수 있는 것은 선험적 지식에 의한 것이 아니라 두 사건이 항상 연달아 일어나기 때문에 항상적으로 결합되어 있다는 화자의 판단에 의한 것으로 해석될 수 있다. 따라서 사실 접속에서 화자의 역할은 사실성이 전제된 두 사태나 사건의 관계를 인과적으로 판단하고 연결하는 것으로 보아야 할 것이다.

3.1.2. 의견 접속

의견 접속은 명제를 접속 대상으로 하는 인과 관계로, 인과적 추론을 거쳐 형성된 관계를 의미한다. 박나리(2009: 64)에서는 "근거에서 결론으로 나아가는 것은 진술 층위가 사실 대상 층위에서 필자의 의견 층위로 이행하는 것을 의미한다"고 하면서 이때 "근거와 결론을 이어주는 일종의 다리 역할을 하는 것이 추론"이라고 하였다. 화자의 추론을 거친 텍스트 접속을 보자.

(59) 페렐만과 올브레히츠-티테카의 '신수사학'이 처음 출판된 1948년 이후부터 몇 십년 동안은 독자가 많지 않았을 뿐만 아니라 언어철학자가 화용론자들도 이 책을 거의 참고하지 않았다. 이는 우선 읽기에 전혀 쉽지 않았다는 데에서도 그 원인을 찾아볼 수 있겠지만 무엇보다도 시대적인 영향을 받은 것으로 해석된다.

해당 논의에서는 위의 선행 문장을 사실 세계의 대상 층위로, 후행 문장을 필자의 의견 층위로 보았다. 후행하는 문장에서 명제에 대한 심리적 태도를 보여주는 양태 표현 '-겠-'과 사유판단동사인 '해석되다'를 확인할 수 있다는 것이다. 즉 문장 이상의 단위를 대상으로 한 접속에서 화자의 의견을 판단하기 위해서는 화자의 태도를 표현하는 문법적, 어휘적 요소를 고려해야 하는 것이다.

의견 접속에 해당하는 예를 보이면 아래와 같다.

(60) ㄱ. 누님은 대학교수가 직업이어서 방학 때가 아니면 지방으로 나다니기 어려웠을 것이다.

ㄴ. 보다시피 나는 지금 많이 아프네. 말할 수 있는 시간은 갈수록 짧아져. 그래서 내가 이제부터 남은 이들을 위해 각혈하듯 내 이야기를 해볼까 하네.

ㄷ. 유정이 살던 집, 안방, 아버지의 방, 화장실, 어디서도 이런 냄새가 나지 않는다. 그러니까 이 냄새는 아버지의 냄새가 아니라 이 공간의 냄새일 것이다.

(60ㄱ)에서 누님이 방학 때 이외에는 지방에 다니기 어려웠을 것이라는 화자의 추측과 그러한 추측에 대한 근거인 누님의 직업이 대학교수라는 사실이 '-어서'로 연결되어 있으며 (60ㄴ)은 화자가 자신의 이야기를 할 것이라는 의도를 표현하고 그 의도에 앞으로 살 수 있는 시간이 짧아지고 있다는 사실이 제시되어 있다. (60ㄷ)에서는 경비원을 하는 아버지에게서 나는 냄새가 아버지의 냄새가 아니라 경비실의 냄새일 것이라는 화자의 추측과 그에 대한 증거가 되는 사실(집에서는 냄새가 나지 않는다)이 선행하여 제시되고 있다. 이러한 예를 통해서도 화자의 의견이 되는 명제에는 '-ㄹ 것이다', '-ㄹ까 하다'와 같은 화자의 태도 표현이 드러난다.

이원표(1999: 126)에서는 인식 영역의 접속을 화자의 판단이나 믿음, 결론 등을 정당화하거나 뒷받침하는 관계로 설명하며, Hong(2006)에서는 인과 관계의 인식 층위를 '판단(judgement)'과 '증거(evidence)'라는 인식 양태의 두 가지 측면으로 구분한다.[14] 판단은 "사건의 발생에 대한 화자 자신의 평가"를 나타내는 반면 증거는 "사건이 발생했다고 주

14) Hong(2006)에서 제시한 유형 분류 체계는 아래와 같다.

장하는 화자가 가진 근거"를 나타내는 것으로, 이 두 매개변수는 사태의 현실성에 기반을 둔다고 설명한다.

(61) ㄱ. 철수는 집이 부자다. 아마도/틀림없이 외제차 세 대는 있을 것이다.
ㄴ. 철수는 하루 종일 놀고 있다. 시험에 합격했음이 틀림없다.

위의 예 (61ㄱ)은 사실-판단 관계로, 화자는 어떤 결론을 추론하고 선행하는 절을 그 전제 조건으로 간주한다. 철수가 외제차 3대를 소유할 것이라는 추론은 그가 부자라는 진술에 근거하고 있는 것이다. 한편 (61ㄴ)은 증거-주장 관계로, 철수가 하루 종일 놀고 있다는 관찰은 철수가 시험에 합격했음을 단언하게 하는 근거가 된다. 이러한 위의 두 유형은 앞서 Maat & Degand(2001)의 유형에서도 제시되었듯이, 인과의 방향성으로 구분되는 것이기도 하다. 이처럼 크게 이분화된 인식적 양상은 의견 접속의 특성으로 포함할 수 있다. 그러나 실제 텍스트에서 판단-근거, 주장-증거의 두 측면에서 근거나 증거가 되는 것은 현실적인 사태 층위로만 나타나는 것은 아니며 화자의 판단이 결과의 지위를 갖지 않는 경우도 포함한다.

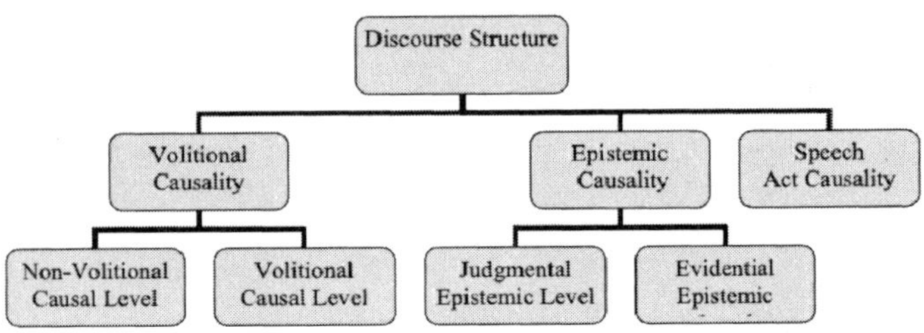

(62) ㄱ. 행정구역 개편은 수백 년간 지속돼 온 지역 공동체를 깨트릴 수 있다. 따라서 긁어 부스럼을 만들기보다는 폭넓게 장기적으로 의견을 수렴해야 한다.

ㄴ. 판공비 공개를 계기로 우선 그 같은 식음료비의 낭비성 지출이 크게 줄어들 것이다. 어차피 공개된 지출 내역은 감사원 등 관계기관과 시민단체들의 검증을 받을테니 말이다.

ㄷ. 복도에는 다니엘이 손을 들고 서 있었다. 다니엘도 지각을 한 모양이었다.

(62ㄱ)의 후행문에서는 화자는 행정 구역 개편에 대한 장기적 의견을 수렴해야 한다는 주장을 하고 있고 그에 대한 근거로 지역 공동체를 깨뜨릴 수 있다는 화자의 추측이 선행문에 제시된다. (62ㄴ)은 식음료비의 낭비가 줄게 될 것이라는 화자의 추론이 관계 기관과 시민 단체의 검증을 받을 것이라는 또 다른 추론적 의견에 의해 지지되고 있다. 이를 통해 알 수 있는 것은 인과적 추론을 거친 관계에서도 그 기반이 되는 것은 객관적인 사태로만 한정되지는 않는다는 것이다. 한편 (62ㄷ)의 경우 첫 번째 문장에서 결과가 되는 객관적인 사태가 제시되었고, 화자가 추측한 판단 내용은 선행하는 문장의 원인이 되는 것이다. 따라서 실제 텍스트에서 화자의 의견이 개입된 관계는 원인 사태를 통해 추론되는 결과를 제시하거나 확인이나 관찰이 가능한 결과 사태를 통해 그 원인을 추론하는 경우, 화자의 판단이나 추측에 근거해 또 다른 추론적 결론을 도출하는 경우의 양상을 포괄하는 좀 더 넓은 범주로 설정할 수 있다.

3.1.3. 화행 접속

화행 접속은 접속 대상이 되는 문장의 층위가 명령이나 질문 등의 발화 행위를 포함하는 관계이다. 실재 세계의 사태나 화자의 판단에 대한 관련성을 전달하는 것이 아니라 화·청자가 공유하는 가정에 기반하여 화·청자의 상호 작용 요구에 대한 응답으로 나타난다는 점으로 특징지어질 수 있다. 이때 발화 행위의 행위주는 항상 화자와 동일하고 원인과 결과는 화자가 말하는 시점에서 발생한다(Maat & Degand, 2001). 이러한 화행 접속은 다가오는 화행을 위한 기반을 준비하거나 이미 이루어진 화행에 대한 근거를 마련하는 경우에 사용된다. 즉 청자가 화자의 화행을 더욱 수월하게 받아들일 수 있도록 하는 근거를 제시하는 것이다. 앞서 보인 예를 다시 보자.

(63) ㄱ. 우리가 이 주제를 다루고 있으니까, 조지워싱턴이 언제 태어났지?
ㄴ. 내가 지금 시간이 없어서, 조금 이따 전화하자

(63ㄱ)과 (63ㄴ)은 각각 선행하는 문장이 후행하는 질문과 명령의 화행에 결합하는 예이다. (63ㄱ)에서 화자는 조지워싱턴이 태어난 때를 묻는 질문을 청자가 적절하게 받아들이기를 원하고 있으며 (63ㄴ)은 지금 통화를 끝맺자는 화자의 요청을 청자가 수용할 수 있게 하는 근거가 된다. 즉 '우리가 이 주제를 다루고 있다', '내가 지금 시간이 없다'는 원인 정보의 제시는 화자가 수행하는 질문과 명령이 청자에게 적절하게 받아들여지기 위한 것이다.

화행 접속에서 화행의 범위는 Sweetser(1990)과 같이 명령과 질문의 두 유형으로 한정하여 볼 것이다. 화자와 청자의 입장에서 발화를 통한 행위라고 인식할 수 있는 수준은 명령과 질문 화행에서 특정적으로 나타나기 때문이다. 화행 이론에서는 언어를 통해 무엇을 말하는 것과 행동하는 것을 구분하였으나 이는 명확하게 구분될 수 있는 개념이 아니다. 무엇이 어떻다고 말하는(단언하는) 것 자체도 행동의 일종이기 때문이다(Lyons 1977 강범모 역: 548). 동일한 접속에 대해 '당위성'을 가지는 명제 층위로도, 단언의 화행 층위로도 분석될 수 있는데 이는 맥락에 의해서 해소될 수 있는 중의성이라고 할 수 없다.

또한 화자의 의도를 기준으로 했을 때 화행 층위와 명제 층위의 경계를 구분하는 것은 더욱 어려워진다. 행위의 내용을 현실화시키고자 하는 목적이 있는가, 관계 정보를 논리적으로 인지시키는 데에 목적이 있는가 하는 기준으로 구분한다면 화자의 주장이 드러난 명제와 화행은 같은 범주로 묶일 수 있을 것이기 때문이다.

문장의 의미 특성을 기준으로 했을 때 화자의 주장은, 언어를 생산하는 전체적인 과정 중에서 화·청자에게 영향을 미치는 범위에서 명령이나 질문의 화행과는 차이가 있다. 이러한 차이는 Croft(2007)에서 제시한 화자와 청자가 이루는 협동 행위의 수준을 통해서 이해할 수 있을 것이다.[15] 이동혁(2015)에서는 '-어야 하다'의 양태 의미가 개념

---

15) 이동혁(2015: 113)에서는 Croft(2007: 347)의 발화에서 협동 행위의 수준을 구분한 것을 인용하여 설명하였다. 이는 아래의 표와 같다.

협동 화행 (Joint Speech Act)	화자의 행위 (Speaker Action)	수신자의 행위 (Addressee Action)
4 발화수반행위	제안	수용
3 정보 행위	신호 보내기	인식하기
2 명제 행위	제시	확인
1 발화 행위	실행	주목

체계에서 이루어지는 것이고 화자가 명제 행위를 제시하고 청자가 확인하는 수준에서 이루어지기 때문에 청자의 물리적인 행동을 직접 이끌어내지 못하는 것으로 설명하였다. 이러한 특성은 명령이나 질문의 화행은 가지지 못하는 당위성 명제가 가지는 특성으로 이해할 수 있다. 발화가 청자의 물리적인 행동을 직접 이끌어내는가, 화·청자의 인식적 차원에 머무르는가의 차이는 그에 대한 근거를 제시함에 있어서도 차이를 보일 것이다. 주장-증거 관계는 화행 층위 관계보다 명제 층위의 관계 안에서 문법적으로 유사한 특성으로 설명될 수 있다는 점에서 이는 의견 접속으로 범주화할 수 있다.[16)]

화행 접속은 통사적으로 독립된 문장 단위로 이루어진다. 영어의 경우에도 4차 실체인 화행은 독립된 형태로만 표현되며 절 단위에서 주절과 종속절 사이의 억양이 의무적으로 끊어진다(Hengeveld 1998: 347). 한 문장 내에서 의문문과 명령문에 연결어미가 사용된 경우 선·후행 내용은 화행이 아닌 0차 실체인 속성이나 관계의 층위에서 해

이동혁(2015:113-114)에 의하면, 화자가 특정한 음성을 발화하고 청자가 여기에 주의하면 제1 수준에서의 발화 행위, 화자가 특정한 형태·통사적 장치를 통해 의미 있는 문장을 만들어내고 청자가 이를 확인하면 제2 수준에서의 발화 행위, 화자가 자신의 의도(intention)를 전달하고 청자가 그 의도를 이해하면 제3 수준에서의 발화 행위, 화자의 발화를 청자가 요구로 이해하여 실제 행동으로 옮기면 제4 수준에서의 발화 행위가 성공적으로 이루어지는 것이라고 설명하고 있다. 이러한 구분 기준을 적용한다면 사실 접속은 제2 수준, 의견 접속은 제3 수준, 화행 접속은 제4 수준의 발화 행위와 관련된 관계라고 해석할 수 있다.

16) 이는 화자의 의도를 기준으로 분류한 연구가 문장종결법이나 양태, 절 접속의 차원에서 찾을 수 있는 것과 관련된다. 윤석민(2000, 2010)에서는 문장종결법을 '상태문장종결법'과 '행동문장종결법'으로 구분하여 전자는 문장에 담긴 정보에 대하여 그것의 소통에 초점이 맞추어져 있는 것이고 후자는 발화 이전과 이후 세계의 변화 가능성, 즉 문장에서 표현된 대로 실제의 행동이 일어나게 될 가능성이 있는 것으로 보았다. 화자의 의도는 수사구조이론의 의미 관계를 정의할 때 구성 요소가 되는 것이기도 하다.

석되는데, 아래의 예와 같이 원인 내용이 질문(64ㄱ)이나 명령(64ㄴ)의 작용역 안에서 해석되는 것이다. 이러한 경우 '-어서'는 후행하는 화행이 아닌 사태와 결합하므로 사실 접속에 해당된다고 할 수 있다.

(64) ㄱ. 많이 남아서 사람들에게 나눠 주니?
ㄴ. 시험이나 못 봐서 다들 떨어져라.

이는 절 단위 접속을 담당하는 연결어미는 화행 층위까지 적용되기 어려움을 의미한다. 따라서 인과의 의미 영역 중에 화행 층위의 관계는 접속 표지의 결합 제약이 가장 클 수밖에 없다. 임은하(2002), 최상진 외(2009), 황화상(2008), 변정민(2014) 등 근래까지의 '-어서'와 '-니까'를 비교하는 연구에서도 '-니까'에 비해 '-어서'가 가지는 후행절의 서법 제약을 전제하고 있으나 '-어서'와 '-니까'의 제약은 역행적 추론에서와 마찬가지로 화행 층위에서도 일관적으로 나타나지 않는다.

(65) ㄱ. The rules connot be broken, therefore "No."
(규칙을 어길 수 {*없어서/*없으니까/*없는데} "안 돼"야.)
ㄴ 오늘 좋은 영화 {*해서/*하니까/하는데} 저녁에 뭐 해?
ㄷ. I want to pay you for your work. How long have you been cleaning?
(일한 것에 대한 비용을 지불하고 {*싶어서/*싶으니까/싶은데} 청소 일을 한지 얼마나 되셨죠?)
ㄹ. Since you're so smart, when was George Washington born?

(너는 {*똑똑해서/?똑똑하니까/*똑똑한데} 조지워싱턴이 언제 태어났지?)

(65ㄱ)의 예에서는 규칙을 위반할 수 없음이 '안 된다'는 화자의 단언을 초래할 때 '-어서', '-니까', '-는데'가 모두 부자연스러운 반면 (65ㄴ, ㄷ)과 같이 질문 화행에서 '-어서'와 '-니까'는 쓰일 수 없고 '-는데'만이 쓰일 수 있다. 한편 동일한 질문 화행인 (65ㄹ)에서는 휴지를 넣으면 '-니까'의 수용성이 증가하는 듯 보이지만 그렇지 않은 경우 세 연결어미는 모두 부자연스럽다.

'-어서'나 '-니까'가 결합할 수 없는 화행 층위의 접속에 '배경'이라는 중립적인 의미로 해석되는 '-는데'가 자연스럽게 쓰이는 것이나 절 경계의 휴지를 삽입했을 때 그 수용성이 커지는 것을 통해 알 수 있는 것은 화행 접속은 명시적인 인과 접속 표지보다는 맥락적인 추론을 통해 인과적으로 해석되는 관계라는 것이다. 따라서 인과 의미에 있어서는 무표적이지만 맥락적으로 인과로 해석되는 수단을 통해 더 자연스럽게 표현된다고 예상할 수 있다.

특정 화행과 그 화행의 수용성을 높이는 사태나 명제 사이의 관계는 실제 세계의 두 사태가 맺는 관계보다 느슨할 수밖에 없고 이는 후행하는 화행과의 관계를 명시하는 것보다 의미적으로 정보 제공의 기능을 가지는 문법 형태로 더 자연스럽게 실현되는 것으로 보인다. 종결어미 '-잖아'와 '-거든'은 강현화 외(2017)에서 '알려주기 표현'의 하나로 제시되었는데 화행 제약 없이 명령이나 질문의 화행 층위의 접속에서 자유롭게 쓰일 수 있는 것은 화행 단위가 가지는 이러한 특성에 연유하는 것이다.

지금까지 텍스트 내의 인과 관계를 접속 대상의 의미 층위에 따라 사실 접속, 의견 접속, 화행 접속으로 구분하여 살펴보았다. 다음 장에서는 환언이나 요약과 같이 기존에 내용, 인식, 화행 층위와 대등한 별개의 층위로 설정되었던 텍스트 층위의 관계나 화행 층위의 접속으로 분류되었던 접속의 특성을 살피고 이를 인과 접속 내에서 그 층위가 구분되는 별개의 하위 유형으로 설정하기보다 접속 대상이 문장 이상의 단위로 확대됨으로서 발생하는 텍스트 단위 접속의 특성으로 볼 수 있음을 설명하고자 한다.

3.1.4. 문맥 접속과 환언

인과 관계 표지로 연결되는 관계에는 지금까지 살핀 인과의 의미·화용적 관계 이외에 텍스트적 측면에서 특별하게 보이는 관계들이 존재한다. 이러한 관계는 두 사태 사이에 맺어지는 관계나 화자의 추론이나 주장, 화행에 대한 근거로서의 역할을 한다고 보기는 어렵지만 텍스트의 응집성에 관여하는 접속에서 별개의 유형으로 분류되어 다루어진 바 있다. 이들 관계는 크게 두 가지 특성에 중점을 두어 살필 수 있을 것이다. 첫째는 관계 의미가 영향을 미치는 범위가 한 문장을 넘어선다는 것과 둘째는 이러한 관계가 논리적 인과성보다는 텍스트의 일관된 의미적 흐름에 기여한다는 것이다.

수사구조이론(RST)을 기반으로 하여 수정된 체계를 제시한 Stede & Taboada(2017)에서는 의미적, 화용적 관계 이외에 텍스트 관계를 설정하고 있는데, 텍스트 관계는 세계를 묘사하거나 청자의 태도를 바꾸는 유형에 속하지 않고 정보나 반복을 제공함으로써 텍스트를 정리하고 이해하기 쉽게 하는 역할을 하는 것으로 정의한다. 준비(Preparation), 환언(Restatement), 요약(Summary) 관계가 이러한 텍스트 관계에 속한다. Crevels(2000)에서는 선행하거나 후행하는 하나의 문장보다는 일련의 명제 전체를 수식하면서 종종 후행하는 생각으로 기능하는 것처럼 보이는 텍스트 관계를 설정하고 이를 텍스트 층위의 접속으로 보았는데 Oh(2002)에서 '-어서'와 '-니까'가 담당하는 인과의 의미 영역에 이를 적용한 바 있다.

(66) ㄱ. 그렇긴 뭘 그래요? 그래도 거기 광주도 대처고 사람 사는 일이사 다 같은 거지 뻔뻔해서 참...

ㄴ. 계획했던 것처럼 내가 일년 교환 교수 나가는 걸로 우선은 그렇게 말씀 드려. 한꺼번에 너 혼자 다 감당하려면 마음이 더 힘들테니까.

Oh(2002)에서는 인과의 영역을 내용 영역, 인식 영역, 화행 영역 이외에 텍스트 영역을 설정하였는데, 위 (66)의 예에서 '-어서'나 '-니까'가 단일한 발화나 문장 내의 인과 관계가 아니라 전체 텍스트 맥락에서 사용되는 것으로 보았다. 즉 '-어서'나 '-니까'의 인과성은 바로 앞이나 뒤에 오는 절에 대해서 나타나는 것이 아니라 일련의 선행 명제 전체에 대한 이유를 제공한다는 것이다. 텍스트 관계에 해당되는 예가 (66)처럼 종결 용법으로 쓰인 경우로만 제시되어 있는데 예를 통해 짐작할 수 있는 것은 '-어서', '-니까'에 후행하는 내용은 선행하는 문맥이나 상황 맥락을 통해 추론할 수 있는 경우로 보인다.

이는 비명시적 표지인 '하기는'이나 '-ㄴ 것이다'로 연결되는 접속에서도 유사한 특성을 확인할 수 있다.

(67) ㄱ. 국회 의원이 만든 국회법은 끼리끼리를 엄중하게 보고하고 있다. 하기는 의원 소환 제도는 자칫 악용될 소지가 너무나 많다.

ㄴ. "대섭아, 니는 인제 가그라." 어른의 허우대로는 허리를 펴고 서 있을 수 없을 만치 협소한 움막 안으로 들어서기 직전, 그 곳까지 무턱대고 뒤따라온 나를 돌아보며 외삼촌은 그렇게 말했다. 하긴 그 움막 안에는 언제 보아도 한결같이 먹을거리는 없었다.

ㄷ. 본격적인 여름 휴가철을 한참이나 앞두고, 6월의 동강 래프팅을 계획한 것은 순전히 콘서트 때문이었다. 이젠 20대보다 30대 팬이 더 많은 바다에는 지나온 십 수년의 음악 인생을 돌아본다며 콘서트 중간에 동영상물을 잠시 상영했다. 거기에 열광적인 팬 몇 명과 함께 한 래프팅 영상이 나왔던 것이다.

ㄹ. 휴맥스의 성공 사례에서 보듯 올 들어 고속 성장한 벤처기업이 증가하면서 "다시 벤처다"라는 말이 부쩍 늘었다. 98년 IMF 외환위기를 극복하는 과정에서 가장 강력한 힘이 됐던 벤처산업은 그간의 일정한 성과에도 불구하고 정부의 육성정책의 부재와 경기 침체, 그리고 몇몇 기업들의 탈법적 행위로 인해 위기를 거듭해왔다. 한때 '붐'이 '버블'로 끝나면서 '벤처'라는 말 자체가 사라지는 등 세간의 관심에서 멀어진 벤처산업이 다시 집중적인 관심을 모으고 있는 것이다.

(67ㄱ)과 비교했을 때 (67ㄴ)에서 '하기는'에 후행하는 사태는 선행하는 문장이라기보다 그보다 앞서 이어지는 문맥과 연결되는 것으로 볼 수 있다. 또한 '원인-결과'의 논리적 구조를 이루는 것보다 외삼촌이 말한 것에 대한 이유를 스스로 추측하여 인정하면서 제시하는 것이기 때문에 선행하는 내용에 대한 화자의 생각을 덧붙이는 것처럼 보인다. 그러나 이 둘을 구분된 유형의 관계로 보기는 어려운데 문장 이상의 단위와 접속하는 것은 앞서 연구 대상을 설정하는 과정에서 살폈듯이 연결어미나 접속부사가 가지는 일반적인 접속의 한 양상이기 때문이다. 한편 (67ㄷㄹ)에서는 마지막 문장이 선행하는 내용의 원인 또는 결과로 해석되는데 의미 관계가 맺어지는 선행 문장은 '-ㄴ 것이다'가 결합한 문장과 물리적으로 떨어져 있다. 이처럼 원인이나 결과가 되는 내용이 한 문장 이상으로 나타나 물리적 거리를 가질 때 중간에 놓인 문장의 기능이 무엇인지 살펴 문맥으로 볼 것인지를 판단하는 것도 명확하지 않다.

다음으로 텍스트의 일관된 의미적 흐름에 기여하는 것으로 보이는 경우이다. 인과 접속의 텍스트적 특성은 특히 환언이나 요약 관계에서 현저하게 나타난다. 환언 관계는 Beaugrande & Dressler(1981)에서 접속과 대등하게 텍스트 결속 장치 중의 하나로 다루는 반면, Maat & Degand(2001)에서는 인과 관계의 하위 유형으로 설정하였다. 국내 논의에서는 접속부사의 의미 유형을 제시하는 연구에서 환언과 인과를 별개의 유형으로 설정하기도 하고(전영옥 2017, 안윤미 2021 등), 환언과 상세화 관계를 부연 설명으로 포섭하거나(강소영 2009) 환언 관계를 별개의 범주 유형으로 설정하지 않기도 한다.

서반석(2018: 174-175, 2021)에서는 '그러니까'가 '결과'와 '환언'의 의미를 활발하게 나타낸다고 하면서 두 의미가 뚜렷하게 구분되지 않기 때문에 근본적으로 구분해내는 것이 불가능하다고 하였는데, 이처럼 환언 관계와 인과 관계의 경계를 세우기 어려운 것은 사태에 대한 의미 관계를 추론하는 데에 상정될 수 있는 인지적 과정을 두 유형이 공유하기 때문이다.

van Dijk(1995, 정시호 역)에서는 전형적인 상황과 사건에 관한 관습적 정보 단위인 틀(frame)을 통해 문장의 연속이 가지는 의미 관계가 유도되는 것으로 보는데, 여기에는 '원인/이유-결과'의 연결 관계와 함께 논리적이나 개념적으로 한 사태가 다른 사태를 함의하거나 상호 함의하는 경우가 포함된다.[17] 아래 (68ㄱ, ㄴ)의 예는 명제적 유의관계에 있는 것으로 유어반복적이만 사태를 바라보는 관점에서 차이가 있고 그 관점이 옮겨가는 과정에서 인과적 의미가 발생한다. 문장 의미 간에 관점의 차이가 작을수록 명시적 표지를 통한 인과적 연결은 부자연스러워진다는 것도 알 수 있다.

(68) ㄱ. 친구가 선물을 주었다. (그래서) 친구에게서 선물을 받았다.
ㄴ. 메리가 고양이에게 먹이를 주었다. (따라서) 메리에게 먹이

---

17) van Dijk(1995, 정시호 역)에서는 전형적인 상황과 사건에 관한 관습적 정보 단위를 틀(frame)이라는 개념으로 설정하고 있는데, 이러한 틀을 근거로 문장의 연속이 가지는 의미 관계성이 유도될 수 있다고 보았다. 이러한 틀은 접속 표지의 명시화 유무와 상관없이 존재하는 것이므로 접속 표지가 관여하지 않더라도 틀 지식을 통해 인과적으로 연결될 수 있는 것이다.
ㄱ. A는 B의 원인이다(=B는 A의 결과이다)
ㄴ. A는 B의 이유이다
ㄷ. A와 B는 동일한 상황에서 일어난다. 즉 A, B는 동일개념 영역에 속한다.
ㄹ. A는 필연적으로(논리적, 개념적으로) B의 부분이 된다. 혹은 그 역이다.
ㅁ. A는 B의 정상적(관습적) 구성부분이다. 혹은 그 역이다.

를 받은 것은 고양이다.

ㄷ. 피터는 부인이 없는데, 왜냐하면 그는 총각이기 때문이다. (van Dijk 1995:55)

이러한 경우 인과적 해석이 가능하고, 그 접속 표지는 일반적으로 '그러니까, 결국, 따라서' 등과 같은 명시적인 인과 접속 표지를 통해 연결된다.

또한 환언되는 내용은 선행 문장의 단순한 반복이라기보다 화자의 인지적 작업이 더해진 것으로 이 인지적 작업이라는 것은 결국 인과 관계와 관련되는 연역이나 귀납 추론이 될 수 있다(이홍매 2013: 238-239). 박나리(2009: 52-53)에서 제시한 아래의 예는 각각 '일반화'(귀납)와 '구체화'(연역)의 인식 작용이 더해진 환언의 예로, 명시적인 인과 접속 표지로 자연스럽게 연결된다.

(69) ㄱ. 단순한 재현도 아니고 사변적 논리도 아닌 미술 자체의 언어에 충실하되 감각의 힘을 느낄 수 있는 작품은 미메시스의 지평을 새롭게 열 수 있을 것이다. 결국 어떠한 예술도 현실과의 연관을 끊을 수 없다는 점에서 여전히 예술은 현실의 미메시스라고 할 수 있다.

ㄴ. 초기 유아는 자신의 내적 필요에서 기인한 욕구를 충족시키기 위해 요구화행을 수행한다. (그래서/따라서/…) 신체적, 생리적, 정서적 욕구 등을 충족하기 위해 자신에게 사물을 달라고 하거나 대화상대자의 행동을 요구하는 것이다.

(69ㄱ)에서 '미메시스'를 설명할 수 있는 '작품'을 후행 문장에서 '예술'로 치환하였으며 (69ㄴ)에서는 선행 문장에서의 '유아 자신의 내적 욕구'가 후행 문장에서 '신체적, 생리적, 정서적 욕구'로, '요구화행'이 '자신에게 사물을 달라고 하거나 대화상대자의 행동을 요구하는 것'으로 구체화하여 설명한 것이다.

환언 관계는 접속부사와 함께 '-ㄴ 것이다'가 실현하는 의미의 하나로 나타나기도 한다. 실제로 선행 연구에서 '환언'이나 '요약'의 의미로 제시된 '-ㄴ 것이다'의 사용 예를 보면 이것이 같은 의미의 반복이나 단순히 언어적으로 더 짧은 형태로 반복되는 경우가 아닌 것을 알 수 있다.

(70) ㄱ. 가령 우즈베키스탄의 수도 타슈켄트에서 극동 러시아의 블라디보스토크나 우스리스크 등지로 떠나는 사람이 꽤 있는데, 이는 머나먼 몇 만리의 이역인 것이다. 그러니까 떠난다는 것은 그야말로 죽지 못해 살길을 찾아 떠나는 것을 의미하는 것이다.

ㄴ. 상품과 자본의 흐름은 범지구적으로 자유로운 데 반해, 그 조절과 통제는 개별 민족 국가 차원에 국한되어 있다. 요컨대 경제가 정치를 집어삼키고 있는 것이다.

위의 예(70ㄱ)은 박소영(2001: 142)에서 '-ㄴ 것이다'의 '요약'의 예로 제시된 것이다. 더 짧은 형식으로 선행하는 문장을 설명하고 있으나 선행 문장의 '먼 타국 땅으로 떠나는 사람이 있다'는 내용과 '떠난다는 것이 죽지 못해 살길을 찾아 떠나는 것을 의미한다'는 내용은 재진술된 것이라기보다 텍스트 생산자가 가진 관점이 개입되어 해석된 내용이라고 할 수 있다.[18] (70ㄴ)의 예에서도 마찬가지로 '상품과 자본의 흐름은 자유롭고 조절과 통제는 제한되어 있다'는 것과 '경제가 정치를 집어삼키고 있다'는 명제 사이에는 앞선 내용을 해석하는 새로운 관점이 필요하다.[19]

요컨대 편의상 '환언'이나 '요약'이라는 용어로 지칭하여 보인 관계들에서 알 수 있듯이, 사태를 바라보는 관점의 이동을 인과적으로 표현하거나 인과 관계와 관련되는 인지적 과정이 공유된다는 점에서 인과 관계와 경계를 긋기는 어렵다. 인과 접속 표지가 갖는 이러한 텍스트적 특성을 개별적인 접속 관계로 범주화한다면 이는 좀 더 거시적인 층위의 텍스트의 의미 관계 유형 안에서 다루거나 의미를 기준으로 한 하위 유형으로 설정하는 방법도 있을 것이다. 서반석(2018: 104)에서는 인과의 접속부사를 '결과', '귀결', '원인'의 세 종류로 나누었는데, '귀결'이 여기에서 말하는 텍스트적 기능과 관련되는 것으로 보인다. 해당 논의에서 '귀결'은 선행하는 텍스트의 흐름이나 논의의 궁극적인 양상을 나타내는 것으로 '결과'와 구분되는 것으로 본다. 이는 결과와 귀결의 관계가 선행하는 접속 대상이 확장되느냐 그렇지 않느냐의 차이를 넘어 텍스트적 영향력의 차이로 인해 구분한 것이다. 그러나 두

18) 박소영(2001: 142)에서는 위의 예에 대해 "요약으로서 작가의 주관적인 판단을 기술하는 내용"이라고 하였다. 이러한 기술을 통해 보았을 때 '요약' 기능으로 분류한 것은 텍스트의 형식적 차원에 더 무게를 둔 것이라 판단된다.

19) 수사관계에서 '요약'은 중심 내용(핵)에서 주어진 정보를 더 짧은 형식으로 반복하는 것이며 독자는 이를 중심 내용에 대한 더 짧은 재진술(restatement)로 인식하는 것이다. 따라서 요약은 문장과 문장 사이에 맺어지는 관계라기보다 문장군과 문장의 관계로 맺어지기에 적합하다. Taboada et al(2017)에서 '요약'을 텍스트적 관계로 분류한 것도 '요약'의 이러한 측면으로 인한 것임을 예상할 수 있다.

유형이 관계 내에서 본질적으로 구분되는 것은 아니라는 점에서 하위 분류 기준에 대한 재고의 여지는 남아 있다.

이제까지 접속 대상이 되는 문장의 의미 층위에 따라 인과 관계의 각각 유형에 대해 설명하였다. 기존의 인과 관계의 유형 분류 연구에서 화자의 추론이 개입되는지의 여부는 주요한 기준이 되었으며 한 문장 내의 인과 관계에서 추론의 방향성은 접속 표지의 의미 변별 기준으로 적용되었다. 그러나 텍스트 단위 접속에서는 인과 추론의 방향이나 접속 표지가, 접속의 유형을 구분하는 데 유의미한 역할을 하지 않기 때문에 접속 대상의 의미 특성을 기준으로 사태와 명제, 화행으로 구분한 문장의 실체를 바탕으로 접속의 유형을 구분할 수 있다고 보았다.

문장의 의미 층위를 고려하는 접근 방식은 유형을 분류함에 있어서 접속 대상이 서로 맥락적 요소로 작용하여 유형을 결정할 수 있다. 사태나 명제 층위에서 통사적 외연이 동일한 경우뿐만 아니라 문장 표면에서 문법적이나 어휘적으로 드러나는 화자의 판단이나 추론의 양상을 통해 파악할 수 있다. 즉 독립된 문장 사이에서 이루어지는 접속의 경우 문장 내의 여러 요소와 선·후행 문맥을 통해서 문장의 의미 층위를 구분하여 결정해야 하는 것이다.

3.2. 수사 관계 유형

텍스트 내의 의미 관계를 분석할 때 참조할 수 있는 기준의 하나는 문장 간의 수사 관계를 파악하는 것이다. 전통적 입장에서 수사 구조는 화용론의 영역에서 설명되어 왔으며 텍스트 특정적으로 화자의 목적에 따라 텍스트 구조를 조작하고 실현시키는 기술과 관련된다.[20] 수사구조이론(RST)은 텍스트 구조를 분석하기 위해 마련된 틀로서 다양한 종류의 의미 관계 정의와 도식을 중심으로 텍스트의 전체적인 의미 구조를 체계화할 수 있는 기준을 제시한다.

텍스트 접속에서는 접속 대상들이 구조적 층위를 형성할 수 있다. 인과 관계로 연결되어 있는 (71) 문장 연쇄의 예를 보자.

(71) 아기가 바깥 나들이하기 좋은 때 백일이 지날 때까지는 외기의 변화를 느끼지 않게 하는 것을 원칙으로 알고 있으나 사실은 그렇지 않다. 왜냐하면 백일 동안은 눈도 잘 보이지 않고 감각도 그렇게 민감하게 발달되지 않아 외부의 자극을 덜 느끼지만 5개월 정도가 되면 그러한 감각들이 발달하게 된다. 따라서 그러한 감각들이 한창 발달하는 시기에 외출하는 것이 더 위험하다.

(71)에서는 '왜냐하면'에 바로 후행하는 문장만으로는 선행하는 주장에 대한 근거가 되기에 부족하다. 백일까지 아기가 외부의 변화를 느끼지 않게 해야 한다는 것이 잘못된 생각이라는 점이 5개월 이후에 아기의 감각이 발달하게 된다는 사실과 직접적으로 연결되지 않기 때문이다. 마지막 문장인 '감각들이 발달하는 시기에 외출하는 것이 위험하다'는 것이 '왜냐하면'에 선행하는 문장의 직접적인 근거가 된다. 즉 '왜냐하면'에 후행하는 원인 부분이 다시 '원인+결과'의 두 부분으

20) 김진우(2010: 90-106), van Dijk(1980: 182-183, 정시호 역)에서 수사 구조에 대한 설명을 참고할 수 있다.

로 이루어져 있고 그 중 상위의 결과와 연결되는 것은 원인 부분을 구성하는 결과 문장이 되는 것이다. 따라서 텍스트의 의미 관계를 판단할 때 그 구조가 고려되어야 할 것이다.

먼저 접속 관계를 위계적인 텍스트 구조적 측면에서 구분할 때 크게 상하위 구조를 형성하는 것과 새로운 독립된 상위 구조를 형성하는 것으로 구분할 수 있다. 이은희(2000: 133)에서 설정한 접속 관계의 의미 기능적 유형은 아래와 같다.

(72) ㄱ. 접속 관계를 통해 후행 접속 대상이 선행 접속 대상에 대한 하위구조를 형성
ㄴ. 접속 관계를 통해 후행 접속 대상이 선행 접속 대상과 함께 새로운 독립된 상위구조를 형성

[표 11] 텍스트의 위계적 구조(이은희 2000: 131)

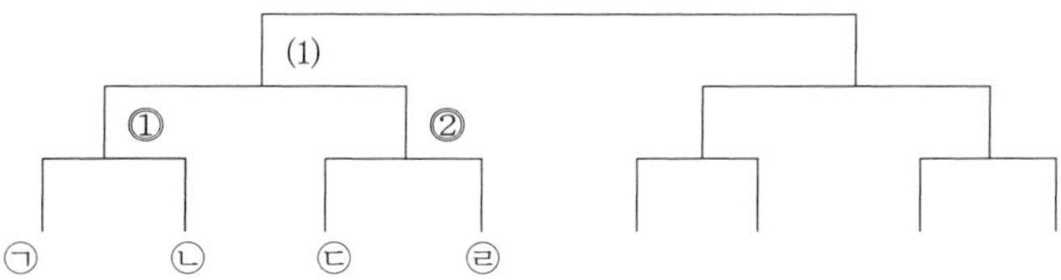

(72ㄱ)의 유형은 위의 도식에서 (1)과 ①사이, 혹은 ①과 ㉠ 사이에 성립하는 관계이며 (72ㄴ)은 ①과 ②사이, ㉠과 ㉡ 사이에 성립하는 관계라고 할 수 있다. 해당 논의에서는 인과 관계를, 후행하는 문장이 선행하는 문장에 대한 하위 구조를 형성하는 유형(72ㄱ)에 포함되는 것으로 본다. 한편 김봉순(2002)에서는 '원인'과 '결과'를 보는 관점이

(72ㄴ)에 가까운데 '원인'과 '결과' 각각의 하위 명제들이 하나의 사상으로 통합된 상위 명제를 구성한다고 하여 독립된 상위 구조를 형성하는 것으로 보는 입장이다.[21)]

이처럼 '인과'라는 동일한 관계가 상반되는 구조로 분석되는 이유는 텍스트의 상위 구조를 형성해 나가는 과정에서 화자, 즉 텍스트 생산자의 의도를 반영하는가에 있는 것으로 보인다. 김봉순(2002: 70-71)에서도 텍스트 생산자의 선호 태도가 특별히 개입할 경우 선호되는 명제가 상위 명제의 결정에 지배적으로 작용한다고 설명하고 있는데, 여기에서 말하는 텍스트 생산자의 선호 태도는 텍스트 구조를 형성하는 데 본질적으로 관여하는 것이며, 특히 화자의 판단이나 주장과 그에 대한 근거 관계인 의견 접속에서는 더 현저하게 나타난다고 할 수 있다.

따라서 인과 관계는 (72ㄱ)의 구조에 해당되는 것으로 볼 수 있다. 다만 이은희(2000)에서는 선행하는 문장과 후행하는 문장, 혹은 원인과 결과가 일관적으로 상하위 관계를 맺는 것으로 설명한 것으로 보이는데, 그보다는 원인이 결과에 대한 하위 구조를 형성하거나 결과가 원인에 대한 하위 구조를 형성하는 두 가지 양상이 각각 나타날 수 있을 것이다. 이는 RST에서 원인 관계와 결과 관계를 구분하여 유형화한 것을 통해서도 알 수 있다. RST에서는 '원인 관계'와 '결과 관계'

21) 이처럼 원인-결과의 텍스트 구조를 보는 관점으로, 신지연(2006)은 텍스트의 구조를 기본 전개 구조와 심화 구조로 나누고 인과 관계를 심화 구조로 보아 이은희(2000) 입장과 같은 반면, 정영교(2018: 66-68)에서는 다수의 근거와 하나의 주장으로 이루어진 인과 구조의 경우 선행 명제가 무엇인지 처리하기 어렵다는 이유로 선후행 접속 대상이 대등한 구조로 연결된다고 보아 김봉순(2002)의 관점을 따랐다.

를 각각 더 중요한 요소(핵)를 기준으로 하여 그에 대한 관계가 원인인지 결과인지에 따라 구분한다. 이소연(2012:95-97)에서는 연결어미 '-는데'를 대상으로 RST를 적용하여 수사 관계를 분석하였는데, '-는데'로 연결되는 복합문에서 원인이 핵이 되어 상위 구조를 형성하는 '결과' 관계와 결과가 핵이 되어 상위 구조를 형성하는 '원인' 관계를 분석하고 있다.

(73) ㄱ. 위에 언급한 동물원 구내에 소개되었던 물건은 어느 점령군에 의하여 옮겨져 버렸는데 지금까지도 그 장소를 알 수가 없다.

ㄴ. 또 1차전에서 수비가 흔들렸는데 이에 대한 대비도 할 것이다.

위 (73ㄱ)에서 화자는 유물이 옮겨졌다는 선행절 사실에 중점을 두고 있는 반면 (73ㄴ)에서는 수비에 대한 대비를 할 것이라는 화자의 판단에 화자의 의도가 놓인다고 보았다. '-는데'를 통해 두 절이 인과적으로 해석되는 경우에도 화자의 의도가 놓인 지점에 따라 상위 명제와 통합되는 계층적인 구조는 다르게 나타날 수 있는 것이다.[22] 따라서 여기에서는 수사 관계를 판단할 수 있는 기준으로서 수사구조이

---

22) 이소연(2012)에서 위 (70ㄱ, ㄴ)의 수사 구조 도식은 각각 아래와 같이 제시하였다.

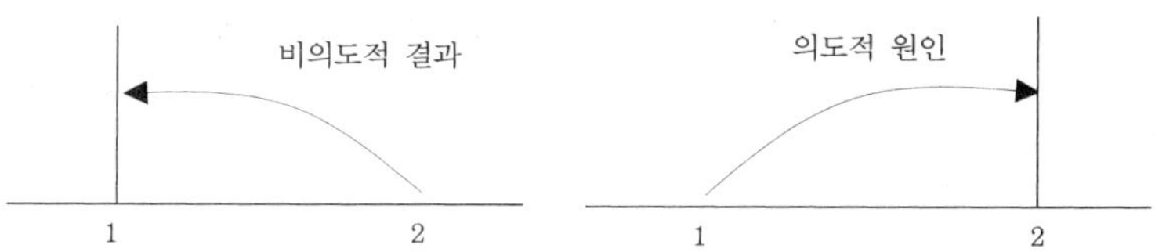

론이 제시하고 있는 인과 관계를 설정하고 각 관계의 정의를 제시하고자 한다.

3.2.1. 수사 관계 내 인과 관계

수사 관계를 분석하는 것은 위에서 보인 것처럼 접속 대상인 두 언어 단위의 텍스트 구조상의 위치를 파악할 수 있는 기준이 된다. 텍스트 구조를 기술하기 위해서는 텍스트 부분 간의 관계를 파악하는 과정이 선행되는데 RST에서는 텍스트의 이러한 특성을 반영하여 텍스트 접속의 단위(span)들이 단편적이고 직선적으로 나열된 것이 아니라 조직화된 것으로 본다. 먼저 의미 관계는 핵(N; nucleus)과 위성(S; satellites)이라는 두 가지 유형의 단위를 통해 설명되는데 핵은 관계에서 중요한 부분으로 간주되는 반면, 위성은 의미적으로 핵에 기여하고 주변적인 의미를 갖는다.(Taboada & Mann, 2006: 427). 관계를 맺는 두 텍스트 단위 중 하나가 화자의 목적에 더 필수적이고 상위 명제로 통합할 수 있게 되는 것이다. 이론에 근거하면 핵과 핵의 관계인 대칭적 관계 이외에 텍스트 내의 모든 의미 관계에서 핵과 위성의 설정이 필요하고 의미 관계의 유형을 판단할 수 있다. Mann & Thompson(1988)의 수사 관계 유형은 아래와 같이 정리할 수 있다.[23)]

---

23) 이론 내의 의미 관계는 초기에 24개가 제시되었고 이후 연구에서 추가되면서 최근 32개까지로 정의되었다. 이론에 의하면 의미 관계의 목록은 확정적인 것은 아니며 필요에 따라 추가하거나 세분화될 수 있는 것인데 '명사'처럼 무한정으로 확장 가능한 것이 아니라 '접속사'처럼 어느 정도 선에서 제한될 수 있다고 보았다(최문선 2017: 199).

[표 12] 수사구조이론의 의미 관계(Mann & Thompson, 1988)

핵-위성 관계		핵-핵 관계
주제 내용 관계	제시적 관계	
상세화(Elaboration) 상황(Circumstances) 해결(Solutionhood) 의도적 원인(Volitional Cause) 의도적 결과(Volitional Result) 비의도적 원인(Non-Volitional Cause) 비의도적 결과(Non-Volitional Result) 목적(Purpose) 조건(Conditon) 양자택일(Otherwise) 해석(Interpretation) 평가(Evaluation) 요약(Summary) 수단(Means) 무조건(Unconditional) 조건 가정(Unless)	동기화(Motivation) 반론(Antithesis) 배경(Background) 가능화(Enablement) 증거(Evidenve) 정당화(Justify) 양보(Concession) 재진술(Restatement) 요약(Summary) 도입(Preparation)	대조(Contrast) 연결(Joint) 연속(Sequence) 결합(conjunction) 분리(disjunction) 목록(List) 다핵재진술 (Multinuclear restatement)

관계는 핵과 핵의 관계인지, 핵과 위성의 관계인지에 따라 대칭적 관계와 비대칭적 관계로 나누어지며 비대칭적 관계는 '주제 내용 관계(Subject matter rlations)'와 '제시적 관계(Presentational relations)'로 구분된다. '주제 내용 관계'는 필자가 독자에게 텍스트들 간의 주제나 문제 관계를 논리적으로 인지시키는 데 목적이 있는 반면, '제시적 관계'는 독자가 핵을 받아들이거나 핵에 대한 믿음을 증가시키는 것과 같이 필자가 독자의 어떤 믿음이나 의향을 증가시키는 데 목적이 있다.[24)]

24) Mann & Thompson(1988)에서는 '주제 내용 관계'는 '의미적(semantic, ideational) 관계, '제시적 관계'는 '화용적(pragmatic) 관계'로 명명될 수 있다고 하였으며 Taboada

이 두 그룹의 관계를 구분하는 가장 명확한 기준은 관계의 정의에서 '필자가 의도한 효과' 부분이라고 할 수 있다(Mann & Thompson, 1988; 257).[25] 텍스트 수용자에게 미치는 인지적 효과(cognitive effects)는 관계를 분류하는 데에 결정적인 기준이 되는 것이다(서성교 2003: 41).

(74) ㄱ. 주제 내용 관계: 독자가 그 관계를 인지(recognizes)하도록 하기 위함.
ㄴ. 제시적 관계: 독자로 하여금 행동의 욕구, 긍정적 믿음, 수용성을 증대시키기(increase) 위함.

핵과 위성의 설정에 따른 문장의 상대적 중요도와 상위 구조로 통합되는 계층성은 도식화를 사용하여 표시할 수 있다. 핵과 위성의 결합에서 핵에 대한 위성의 위치, 핵과 핵의 결합에 대해 각각 아래와 같은 도식으로 표현할 수 있다(최승기 2013: 75).

외(2017)에서는 수사 관계를 의미적 관계, 화용적 관계, 텍스트적 관계로 구분하고 있다.

25) Mann & Thompson(1988: 257)의 원문에서는 다음과 같이 기술하고 있다.
Clearly, RST relations can be taxonomized in other ways. For example, the semantic/pragmatic distinction is discussed at length in van Dijk(1977) and van Dijk(1981: chap. 11). We could also distinguish those with locus of effect in the nucleus from those with locus of effect in the nucleus and the satellite. Or could distinguish those that involve reader action from those that do not.

(75) 수사 구조 도식의 유형

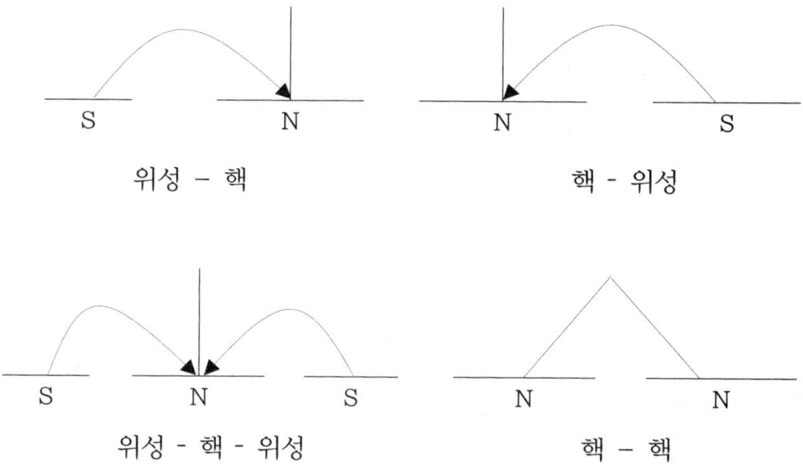

각 접속 단위들이 수평선으로 제시되고 핵이 되는 단위는 수직선을 표시하여 상위 구조로 이룬다. 이러한 도식은 텍스트 전체에 계층적으로 적용하여 분석될 수 있다. 따라서 텍스트 내에서 직접적으로 선후로 연결되는 문장과 문장의 접속뿐만 아니라 상위 구조로 연결되는 거시적인 텍스트 접속까지, 전체적인 텍스트 관계에 대해 위의 수사 구조 도식을 통해 분석할 수 있게 된다. 남기택 외(2013: 160)에서 제시한 아래 두 문장 연쇄에 대한 수사 구조 도식을 가져오면 아래와 같다.

(76) 1 다음번 연주회는 7월 21일 토요일 정오에서 자정까지로 예정되어 있습니다.
2 나중에 자세한 안내가 있겠지만
3 미리 달력에 표시해 놓으십시오.

(76)의 수사구조도의 예시(남기택 외 2013: 160)

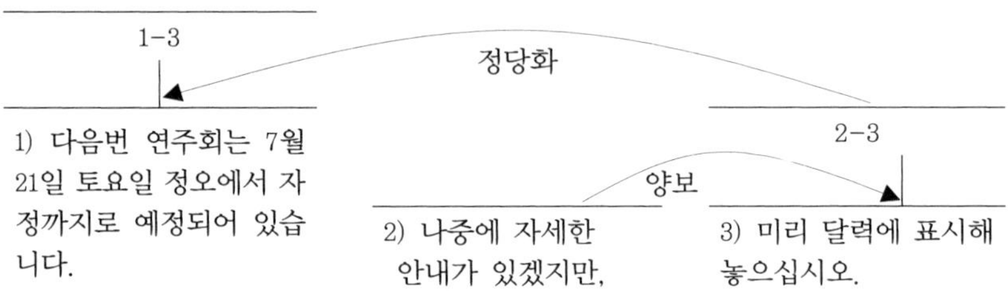

위의 수사구조도에서 가장 중요한 핵은 1의 문장이고 위성인 2와 3의 문장과 함께 텍스트 구조를 구성한다. 위성인 2와 3은 다시 양보 관계로 하위 구분되고 각각 다시 핵과 위성의 지위를 갖는다. 높은 층위에 있는 수사 관계일수록 화자의 의도와 밀접한 관련을 맺기 때문에 상대적으로 중요한 관계라고 해석할 수 있다(남기택 외 2013: 160).

선행 연구에서 제시한 바와 같이 Nicholas(1994)은 수사 관계를 바탕으로 해서 인과적 수사 관계를 제시하였고 최승기(2014)에서는 Nicholas(1994)을 참고하여 직접적인 인과성에 기반한 수사 관계를 선정하였다. 선행연구에서 제시한 표4, 표5를 다시 가져와 정리하면 [표13]과 같다.

Nicholas(1994)의 유형은 인과 관계의 인접 범주로 다루어지는 '조건', '양보' 관계와 인과의 하위 유형으로 볼 수 있는 '원인', '결과' 관계가 동일한 층위에 포함되어 있어 이들을 구분하여 볼 필요가 있다. 한편 최승기(2014)는 직접적인 인과성을 바탕으로 한 관계로 인과관계의 범위를 좁혔는데, 의도성의 유무에 따른 원인 관계와 결과 관계의 구분을 반영하고 있다. 이처럼 의도성을 기준으로 한 분류는 문장 내의 접속에서는 그 문법적 표지에 의해 유의미하게 구분되는 것으로

[표 13] 인과적 수사 관계(Nicholas 1994: 46, 최승기 2014: 409)

	Nicholas(1994)	최승기(2014)
주요내용 관계	해결성(Solutionhood) 조건(Condition), 목적(Purpose), 원인(Cause), 양자택일(Otherwise)	의도적 원인/결과 (Volitional Cause/Result) 비의도적 원인/결과 (Non-Volitional Cause/Result)
제시적 관계	정당화(Justify), 증거(Evidence), 동기화(Motivation), 가능화(Enablement), 양보(Concession)	정당화(Justify), 증거(Evidence), 동기화(Motivation), 가능화(Enablement),

보인다. 의도적 행위 기반 이유로 '-느라(고), -는다고, -을 테니(까)'를, 비의도적 상황 기반 이유로 '-길래, -기에'로 구분할 수 있으며(박민신(2017: 78) '-ㄴ 덕분에, -ㄴ 탓에, -ㄴ 바람에, -ㄴ 통에'와 같은 우언적 구성 또한 의도성을 기준으로 그 의미의 변별이 가능하다. 그러나 문장 이상의 단위에서는 의도성에 의해 구분되는 언어적 양상이 뚜렷하지 않으며 이를 구분하는 것에서 문법적 설명력의 이점이 있는 것으로 보이지 않으므로 여기에서는 의도성에 따른 구분은 적용하지 않을 것이다.[26)]

다음으로 Nicholas(1994)에서 제시한 '해결성(Solutionhood)' 관계를 보자. '문제-해결'로 이루어진 '해결성' 관계는 임홍빈(1991), 김봉순

26) Nicholas(1994: 16)에서는 '의도성'을 수사 관계의 유형과 관련이 없는 의미 특성으로 보아 '의도적 인과'와 '비의도적 인과'를 구분하지 않았고, 이선영(2018)에서도 수사구조이론 내의 인과 관계의 유형을 통합해야 함을 제안하면서 '의도적 원인, 의도적 결과, 비의도적 원인, 비의도적 결과'의 4가지 의미관계를 '원인(Cause)' 하나로 통합하여 제시한 바 있다.

(2002), 신지연(2006) 등에서 인과 관계와는 별개의 관계 유형으로 분류하였지만 Nicholas(1994) 외에 Sanders & Noordman(2010), 양태영(2008), 박나리(2009) 등에서 인과 관계의 하나로 보고 있다. 박나리(2009: 69)에서는 학술논문의 서론 부분에서 보이는 논증 구조가 원인-결과 관계로서, 접속부사 '따라서'를 비롯한 다양한 인과적 문법 형식이 사용됨을 보였다. 문제-해결이 마치 물리적인 원인과 결과의 관계처럼 필연적이고 당연하게 연결되어 있다는 것을 은연 중에 암시하는 것으로 분석한 것이다.[27] '문제-해결' 관계는 물리적인 인과 관계뿐만 아니라 인식적 층위에서도 인과 관계의 범주 안에 포함시킬 수 있다. 해결성 관계로 분석할 수 있는 아래의 예의 문장 연쇄를 보자.

(77) ㄱ. 대역사전들은 주로 외국 선교사에 의해 만들어졌기 때문에, 표기나 어휘의 선택 등에 있어서 공통된 기준을 가지고 있지 않다는 문제점이 있었다. <u>그래서</u> 실제 언어 생활의 지침이 될 수 있는 규범 사전의 필요성이 다시 제기될 수밖에 없었다.

ㄴ. 기업이나 브랜드가 소비자들로부터 인정을 받고 있는가 아닌가는 어느 한 부분이 잘해서 또는 어느 한 부분이 잘못되

---

27) 박나리(2009: 69)에서 제시한 '문제-해결' 관계의 예를 보이면 아래와 같다.
현재까지 혼합형 데이터에 대한 나무형 군집화 연구는 찾아보기 어렵다. Liuet al(2000)이 제안한 나무구조의 군집분석 알고리즘이나 최대우 외 2인(2004)이 제안한 배경자료를 이용한 나무구조의 군집분석은 연속형 데이터, 혹은 연속형과 이산형 데이터에 대한 것이다. 엄격히 범주형 데이터에 대한, 혹은 혼합된 데이터에 대한 연구는 아니다. <u>따라서</u> 나무형 군집화 알고리즘 제안에 앞서 범주형 변수만 있는 경우 혹은 연속형 변수와 혼합되어 있는 경우 적용하도록 제안된 군집화 알고리즘을 간략히 살펴보자.

었다기보다는 서로 각각에서 모두 문제가 있는 경우가 대부분이다. 따라서 다양한 측면에서의 분석을 통한 결과 도출이 필요하다.

위의 예에서는 각각 첫 번째 문장에서 문제가 제기되고 후행 문장에서 그에 대한 해결이 제시되어 있으며 명시적 인과 표지인 접속부사 '그래서, 따라서'로 연결되어 있다. 그런데 예 (77ㄱ)과 (77ㄴ)은 문제와 해결이 제시되었다는 점에서는 공통적이지만 이를 판단하는 과정에서는 차이가 있는 것으로 보인다. (77ㄱ)은 '대역사전에서 공통된 기준이 없다'는 문제점과 '규범 사전의 필요성 제기'라는 해결 방법이 사태와 사태로서 인과적으로 연결되어 있는 반면, (77ㄴ)은 '해결' 부분이 되는 문장에서 화자의 주장이나 판단이 제시되고 그 주장에 대한 근거가 선행하는 '문제' 상황이라고 볼 수 있기 때문이다. 따라서 해결성 관계는 인과 관계의 하위 유형의 하나로 두는 것보다는 사태 층위에서 판단할 수 있는 관계와 인식 층위에서 판단할 수 있는 관계를 구분하여 해당되는 관계 안에 포섭하는 것이 적합할 것이다.

'재진술(Restatement) 관계는 3.1.4에서 설명한 환언 관계와 대응되는 관계로 볼 수 있다. 언급한 바와 같이 재진술 과정에서 일어나는 인지적 과정은 부분적으로 인과적 추론과 구분되지 않으므로 이를 별개의 범주로 설정하여 구분하기 어려움을 보았다. 즉 재진술과 원인 혹은 결과 관계는 본질적으로 경계를 세우기 어렵기 때문에 재진술 관계는 포함되지 않는다. 본 논의에서 설정한, 인과 관계의 범주 안에 포함되는 수사 관계를 제시하면 아래와 같다.

[표 14] 수사 관계 내의 인과 관계

관계 유형	관계 명칭
주제 내용 관계	원인(Cause), 결과(Result)
제시적 관계	증거(Evidence), 동기화(Motivation), 정당화(Justify), 가능화(Enablement)

위의 표에서 인과 관계 유형으로 설정한 수사 관계에 대해 RST에서 제시하는 각각의 정의를 살펴보도록 하자. 각 관계의 정의는 핵, 위성이 가지는 제약과 텍스트 생산자가 관계를 통해 얻고자 하는 효과로 이루어진다. 각각의 수사 관계 정의와 그에 해당되는 예문은 Mann & Thompson(1988)과 Stede & Taboada(2017)에서 제시한 것을 기반으로 하였다.

3.2.2. 주제 내용 관계

위에서 설명했듯이 주제 내용 관계는 접속 단위 간의 주제나 문제 관계를 논리적으로 인지시키는 데에 목적이 있다. 핵이 되는 특정 사태와 그 사태에 대한 결과 관계나 원인 관계에 있는 문장이 위성으로 제시된다.

(1) 원인(Cause), 결과(Result)

'원인' 관계와 '결과' 관계는 각각 관계의 명칭이 되는 부분인 '원인', '결과'가 핵이 되는 관계가 아니라 핵을 기준으로 하여 핵에 대한 관계가 원인인지, 결과인지에 따라 구별할 수 있는 관계이다. 즉 원인 관계는 '위성이 핵에 제시된 사태의 원인이 되는 관계'로 정의되며, 결과 관계는 '위성이 핵에 제시된 사태의 결과가 되는 관계'가 된다.

[표 15] '원인' 관계 정의

원인(Cause)	
핵에 대한 제약	세계의 사태나 사건
위성에 대한 제약	세계의 사태나 사건
핵+위성 결합 제약	핵의 사태/사건은 위성의 사태/사건에 의해 발생한다.
효과	독자는 위성을 핵의 원인으로 인식한다

[표 16] '결과' 관계 정의

결과(Result)	
핵에 대한 제약	세계의 사태나 사건
위성에 대한 제약	세계의 사태나 사건
핵+위성 결합 제약	위성의 사태/사건은 핵의 사태/사건에 의해 발생한다.
효과	독자는 핵을 위성의 원인으로 인식한다

관계의 정의를 통해 알 수 있듯이 '원인-결과'와 '결과-원인'의 두 가지 순서 모두에서 핵이 어디에 나타나느냐에 따라 원인 관계와 결과 관계를 결정할 수 있다. 따라서 관계를 판단하는 과정에서 접속 표지에 의존하지 않는다. 즉 '그래서'나 '왜냐하면'으로 연결되어 원인과 결과의 순서가 다른 경우에도 핵이 어느 지점에 놓이느냐에 따라 각각 원인 관계와 결과 관계로 판단할 수 있다는 것이다.

[표 17] 핵과 위성의 위치에 따른 '원인' 관계와 '결과' 관계의 구분

원인(위성)	- 그래서 -	결과(핵)	: 원인 관계
결과(핵)	- 왜냐하면 -	원인(위성)	
원인(핵)	- 그래서 -	결과(위성)	: 결과 관계
결과(위성)	- 왜냐하면 -	원인(핵)	

원인과 결과는 항상 함께 나타나기 때문에 두 단위의 관계가 원인 관계인지 결과 관계인지를 결정하는 것은 두 단위의 중요도와 의미 관계 정의의 효과에 따른 것이다. 이는 텍스트 내에서 상위 구조와 연결되기 때문에 문맥을 살펴서 핵과 위성을 판단할 수 있을 것이다.

(78) ㄱ. 1. there were landslides in Malibu last week.
(지난주에 말리부에서 산사태가 났다.)
2. four houses went down the hill.
(집 네 채가 언덕 아래로 내려갔다.)
ㄴ. 1. the blast, the worst industrial accident in Mexico's history, destroyed the plant and most of the surrounding suburbs.
(멕시코 역사상 최악의 산업 재해인 폭발 사고로 공장과 주변 교외 지역 대부분이 파괴되었습니다.)
2. Several thousand people were injured,
(수천 명이 부상을 입었고)
3. and about 300 are still in hospital.
(약 300명이 아직도 병원해 입원해 있습니다.)

텍스트의 상위 구조에 통합되는 양상에 따라 (78ㄱ)은 원인 관계로, (78ㄴ)은 결과 관계로 분석된다. (78ㄱ)에서 핵은 문장2로, 그에 대한 원인인 문장1의 수식을 받는 반면, (78ㄴ)에서 핵은 문장1로 그 결과가 되는 문장2와 문장3의 수식을 받는다.

3.2.3. 제시적 관계

제시적 관계는 핵으로 제시되는 내용에 대한 독자의 믿음, 욕구, 가능성 등을 증가시키고자 하는 의도로 정의되는 관계이다. 따라서 주장이나 판단과 그에 대한 근거, 특정 발화 행위와 이를 받아들이도록 하는 근거의 관계가 해당된다. 인과 관계 중에 제시적 관계로는 '증거', '동기화', '정당화', '가능화' 관계가 있다.

(1) 증거(Evidence)

'증거' 관계는 화자가 전달하고자 하는 중요 내용에 대한 근거로서, 독자가 중요 내용을 받아들일 수 있게 하는 역할을 한다. 따라서 필자의 가설이나 주장을 독자가 받아들이게 하기 위한 목적으로 논증 텍스트에서 중요한 관계로 인식된다. 위성의 역할은 독자로 하여금 중요 내용을 더욱 믿게 해야 하므로 독자가 신뢰할 수 있을만한 객관적인 사실이나 자료를 제시하여 핵의 해석을 위한 배경 맥락을 형성해야 한다. 객관적인 자료를 바탕으로 핵을 해석했을 때 이에 대한 수용 가능성이 더욱 커지기 때문이다. RST에서 제시하는 '증거' 관계의 정의와 예시는 아래와 같다.

[표 18] '증거' 관계 정의

증거(Evidence)	
핵에 대한 제약	독자가 수용하지 않거나 충분히 중요하고 긍정적인 것으로 간주하지 않을 수 있는 주관적인 진술/가설/주장
위성에 대한 제약	독자가 받아들일 가능성이 있는 진술. 일반적으로 사실에 대한 객관적인 설명
핵+위성 결합 제약	위성을 이해하면 독자가 핵을 더 쉽게 받아들이거나 필자의 특정한 관점을 공유/수용할 수 있다.
효과	핵에 대한 독자의 믿음이 증가한다.

(79) 1 The program as published for calendar year 1980 really works.
(1980년대 출시된 프로그램은 정말 효과가 있다.)
2 In only a few minutes, I entered all the figures from my 1980 tax return and got a result which agreed with my hand calculations to the penny.
(불과 몇 분만에 1980년 세금 보고서의 모든 수치를 입력하고 손으로 직접 계산한 것과 동일한 결과를 얻었다.)

(79)에서 핵인 1의 문장은 개인적인 주장으로, 문장2에 의해 지지된다. 문장2에서는 신뢰할 수 있을만한 통계 결과를 제시하여 문장1에서 제시된 주장에 대해 독자의 믿음을 증가시킨다.

(2) 동기화(Motivation)

'동기화' 관계는 독자에 의해 아직 실행되지 않은 행위가 핵으로 제시되며, 위성은 독자가 핵의 행위를 실현하고자 하는 바람을 증가시키는 역할을 한다. 동기화 관계의 효과는 독자가 수행하려고자 하는 바람을 증가시키는 것이므로 핵에는 독자가 실행하기를 바라는 행위가 드러나는 것이다.

[표 19] '동기화' 관계 정의

동기화(Motivation)	
핵에 대한 제약	독자에 의해 수행될 행동
위성에 대한 제약	없음
핵+위성 결합 제약	위성은 핵에 설명된 작업을 수행하는 이유를 나타낸다. (위성을 이해하면 핵에 제시된 행동을 수행하려는 독자의 욕구가 증가한다.)
효과	핵의 행동을 수행하고자 하는 독자의 바람이 증가한다.

(80) 1 Running the Olympic GAmes are a win-win situation for any city.
(올림픽 게임을 운영하는 것은 어느 도시에나 유리한 상황이다)
2 Berlin must now apply for the 2026 games.
(베를린은 이제 2026 경기를 신청해야 한다)

(80)에서 문장 2는 아직 실현되지 않은 사태로 나타나고 위성이 되는 문장 1을 이해할 때 독자는 핵의 사태를 수행하고자 하는 바람이 증가하므로 두 문장은 동기화 관계를 이룬다. 동기화 관계에서 핵과 위성이 결합할 때 인과 접속 표지의 결합은 자연스럽다.

(3) 정당화(Justify)

'정당화' 관계는 중요 내용에 대한 독자의 태도와 관련된다는 점에서 '증거' 관계와 유사하다. '증거'가 핵에 대한 독자의 믿음을 높이기 위한 근거라면, '정당화'는 핵을 제시한 화자의 의도를 받아들일 준비가 되도록 하는 것이라 할 수 있다. '정당화'에 대한 제약 내용을 보이면 아래와 같다.

[표 20] '정당화' 관계 정의

정당화(Justify)	
핵에 대한 제약	없음
위성에 대한 제약	없음
핵+위성 결합 제약	위성을 이해하면 독자가 핵에 제시된 필자의 요구를 수용할 준비성을 증가시킨다.
효과	핵에 나타난 필자의 요구를 수용할 독자의 준비성이 증가된다.

(81) 1 The next music day is scheduled for July 21(Saturday), noon-midnight.
(다음번 연주회는 7월 21일 토요일 정오에서 자정까지로 예정되어 있습니다.)
2 but this is a good time to reserve the place on your calendar.
(나중에 자세한 안내가 있겠지만, 미리 달력에 표시해 놓으십시오.)

정당화 관계는 화행 층위의 결합에서 실현되는 관계로, 화행의 결합에서는 핵과 위성의 내용을 제약하는 것이 불가능하기 때문에 핵과 위성에 대한 제약이 없다는 특징이 있다. 최승기(2014: 409)에서는 정당화 관계를 응집성 관계에서 주관성이 가장 높은 화행 관계에 대응하는 것으로 설정하였는데, 이는 Sweetser(1990)의 화행 영역의 인과 관계와 Maat and Degand(2001)의 화행 관계에 해당되는 것이다. 즉 화행 관계에서 청자가 화자의 화행을 적절하게 받아들일 수 있게 하는 것이 핵에 대한 독자의 수용성을 증가시키는 것이라고 볼 수 있으므로 화행 관계에 대응된다고 볼 수 있다.

(4) 가능화(Enablement)

'가능화' 관계에서 위성은 독자가 핵의 행위를 수행할 수 있는 능력이 향상되도록 돕는 정보를 제공한다. 이때 핵은 맥락적으로 독자에 의해 아직 실현되지 않은 행동이라고 제시되어 있는데 이는 제안, 요청, 권유, 명령 등이다.

[표 21] '가능화' 관계 정의

가능화(Enablement)	
핵에 대한 제약	(아직 실현되지 않은) 독자에 의해 수행될 행동
위성에 대한 제약	없음
핵+위성 결합 제약	위성을 이해하면 독자가 핵에 제시된 행위를 더 쉽게 수행할 수 있다.
효과	핵의 행위를 수행할 독자의 잠재적 능력이 증가한다.

(82) 1 Replace the spark plugs.
(점화 플러그를 교체하십시오.)
2 A square key wrench can be found right under the cap.
(캡 바로 아래에 사각 키 렌치가 있습니다.)

'가능화' 관계와 '동기화' 관계는 제안이나 명령 등 독자의 행동을 촉구하는 텍스트에서 찾아볼 수 있고 두 관계 모두 아직 실현되지 않은 독자의 행동을 불러일으킨다는 점에서 유사하다. 하지만 '가능화' 관계가 독자의 행위 수행 능력을 증가시키는 반면, '동기화' 관계는 독자의 행위 수행 욕구를 증가시킨다는, 관계 효과의 측면에서 차이가 있다(Mann & Thompson, 1987: 54). '동기화' 관계와 '가능화' 관계는 핵을 공유하면서 연결될 수 있는데 해당되는 예를 도식으로 제시하면 아래와 같다.

(83) '동기화', '가능화' 관계 도식의 예

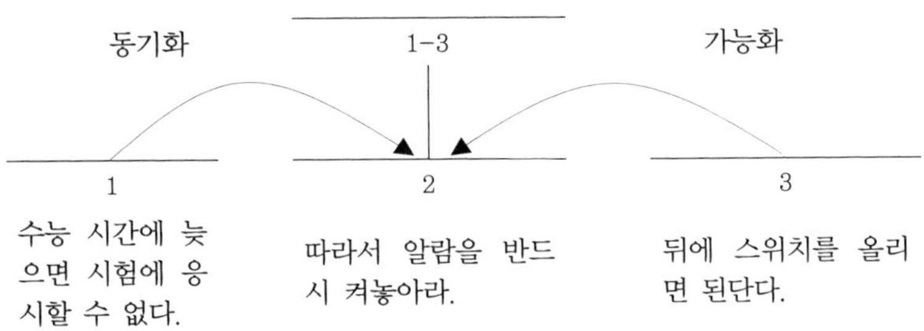

주지하다시피 위에서 제시한 RST 내의 인과 관계는 이론 내에서 분류된 의미 관계가 형태적, 통사적 신호에 의존하지 않고 오직 기능적, 의미적 판단에 의한 것이다(최문선 2017: 198). 이는 접속의 의미적 측면에 중점을 두는 텍스트 접속의 관점과 연계되는 것으로, 인과 접속을 유도하는 다양한 언어적 표지를 동일한 기능 범주 안에서 다룰 수 있게 된다. 또한 RST의 의미 관계 정의에서 알 수 있듯이 필자가 관계를 사용할 때 의도한 효과가 포함되는데 '문장'이 통사적 단위(syntactic unit)인데 반해 텍스트는 조작 절차적 단위(operational unit)(김태옥 이현호 1995: 4)라는 점을 고려하면, 접속 관계에서도 텍스트 생성

주체가 구성한 맥락을 해석해내는 것이 무엇보다 중요하다고 할 수 있다.

의미 관계의 정의에 포함되는 핵과 위성의 제약을 판단하기 위해서는 접속 대상이 되는 문장의 특성을 살펴볼 필요가 있는데, 이는 문장의 의미 층위를 고려하여 접속의 유형을 구분한 것과 교차점이 있다. 사실 문장과 사실 문장을 연결하여 인과 관계를 판단할 때 화자의 의도는 청자에게 어떠한 사실을 받아들이게 하거나 행동하게 하려는 데에 있을 수 없고, 어떠한 사실이 다른 사실의 원인이 된다거나 결과가 된다는 정보를 전달하고자 하는 것이기 때문이다. 즉 사실 접속은 주제 내용 관계와 대응된다고 할 수 있다. 한편 의견 접속의 경우는 주제 내용 관계와 제시적 관계 모두에 해당될 수 있다. 먼저 화자의 주장이나 판단이 핵으로, 이를 뒷받침하는 근거가 위성으로 연결되는 경우, 화자의 판단이나 주장을 청자가 받아들이게 하는 것에 목적이 있으므로 제시적 관계에 대응될 수 있다. 그러나 객관적인 사태가 핵으로 제시되고 화자의 판단이 위성으로 나타나는 경우에는 그 관계를 인지시키기 위한 의도가 가능하므로 원인 관계나 결과 관계의 주제 내용 관계가 가능하다. 화행 접속의 경우는 화자의 화행을 더 잘 받아들이도록 하는 근거를 제시하는 것이기 때문에 제시적 관계에 대응될 수 있을 것이다.

제시적 관계 내에서 '증거' 관계는 의견 접속에, '정당화' 관계는 화행 접속에 대응되는 것으로 볼 수 있지만 '동기화' 관계와 '가능화' 관계는 문장의 의미적 특성만으로 구분하여 파악하기는 어렵다. 핵의 제약으로 제시된 '독자에 의해 수행될 행동'은 명령 화행으로 실현될 수도 있지만 특정 명제로 실현될 수도 있기 때문이다. 따라서 이들은 각각의 예를 통해 판단해야 하는 것으로 볼 수 있다.

접속 대상의 층위를 구분하는 기준으로 사실 접속, 의견 접속, 화행 접속을 구분하였고 화자의 의도와 텍스트 구조를 고려한 수사 구조 관계 내에서 인과 관계를 '주제 내용 관계'와 '제시적 관계'로 구분하였다. 유형 분류 기준에서는 차이가 있으나 두 기준에 대응하는 관계들을 아래와 같이 비교하여 제시할 수 있을 것이다.

[표 22] 의미 층위와 수사 구조의 인과 관계 유형 비교

<table>
<tr><td>의미 층위에 따른 관계</td><td>사실 접속</td><td colspan="3">의견 접속</td><td colspan="2">화행 접속</td></tr>
<tr><td rowspan="2">수사 관계</td><td colspan="2">원인, 결과</td><td>증거</td><td colspan="2">동기화
가능화</td><td>정당화</td></tr>
<tr><td colspan="2">주제 내용 관계</td><td colspan="4">제시적 관계</td></tr>
</table>

4.
비명시적 인과 표지의 인과 접속

4장에서는 2장에서 선정한 비명시적 표지들을 대상으로 인과 관계 유형 분류 기준인 접속 대상의 의미 특성과 수사 관계 유형을 적용하여 각 비명시적 표지들이 실현하는 인과 관계의 특성을 살펴보고자 한다.

4.1. 어쩐지

'어쩐지'는 〈표준〉과 〈고려대〉에 아래와 같이 뜻풀이되어 있다.

(84) ㄱ. 〈표준〉

어찌된 까닭인지.

예문) 그의 충혈된 눈이 어쩐지 마음에 걸렸다.

어쩐지 좀 이상하더라니.

저런 모친 밑에 자랐을 그가 어쩐지 가련하고 마음 아프게 느껴졌던 것이다.

ㄴ. 〈고려대〉

(1) (기본의미) 어찌 된 까닭인지. 또는 뭐라고 꼬집어 말할 수 없지만 왠지.

예문) 오늘은 어쩐지 좋은 일이 생길 것 같아.

(2) 마음속으로 짐작한 바가 그대로 일어나거나 드러났을 때, 그 짐작대로 되었음을 스스로 확인할 때 쓰는 말.

예문) 어쩐지 아침에 기분이 안 좋더라니 기어이 사고가 생기고 말았지 뭐야.

〈표준〉에는 (84ㄱ)과 같이 형태에서 기원한 의미만 제시되어 있고 〈고려대〉에서는 〈표준〉의 의미가 좀 더 구체화되고 (2)의 용법이 추가되었다. 두 용법은 '어쩐지'가 실현된 구문적 차이를 보이며 그 의미에서 명확하게 구분된다.

이 책의 논의 대상은 '어쩐지'의 기본 의미가 아닌 〈고려대〉의 (2)의 의미이다. (2)의 의미로는 왜인지 이유를 알 수 없다는 의미로는 더 이상 해석되지 않고 '어쩐지'가 결합한 사태와 관련된 사태가 선행하거나 후행하여 나타나면서 '이전부터 예상하고 있었음'의 의미를 드러낸다. 〈고려대〉의 '어쩐지'의 두 번째 의미인 '마음속으로 짐작한 바가 그대로 일어났을 때 그 짐작대로 되었음을 확인할 때 쓰는 말'로 기술되어 있는 것은 두 사태가 연결되는 과정에서 도출되는 의미라고 할 수 있다.

최종원(2016: 112)에서는 '어쩐지'에 대해 '어떤 사태를 겪고 과거에 그 사태의 동기, 원인이 될 만한 경험적 사실에서 추리, 추론하여 과거에 마치 예상했다는 듯이 표현함'이라고 제시하였다. 이에 따르면 원인이 되는 경험적 사실에서 결과 사태를 추론하는 것으로 연결되는 두 문장 사이에 인과 관계를 상정하고 있음을 알 수 있다.

(85) ㄱ. 어쩐지 아침에 기분이 영 안 좋더라니 기어이 사고가 생기고 말았지 뭐야.
ㄴ. 신입사원이 벌써 사고 쳤다며? 내가 그럴 줄 알았어. 어쩐지 난 걔 첨부터 맘에 안 들었어.

논의에 의하면 (85ㄱ)은 사고를 겪고 난 뒤 아침에 기분이 안 좋았었다는 사실과 사고를 겪은 사실을 인과 관계인 것처럼 나타낸 것이라 하였고 (85ㄴ)에서는 화자가 겪은 결과적 사태가 '어쩐지'에 후행하여 제시된 것으로 보고 있다. 최종원(2016: 112)에서 제시한 '어쩐지'가 형성하는 통사적 패턴은 아래와 같다.

(86) '어쩐지'가 형성하는 통사적 패턴 (최종원 2016: 116)
형태·통사적 공기 요소: [어쩐지 {서술A}, {서술B}]
A: '-더-' 등의 증거성 표지, '-다 했-', '-다 싶-' 등의 추측 표현이 자주 옴.
B: 자유 결합. 생략되는 경우 많음.

위의 예(86)에서 '아침에 기분이 영 안 좋더라'나 '신입사원이 마음에 안 들었다'는 경험은 사고의 발생이라는 결과 사태를 야기하는 원인으로 해석하기 어렵다. 이는 아래와 같이 명시적 인과 구문으로 치환하는 것이 불가능한 것을 통해 알 수 있다.

(87) ㄱ. 어쩐지 아침에 기분이 영 안 좋더라니 기어이 사고가 생기고 말았다.
→ *아침에 기분이 영 안 좋았기 때문에 기어이 사고가 생기고 말았다.
ㄴ. 신입사원이 벌써 사고 쳤다며? 내가 그럴 줄 알았어. 어쩐지 난 걔 첨부터 맘에 안 들었어.
→ *난 신입사원이 첨부터 맘에 안 들었기 때문에 벌써 사고 칠 줄 알았어

위의 구문에서 '어쩐지'가 결합하는 문장은 원인이라기보다 후행하는 사태가 벌어지기 이전에 발생하는 '전조' 정도로 해석할 수 있을 것이다. '전조'는 어떤 일이 일어나기 전에 나타나는 조짐이나 징조 등 후행 사태를 예상하도록 하는 것이라는 점에서 결과를 야기하는 원인과는 구분된다.

한편 아래의 예는 위 (85)에서 제시한 '어쩐지'가 드러내는 추론 순서에서 조금 다른 양상을 보인다.

(88) ㄱ. 그이가 대학교까지 졸업했다는 걸 처음 알았을 때도 그렇게 가슴이 내려앉았었다. 대학도 보통 대학이 아니라 우리나라 최고의 대학이라니 어찌 아니 놀랄 수가 있으랴. 어쩐지 다른 남자하고는 달라 보이더라니.
ㄴ. 어쩐지 여기 아무도 안 온다 했더니만… 이런 데 귀신이 다 있었네.
ㄷ. 어쩐지 없더라. '서울 주택' 4채 중 1채는 외지인이 샀다.[1)]

(88ㄱ)에서 '어쩐지'가 결합한 문장인 '그이가 다른 남자와 달라보였던' 것이 결과 사태에 해당되고 원인이 되는 내용이 그이가 우리나라 최고의 대학을 졸업했다는 사실이 놀랍다는 것이다. (88ㄴ)에서는 도서실에 귀신이 있다는 사태가 지금까지 그곳에 아무도 오지 않은 결과 사태에 대한 원인이 되는 것이며 (88ㄷ)에서는 서울 주택을 외지인이 샀다는 사태가 매매할 주택이 없다는 결과 사태에 대한 원인이 되는 것이다. 이는 '어쩐지'가 '원인-결과' 관계의 문장 사이에 결합되는 예로 '어쩐지'가 결합된 위의 문장 연쇄는 아래와 같은 명시적 인과 관계를 상정할 수 있다.

(89) ㄱ. 어쩐지 여기 아무도 안 온다 했더니만... 이런 데 귀신이 다 있었네.
→ 이런 데 귀신이 다 있었기 때문에 여기 아무도 안 온다.
ㄴ. 어쩐지 없더라. '서울 주택' 4채 중 1채는 외지인이 샀다
→ 서울 주택 4채 중 1채는 외지인이 샀기 때문에 (매매할 주택이) 없더라.

위의 예와 관련하여 '어쩐지'가 연결하는 두 문장의 관계에 대한 설명은 하의리(2022)에서 보인다. 해당 논의에서는 "입수된 신정보를 바탕으로 과거에 지각한 사태의 원인을 추리하여 깨달음"이라고 하여

---

1) 인터넷 검색사이트를 통해 추출한 신문 기사 제목으로, 원문이 문법적으로 맞지 않아 수정을 거쳤다. 본래의 문장은 "어쩐지 없더라. '서울 주택' 4명 중 1명은 외지인이 샀다."이다. 이러한 예처럼 원인 맥락이 필요함에도 결과 사태를 원인 사태에 선행하여 제시하는 것은 결과를 강조하고 후행하는 원인에 대한 궁금증을 유발하기 위한 담화 전략으로 보인다. 이는 신문 기사라는 사용역의 특성과도 관련되는 것으로 보인다.

인과 관계로 설명하고 원인-결과 사이의 논리적 긴밀성은 약한 것으로 보았다. 또한 '어쩐지'가 과거에 지각한 사태에 대해 가진 생각이나 인지에도 결합할 수 있고 이때는 과거에 지각한 사태의 원인을 추리하여 과거에 가진 생각을 다시 확인하게 되는 것이라고 본다.

정리하면 최종원(2016)과 하의뢰(2022)의 두 논의에서는 '어쩐지'가 인과 관계 의미에 관여하는 것으로 보고 있으나 최종원(2016)에서는 과거 지각한 사태를 현재 사태의 원인이나 동기로 파악한 반면, 하의뢰(2022)에서는 현재 사태를 과거 지각한 사태의 원인으로 보고 있다는 점에서 인과의 순서를 분석한 것에 차이를 보인다. 이는 결과적으로 접속 대상의 의미 층위를 고려하지 않는 데에서 기인한 것이라고 할 수 있는데 '어쩐지'의 다양한 용례를 통해 '어쩐지'가 연결하는 접속 유형에 대해 판단해 볼 수 있을 것이다.

4.1.1. 접속 유형

먼저 '어쩐지'가 결과 사태에 결합하는 것으로 보이는 아래의 예를 보자.

(90) ㄱ. 어쩐지 여기 아무도 안 온다 했더니만... 이런 데 귀신이 다 있었네.
ㄴ. 뭐야, 이건 비타민 약상자잖아. 어쩐지 아까 쇠붙이 소리가 나더니.
ㄷ. 몰랐는데 오늘이 빼빼로데이구나. 어쩐지 슈퍼에 빼빼로가 없더라.

(90ㄱ)에서 화자는 본인이 직접 그 장소에서 경험했던 것에 대해 기술하고 있으며 (90ㄴ, ㄷ)은 하의뢰(2022:80)에서 제시한 예로, 화자가 직접 청각, 시각을 통해 인지한 경험이다. 이러한 예처럼 '어쩐지'는 경험을 통해 확인된 사태 사이의 관계에 쓰이며 '어쩐지'가 연결하는 접속 대상에서는 화자의 추론 과정이 명시적으로 드러나지 않는 것처럼 보인다. 위의 관계를 사태 층위에서 원인과 결과로 구분해 보면 아래와 같이 제시할 수 있다.

[표 23] 예 (90)의 사태 층위 관계

	원인		결과
ㄱ	이런 데 귀신이 있었음	어쩐지	여기 아무도 안 옴
ㄴ	이것은 비타민 약상자임		아까 쇠붙이 소리가 남
ㄷ	오늘이 빼빼로데이임		슈퍼에 빼빼로가 없음

그러나 위의 문장에서 원인이 되는 문장을 사태가 아니라 화자의 판단 결과라고 보면, 결과 사태로 보이는, '어쩐지'에 후행하는 문장은 화자의 판단에 대한 근거가 될 수 있다. 이들을 명시적 접속 표지인 연결어미를 통해 한 문장으로 바꿔보면 주로 역방향 추론에 사용되는 '-니까'로 연결되거나 명제에 태도를 나타내는 동사에 내포되어 '-어서'를 사용하여 연결이 가능하다.

(91) ㄱ. 여기 아무도 안 와서 귀신이 있다고 생각했다.
→ 여기 아무도 안 오니까 귀신이 있다/있는 것이다.
ㄴ. 아까 쇠붙이 소리가 났으니까 이것은 비타민 약상자이다.
→ 아까 쇠붙이 소리가 나서 이것은 비타민 약상자라고 판단

했다.

ㄷ. 슈퍼에 빼빼로가 없으니까 오늘이 빼빼로데이이다.

→ 슈퍼에 빼빼로가 없어서 오늘이 빼빼로데이라고 생각했다.

즉 화자는 아무도 안 온다거나(91ㄱ) 쇠붙이 소리가 나는 것(91ㄴ), 슈퍼에 빼빼로가 없다(91ㄷ)는 결과 사태를 경험하고 그 원인이 되는 사태에 대해서 추론하는 과정이 드러난다.

다음으로 '원인'이 아닌 '전조'로 해석될 수 있는 최종원(2016)의 예를 다시 살펴보자. 아래의 예 또한 화자가 직접 감각을 통해 얻은 정보라는 점에서 객관적인 실제 세계의 사태들이 연결된 것으로 보인다.[2)]

(92) ㄱ. <u>어쩐지</u> 아침에 기분이 영 안 좋더라니, 기어이 사고가 생기고 말았지 뭐야.

ㄴ. 신입사원이 벌써 사고 쳤다며? 내가 그럴 줄 알았어. <u>어쩐지</u> 난 걔 첨부터 맘에 안 들었어.

위의 (92)과 같은 예는 원인-결과로 연결될 수 없고 어떤 일이 일어

2) '어쩐지'가 결합하는 결과나 전조가 되는 사태가 화자가 직접 경험하여 알게 된 사실이라는 점은 '어쩐지'가 연어처럼 공기하는 '-더라(니)'의 의미를 통해서도 알 수 있다. '-더라'는 화자의 직접적인 지각 활동을 표현하는 경우에만 나타나는 종결어미로, '-더라'에 '-었/았-'이나 '-겠-'이 결합한 '-었더니'나 '-겠더니'는 '어쩐지'와는 잘 호응하지 않는다. 임채훈(2008: 210)에서는 '-었/았-'과 '-겠-'이 결합한 '-더라'에서 인칭 제약이 해소되고 지각 대상을 사건에서 명제 차원으로 변화시키는 역할을 한다고 하였다. 본 논의에서 이용한 말뭉치에서 '어쩐지'와 '-었더니', '-겠더니'가 결합하는 경우는 나타나지 않았는데 이를 통해 '어쩐지'가 주로 화자가 경험한 객관적인 정보와 결합한다는 것을 알 수 있다.

나기 전에 나타나는 조짐이나 징조 등 후행 사태를 예상하게 하는 '전조'라고 할 수 있음을 언급했다. 그러나 이러한 예 또한 전조가 되는 화자의 경험을 후행 사태가 일어날 것으로 판단한 근거로 적용했을 경우에는 이를 인과적으로 관련지을 수 있다. 아래의 예처럼 결과가 되는 사태를 화자가 판단한 명제로 바꾸면 인과적 연결이 가능하다.

(93) ㄱ. 아침에 기분이 영 안 좋아서 기어이 사고가 생겼다고 판단했다.
ㄴ. 어제 a의 눈이 충혈되어 있어서 오늘 a가 결근했다고 판단했다.

즉 '아침에 기분이 영 안좋았다'는 경험은 '사고가 생겼다'는 결과 사태를 예상하게 하는 전조가 아니라 사고가 생겼다고 화자가 믿는 명제에 대한 근거라고 할 수 있고, 'a의 눈이 충혈되어 있었다'는 사실은 '오늘 a가 결근할 것이다'라는 판단에 대한 근거라고 할 수 있다. 위 예의 '어쩐지'도 앞선 (90)의 예와 같이 화자의 인식 층위에서 판단 근거와 판단 결과 사이에서 기능하는 형식으로 볼 수 있는 것이다. 따라서 '어쩐지'는 선행 연구에서 제시된 것처럼 '원인-결과'와 '결과-원인'의 순서가 다른 두 관계를 연결하는 것이 아니라 화자의 판단 결과와 근거인 명제를 연결시키는 의견 접속 유형에 해당된다고 할 수 있을 것이다.

'어쩐지'가 연결하는 인과 관계의 추론 과정에서는 사태의 발생 시점과 화자의 인지 시점의 간격에서 차이를 갖는다. 즉 사태가 발생한 시점과 화자가 이를 판단 결과에 대한 근거로 인지한 시점에 차이가 있다. 후행 사태가 발생한 이후 원인, 전조가 되는 사태를 인식하여 그것이 후행 사태에 대한 근거가 됨을 깨닫게 되는 과정을 거친다. '어쩐지'와 자주 공기하는 '-더-'의 의미는 사태를 인식하는 시점과 발화하는 시점 사이에 간격이 존재하는 것에 작용한다. 그러나 '-더-'가 삭제된 과거 시제만으로도 '어쩐지'의 인식 순서의 차이는 유지되므로 이를 '-더-'의 기능에 의한 것으로 해석할 수는 없을 것이다.

'어쩐지'의 이러한 의미에 대해 이후인(2015: 39), 최종원(2016)에서는 '의외성'으로 설명한다. '의외성'은 화자에게 새롭거나 기대하지 않았거나 내면화되지 않은 정보를 나타내는 문법 범주로(송재목 2016), 화자가 선행 명제 또는 사태를 이전에는 인식하지 못하였다가 뒤늦게 인식하는 의미로 본 것이다.[3] 또한 최윤지(2019: 344)는 의외성과 의내성을 기대논리라는 범주로 묶고 어떤 사태가 화자의 기대에 이미 있었거나 부합된다는 의미를 나타내는 언어적 요소로 '그도 그럴 것이'와 함께 '어쩐지'를 제시하고 있다.

결론적으로 화자에 의해 두 사태가 인과적으로 연결되는 인지적 과

3) 이후인(2015)에서는 '어쩐지'에 후행하는 정보가 화자가 뒤늦게 깨달은 신정보라고 기술하였는데, 이는 화자의 사전 지식으로 존재하다가 담화 상황에서 활성화된 구정보라고 보아야 맞다. 여기에서 화자가 새롭게 알게 된 것은 '어쩐지'에 후행하는 화자의 지각 정보가 아니라 그 정보를 통해 알게 된 두 사태 간의 관련성이다. 즉 이전에는 두 사태의 관련성을 모르고 있다가 뒤늦게 알게 된 것이다. 이는 최종원(2016: 114)에 제시된 '어쩐지'의 사태 흐름을 통해서도 알 수 있다.

ㄱ: A가 오늘 결근했대.

ㄴ: 어쩐지 어제 눈이 충혈되어 있더라.

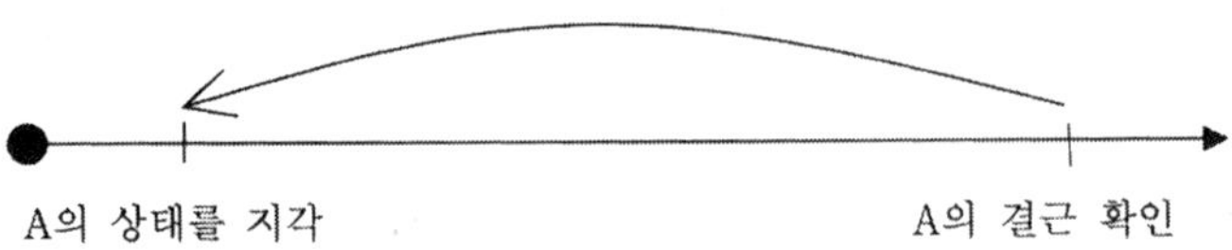

정이 뒤늦게 이루어진다는 것인데 이러한 의미는 '어쩐지' 기본 의미인 '왜인지 이유를 알 수 없다'는 의미와 관련되는 것으로 보인다. 결과 사태를 경험할 당시에는 그 이유를 알 수 없었음을 유표적으로 표시하는 것을 통해 두 사태의 관련성이 뒤늦게 인지되었음이 드러나는 것이다. 이는 아래의 (94ㄱ)과 같이 그 당시에는 알 수 없었다는 의미로 '어쩐지'가 쓰인 예를 통해 알 수 있다. 또한 (94ㄴ, ㄷ)과 같이 '어쩐지'에 후행하는 문장은 '-었구나'를 사용하여 현재 시점에 그것이 근거가 되는 명제로 새롭게 알게 되는 구문으로 바꾸어 표현할 수 있다.

(94) ㄱ. 어쩐지 허전하다 했는데 호두알이 내 손바닥을 떠나서 그랬었군요.

ㄴ. 그는 오늘 결근했다. 어쩐지 눈이 충혈되어 있더라.
그는 오늘 결근했다. 그래서 눈이 충혈되어 있었구나.

ㄷ. 그는 좋은 대학을 졸업했다. 어쩐지 다른 남자하고 달라보이더라니.
그는 좋은 대학을 졸업했다. 그래서 다른 남자하고 달라보였구나.

추가적으로 생각해볼 것은 '어쩐지'의 의미가 실현되는 맥락이다. '어쩐지'의 기본 의미는 '그 까닭을 알 수 없음'의 의미이지만 실제 쓰임에서는 '어쩐지'가 결합한 내용에 대한 그 까닭이 될 만한 부분이 함께 제시되거나 그 까닭이 쉽게 예측 가능한 경우가 적지 않게 관찰된다. 이는 화자가 원인이나 후행 사태에 대해 이미 알고 있었다는 의미로 해석하기도 어렵다.

(95) ㄱ. 공부 잘하고 얼굴도 예뻐 다들 어쩐지 어려워하던 혜진을 막 대하며 친해졌다.

ㄴ. 실제로 일본 요리를 먹을 때 나는 몇 번인가 주저한 적이 있었다. 어쩐지 아름다운 미술품을 파괴하는 것 같아서 그것을 먹는 것이 야만적으로 느껴졌기 때문이다.

(95ㄱ)에서 다들 혜진을 어려워한 이유가 될 만한 내용이 '공부 잘하고 얼굴도 예뻐'로 제시되어 있음에도 '어쩐지'를 통해 그 이유를 알 수 없음을 표현하고 있다. (95ㄴ)에서도 '어쩐지'로 연결되어 있지만 이는 일본 요리가 미술품같이 아름답기 때문이라는 이유를 맥락상 쉽게 추론할 수 있다. 따라서 그 까닭을 모르겠다는 의미보다는 원인과 결과 사이의 관련성이 적어 쉽게 원인으로 예측되지 않을 때 '어쩐지'가 특정 의미로 후행하는 문장을 수식하고 있음을 알 수 있다. 이러한 경우에는 '어쩐지'의 구분되는 두 가지 의미와는 별개로 기본 의미에서 멀어진 용법으로 사용되고 있는 것이다. 이는 의미의 실현 맥락을 기술할 수 있을 만큼 고정화된 의미로는 보이지 않기 때문에 '어쩐지'의 의미 변화 과정의 한 양상으로 예측할 수 있을 것이다.

4.1.2. 수사 관계

'어쩐지'를 통해 형성된 인과 관계를 포함하는 텍스트의 수사 관계를 보자. '어쩐지'는 화자의 태도를 드러내는 의미로 인해 화자의 독백이나 대화 상황에서 많이 쓰인다. 따라서 전체 텍스트 구조를 분석하는 수사 관계를 적용할 수 있는 문장 연쇄를 관찰하기 어렵다. 따라서 화자의 관점이 이입되어 서술되는 소설 텍스트에서 나타나는 아래의 예를 통해 '어쩐지'가 사용된 두 사태의 수사 관계를 분석해볼 수 있다.

아래의 예에서 '어쩐지'는 핵이 되는 사태에 대해 증거의 수사 관계를 맺는다.

(96) 1 어느새 집었는지 나머지 하나가 손아귀에 들려 있는 거였다.
2 보이지 않게 손바닥으로 감고 있었던 것이다.
3 어쩐지 부엌에서 순순히 나오더라.

(96)의 수사 구조

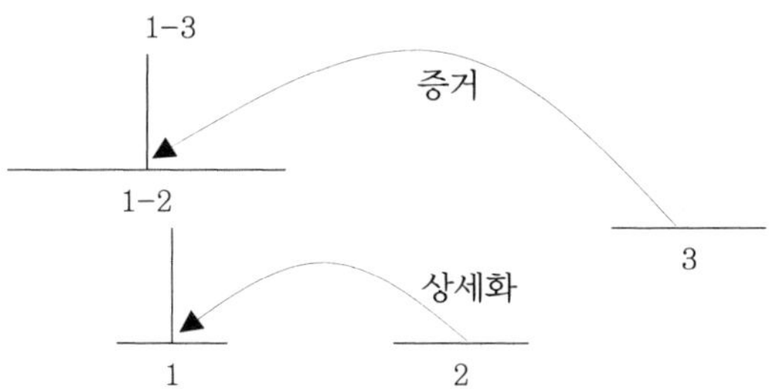

(96)에서 '어쩐지 부엌에서 순순히 나오더라'의 문장이 선행하는 두 문장에 대한 증거 관계로 결합하고 있다. 증거 관계에서 위성은 핵에 대한 내용을 지지하는 역할을 하므로 사실에 대한 객관적인 설명으로 제약된다. 위의 (90)와 (92)의 예에서 제시했듯이 '어쩐지'가 결합하는 사태는 화자가 직접 경험하여 알게 된 사실로 제시된다는 점에서 위성의 제약을 만족한다. 위의 문장 연쇄에서 '어쩐지'가 결합하는 사태는 위성으로 볼 수 있고, 판단 결과가 되는 문장에 화자의 의도가 놓여 상위 텍스트 구조를 형성하며 핵이 되는 상위 문장은 다시 상세화 관

계로 연결되어 있는 것을 확인할 수 있다.

요컨대 '어쩐지'는 인과 접속에 쓰이는 경우 화자의 판단 근거에 결합한다. 판단의 결과가 되는 사태를 인식한 이후에 그 사태 이전에 겪었던 것이 결과의 근거임을 인식하는 의미가 드러난다. '어쩐지'는 문장의 의미 층위를 사실로 보았을 때 원인-결과와 결과-원인의 서로 반대되는 인과 순서를 상정해야 하지만 명제 층위의 의견 접속으로 보면 일관적으로 판단 결과-판단 근거로 연결된다고 할 수 있다. 따라서 '어쩐지'의 인과 유형으로는 의견 접속을 담당한다고 할 수 있다. 또한 상위 텍스트 구조를 통해 수사 관계를 파악하면 '어쩐지'가 결합하는 부분은 위성으로서 선행하는 문장에 대해 증거 관계로 맺어지는 것으로 분석할 수 있다.

[표 24] '어쩐지'의 인과 접속

접속 유형	의견 접속
접속 표지의 양태성	두 사태의 인지 시점 차이 (인과적 판단에 대한 뒤늦은 깨달음)
수사 관계	증거 관계(Evidence)
실현 위치	판단 근거

4.2. 어차피

'어차피'에 대한 〈표준〉과 〈고려대〉의 뜻풀이는 아래와 같이 제시되어 있다.

(97) ㄱ. 〈표준〉

이렇게 하든지 저렇게 하든지, 또는 이렇게 되든지 저렇게 되든지

예문) 기차 시간은 어차피 늦었으니 다른 교통수단을 알아보자.

어차피 죽을 바엔 밥이라도 배불리 먹고 싶다.

ㄴ. 〈고려대〉

이렇거나 저렇거나 귀결되는 바

예문) 어차피 인생이란 빈손으로 왔다가 빈손으로 가는 것이 아닌가?

어차피 오늘 다 못 끝낼 것 같으니까 너무 서둘지 말고 천천히 하자.

〈표준〉은 동일한 품사로 뜻풀이 하는 방식을 따라 부사구로 뜻풀이 되어 있다. 관련되는 서술어를 생략함으로써 '어떻게 하든지 상관없음'의 의미가 예상 가능하다.[4] 반면에 〈고려대〉에서 제시된 '귀결되는 바'라는 뜻풀이의 의미는 그 과정에서 선택의 여지가 없이 정해진 결과로 이해할 수 있어 '어차피'가 사용되는 맥락에 좀 더 가까워 보인다.

사전 뜻풀이를 통해서도 예측할 수 있듯이 '어차피'가 쓰이는 맥락은 매우 다양하지만 예정되어 있거나 화자에 의해 확신할 수 있는, 정해진 결과 사태와 결합한다는 공통점이 있다. (97ㄱ)의 용례에서는 화자가 기차 시간이 늦었음을 확신하고 있고, 죽음이나 떠나야 하는

4) 〈한국어기초사전〉의 경우 '어차피'에 대해 '이렇게 되든지 저렇게 되든지. 또는 이렇게 하든지 저렇게 하든지 상관없이.'로 뜻풀이 되어 있다.

사태가 예정되어 있다는 의미가 드러난다. 위의 예들은 '-으니, -ㄹ 바에, -라면'과 결합하여 각각 다른 구성으로 나타나 있으나 특정한 원인과 그로 인해 야기된 결과를 연결하므로 인과 관계가 상정될 수 있다.

'어차피'는 원인과 결과에 모두 결합한 것이 관찰되는데 아래와 같이 결과 사태나 판단의 결과에 결합하는 경우는 그 예도 드물지만 명시적 인과 표지와 함께 나타나고 있어 두 사태의 관련성보다는 후행하는 요소에 대한 수식 기능에 한정된 것으로 보인다.

(98) ㄱ. 이에 대해 검찰은 비자금 관리에 철저한 정 회장이니 만큼 어차피 장부를 찾아내는 것은 불가능했을 것이라고 설명하고 있다.

ㄴ. 물론 제도 언론이 해야 할 몫이지만 지금 신문이나 방송은 단 한 줄, 혹은 단 한마디도 뻥끗할 수가 없다. 그러므로 이 일은 어차피 우리가 해야 된다.

'어차피'의 의미는 한정된 사태를 제시하면서 근거에 대한 선택 범주를 한정하는 양상으로 드러나기도 한다. 이는 앞서 (97ㄱ)에서 보인 바와 같이 '-ㄹ/ㄴ 바에'나 '-면'과 같은 조건 구문과 결합하는 쓰임과도 관련된다. 인과 관계의 두 요소를 조건이나 이미 정해진 상황에 결합하는 의존명사 구성으로 제시하는 것은 '어차피'로 연결된 관계가 정해진 범주 안에서 기정사실화된 관계임을 의미하는 것이라고 볼 수 있다.

(99) ㄱ. 지역감정에 의한 투표가 잘못된 것임은 누구나 인식하고 있지만 현재로선 연고주의에서 벗어날 방법이 없다. 어차피 모든 당이 국회의원 당선만을 위한 패거리 집단에 불과하다면 연고나 따져볼 수밖에 없지 않은가

ㄴ. 작은형은 어차피 갈라 사는 쪽이 나을 바에야 되도록 빨리 일을 챙기는 거이 낫지 않겠느냐며 칠칠재가 끝나자마자 바싹 더 서둘렀다.

ㄷ. 집값이 올라 자산이 불어나주기를 기대하는 것은 아니었다. 어차피 깔고 사는 집인데 그 값이 오르건 말건 사는 동안은 아무 의미가 없다.

이처럼 예정된 사태 이외에 다른 선택지가 없음을 의미하는 것은 '어차피'의 사전 뜻풀이와도 관련되는 것이다. 앞서 (97ㄱ)의 〈표준〉 뜻풀이에서 '어차피'는 '상황이나 그 과정이 어떠하거나 상관없음'의 의미로 읽히는데 '어차피'는 다른 선택지가 없어 '정해져 있음'에 의미의 초점이 놓이는 것이지, 그 과정이 어떠하든 상관없다는 의미로는 적당하지 않다. 이는 그 과정이나 상태가 어떻게 되어 있든 상관없음을 의미하는 부사 '아무튼, 어쨌든'과의 비교를 통해서도 알 수 있다. 논의에서 제시된 예를 보면 '앞의 상황이 어떠하든 상관 없음'의 의미로는 교체가 불가능한 반면 '다른 방법이 없음'의 의미를 드러내는 상황 맥락일 때는 '어차피'와 교체 가능하다.[5] 이를 통해 '어차피'의 맥락

5) 김상훈(2013: 73)에서는 (100ㄱ)의 예를 통해 '어쨌든'이 '어차피'와 교체 가능한 맥락이 있음을 제시하면서 이 경우 '어쨌든'과 '어차피'가 동일하게 '이렇게 됐든 저렇게 됐든'이라는 사전적 정의로 실현된다고 보았다. 유사한 문법 표현의 의미를 밝히기 위해서

적 의미를 파악할 수 있다.

(100) ㄱ. 1 욕심이 과하시네요.
2 아. 일어납시다. 어쨌든/어차피 검찰에 가서 진술서 다 쓴 마당에.
ㄴ. "완이의 경우는 너무 늦지 않았을까? 유아기에는 몰라두" 청식이가 저어한 표정으로 말한다. "글쎄요. 어쨌든/*어차피 획기적인 발견이 아니겠어요. 형님한테 편지낼 때 그 소식을 알리겠어요."

(100ㄱ)은 김상훈(2013: 73)에서 가져온 것으로, 검찰에 가서 진술서를 다 쓴 상황이 이미 결정된 것이라는 의미에서 '어쨌든'과 '어차피'가 교체 가능하고 큰 의미 차이를 드러내지 않는다. (100ㄴ)에서는 자폐증 치료제가 개발되었다는 소식을 듣고 그것을 쓰기 늦지 않았을까 걱정하는 대화를 묘사한 내용이다. 화자는 치료제를 쓰는 시기가 언제인지와는 상관없이 획기적인 발견이라는 의미로 '어쨌든'을 사용하고 있는데 이때 '어차피'로 교체하면 치료제의 개발이 획기적인 발견으로 이미 정해져 있다는 의미가 드러나므로 대화의 맥락과는 어울리지 않게 된다. 따라서 '어차피'는 원인이 되는 사태가 선택의 여지 없이 정해져 있을 때 사용되는 것으로 볼 수 있다.

는 좀 더 다양한 상황 맥락에서 쓰이는 현상을 관찰할 필요가 있으나 몇몇의 예를 통해 알 수 있는 것은 '어쨌든'은 유사한 의미를 가지는 '하여튼, 아무튼'보다는 '어차피'의 의미와 좀 더 가까운 것으로 보인다.

4.2.1. 접속 유형

'어차피'가 사용된 접속은 명제와 화행 층위의 관계에서 나타난다. 먼저 '어차피'가 사태 층위에 연결되는 것으로 보이는 예를 보자.

(101) ㄱ. 더러운 방에서는 사람들은 함부로 방 더럽혀 나가면서도 개의하지 않는다. 어차피 더러울 대로 더러워진 방이다.
ㄴ. 우진은 수혁의 대답 같은 건 듣지 않았다. 어차피 그는 지금 상황에서 할 수 있는 건 이것밖에 없다고 생각했다.
ㄷ. 어차피 우성 아파트에 거의 도착했다. 유정은 아버지와 타코야키나 먹고 와야겠다 싶어 까만 비닐봉지를 흔들며 어슬렁어슬렁 단지의 경비실들을 둘러보았다.
ㄹ. 어차피 혼례를 물릴 수는 없었다. 아들이 사는 집이라도 옮겨 액을 막아보자고 생각했다.

(101ㄱ)에서 '사람들이 더러운 방을 더럽혀 나가면서 개의하지 않는다'는 보편적인 사실에 대해 방이 더러워져 있다는 사실을 원인으로 제시한 것이며, (101ㄴ)은 '우진이 수혁의 대답을 듣지 않은' 사태에 대한 이유가 후행하는 문장에서 제시되어 있다. 이러한 예를 명시적 인과 표지로 바꾸어도 인과 관계를 상정할 수 있다.

그런데 사실 접속으로 보이는 (101)과 같은 예들은 소설이라는 특정 텍스트 유형에서만 나타나는 것으로 보인다. 즉 작가가 소설 속 인물에 대해 객관적으로 서술하는 동시에 인물의 내면 심리를 묘사할 수 있다는 것을 특징으로 한다는 점에서 이는 화자가 판단하는 인과라기보다는 텍스트 속 인물이 판단하는 인과 관계라고 할 수 있는 것이다. 따라서 위와 같이 사실 접속으로 보이는 예들은 '어차피'의 접속 유형을 판단하는 데 포함되지 않는다.

최종원(2016: 125)에서는 '어차피'로 이어지는 문장이 '처한 상황에 대한 당위성 부여'라는 기능을 하며 그 당위성은 보편적인 진리, 예고되거나 확정된 사안, 실현 가능성이 높은 추측/예상/기대, 마땅히 해야 할 의무 등이 원인으로서 제시되는 것으로 해석하였다. 실제로 '어차피'는 실현된 사태뿐만 아니라 화자의 판단이나 주장을 드러내는 명제와도 높은 빈도로 결합한다. 아래의 예에서는 실현 가능성이 높거나 실현되어야 할 필연성이 있는 사태가 '어차피'로 연결되어 있다. 의견 접속에 해당되는 예를 제시하면 아래와 같다.

(102) ㄱ. 이런 여러 가지 과제들을 푸는 일은 결국 우리 경제의 틀을 새로 짜는 것이다. 어느 하나 쉬운 것이 없다. 하지만 그만큼 뜻있는 작업이고 반드시 실천해야 할 일이다. <u>어차피</u> 진념 경제팀에 대한 평가도 이것들을 어느 정도 해결하느냐에 따라 달라질 것이다.

ㄴ. 덮어놓고 우정 여부만을 따지는 것은 차라리 감상적 형태이다. 주어진 좁은 울안에서 타성의 노예가 되느니, 조금은 대담해지고 단호해져야 한다. <u>어차피</u> 모든 사회운동의 적극적인 마당은 조금은 상투적인 것도 끼여들게 마련 아니냐.

ㄷ. 해볼 만한 도전이다. <u>어차피</u> 계산을 해서 숫자를 맞히는 것이 더 오래 걸린다.

ㄹ. <u>어차피</u> 이런 과정은 한번은 겪고 넘어가야 할 홍역입니다. 면역체가 생기도록 이 고비를 잘 넘기면 현정권은 역대 어느 정권보다 사회 정화를 할 수 있으리라 생각합니다.

위의 예 (102ㄱ)은 경제팀에 대한 평가가 과제를 해결하는 것에 달려 있을 것이라는 추측이 과제를 실천해야 하는 이유로 제시된 것이다. '어차피'가 결합하는 추측은 실현 가능성이나 확실성의 강도가 높은 것으로 제약되므로 '-ㄹ 것이다'나 '-겠-'을 통해 표현되고 '-것 같-', '-듯하-'와 같이 확실성이 낮은 추측 표현은 관찰되지 않는다. (102)의 예에서처럼 화자의 주장에 대한 근거는 객관적인 사태보다는 화자의 생각이나 판단으로 나타나는 경우가 많지만 (102ㄷ)과 같이 보편적인 진리가 되는 명제가 되기도 한다.

다음으로 화행 접속 양상을 보면 '어차피'는 제한적인 범주에서 화행 층위의 관계를 표현한다. '어차피' 구문이 결합하는 화행은 명령이나 청유로 나타난다.

(104) ㄱ. 너무 미련 갖지 마. 내가 봤을 땐 <u>어차피</u> 헤어질 거였어.
ㄴ. 그럼 이리 주지. <u>어차피</u> 저녁은 여기서 해야 할 건께.
ㄷ. 부장님이 혹시 오한이나 불면증, 아니면 두통이나 현기증이 있느냐고 물으신다고 해도 그냥 "예"하고만 대답하세요. <u>어차피</u> 부장님이 이런저런 질문을 하시는 것은 형식적인 절차에 지나지 않아요.
ㄹ. <u>어차피</u> 내일은 떠나려 했어. 가서 일찌감치 잠이나 자거라.

이처럼 '어차피'가 질문 화행에서 나타나지 않고 명령이나 청유의 화행과 어울리는 것은 '어차피'가 가지는 의미에서 기인한 것이라 생각된다. 예정되어 있거나 확정적인 사태를 근거로 제시하는 것은 예정된 사태 이외에 근거가 될 수 있을 만한 다른 선택지가 없음을 의미한다. 질문의 경우 선택의 권한을 청자에게 넘기는 것이므로 '어차피'가 가지는 예정된 근거로서의 의미와는 상충되는 것으로 해석할 수 있다.

4.2.2. 수사 관계

'어차피'는 인과 관계 안에서 대부분 원인이 되는 문장에 결합하지만 접속의 층위가 구분되어 나타나는 만큼 그 수사 관계도 구분하여 분석할 수 있다. '어차피'는 증거 관계와 정당화 관계로 선후행 문장이 연결될 때 쓰이는 것으로 보인다.

(105) ㄱ. 1 롯데는 샘슨이 귀국했지만 적어도 5월까지는 대체 선발을 고민해야 한다.
2 어차피 서준원은 선발진의 한 명으로 미리 당긴 카드였다.
3 일단 롯데는 박세웅-노경은으로 다음 선발 로테이션을 정했지만 5선발은 미정이다.
ㄴ. 1 어차피 지금은 아직 근육이 제대로 형성도 되지 않을 때니까
2 몸을 움직여 운동하는 것은 크게 의미가 없다.
3 그냥 적당히 유연성을 길러주는 스트레칭 같은 것만 하면서 오히려 정신적인 뼈대를 갖추는 게 더 중요하다.
ㄷ. 1 이런 진통제는 들어본 적 없어.
2 바른대로 말해.
3 어차피 내일 출근길에 물어보면 금방 알게 돼.

의견 접속에서는 화자의 추측이나 주장이 핵이 되고 '어차피'가 결

합한 문장은 위성으로 이에 대한 근거를 제시한다. 화자의 판단에 대한 근거를 제시하는 경우 청자로부터 화자가 제시하는 정보의 믿음을 증가시키거나 행위를 실현하고자 하는 바람을 증가시키는 관계로 증거, 동기화 관계로 분석할 수 있다. 화행 접속에서는 청자가 명령화행을 받아들일 수 있게 하는 정보이므로 정당화 관계로 분석할 수 있다.

(105ㄱ)의 수사 구조

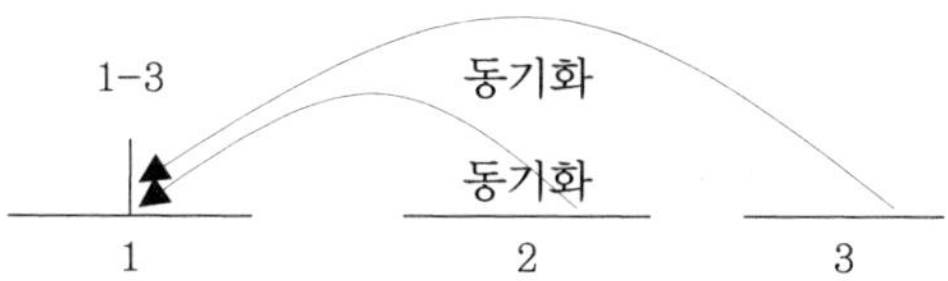

(105ㄴ)의 수사 구조

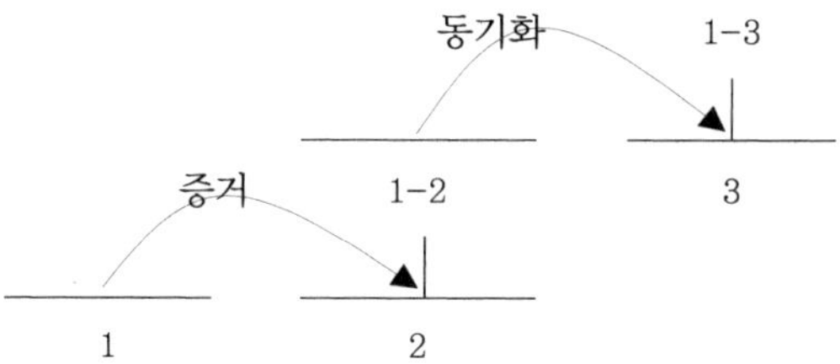

(105ㄷ)의 수사 구조

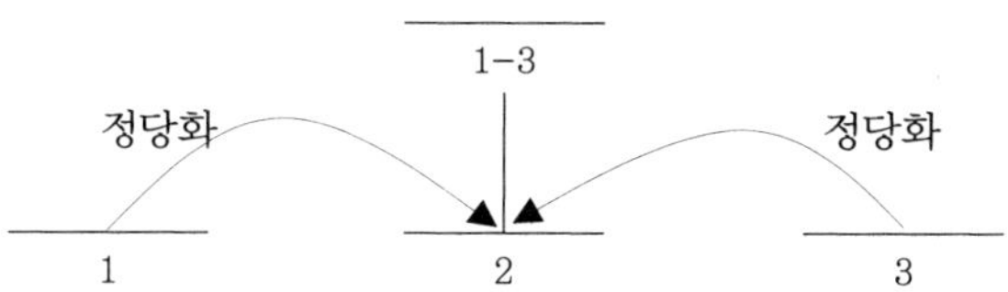

(105ㄱ)은 핵은 '롯데가 대체 선발을 고민해야 한다'는 아직 실행되지 않은 사태이며 '서준원이 선발의 한 명이었다'는 것과 '5선발이 미정이다'라는 사태가 핵의 행위를 수행해야 할 이유로 제시되어 있다. 2와 3의 문장을 통해 핵의 행위를 실현시키고자 하는 바람이 증가되는 동기화 관계로 분석할 수 있다.

(105ㄴ)에서는 정신적인 뼈대를 갖추는 것이 중요하다는 화자의 의견에 대해 '근육이 형성되지 않은 때에 몸을 움직여 운동을 하는 것이 의미가 없다'는 근거를 제시하고 있으며 '운동을 하는 것이 의미가 없다'는 의견은 '지금은 근육이 제대로 형성되지 않은 때'라는 객관적인 근거로 지지되고 있다. 이때 '어차피'는 1과 2 사이의 접속이 아니라 문장1-2와 문장3의 접속 의미에 관여하는 것이다. (105ㄷ)은 2의 명령 화행을 정당화시키는 근거가 선행하거나 후행하는 문장으로 제시됨으로써 청자가 명령 화행을 수용할 수 있게 하는데 '어차피'는 문장2과 문장3의 접속에 관여한다.

요컨대 '어차피'의 접속 대상은 명제, 화행 층위에서 모두 가능한데, 의견 접속에서는 당위성 명제와, 화행 층위에서는 명령 화행과 특정적으로 결합하는 양상을 보인다. '어차피'는 '선택의 여지 없이 정해져 있는 원인'을 나타낼 때 사용할 수 있는데 이로 인해 처한 상황에 대한 당위성이나 의무가 문장의 의미로 드러나는 것이라고 할 수 있다.

텍스트에서 '어차피'로 연결되는 문장 연쇄는 제시적 관계에 해당되는데 증거, 동기화, 정당화 관계가 나타난다. 증거 관계와 동기화 관계는 의견 접속에, 정당화 관계는 화행 접속에 대응되는 것이다.

[표 25] '어차피'의 인과 접속

접속 유형	의견, 화행(명령)	
접속 표지의 양태성	처한 상황에 대한 당위성, 화·청자의 선택 범주 제한	
수사 관계	제시적 관계	증거(Evidence), 동기화(Motivation) 정당화(Justify)
실현 위치	판단 근거, 화행 근거	

4.3. 하기는

'하기는'은 '그러하-'에 '-기는'이 결합하여 형성된 부사로 '그러-'가 생략되어 '하기는'으로 쓰인다.[6] 대용의 '그러-'와 결합하여 형성된 형태이기 때문에 '그러-'계열 접속 부사와 유사한 기능을 보이기도 한다(문숙영 2018: 118). '하기는'은 기존 연구에서 대부분 양태부사의 범주에 포함되어 왔으나 그 의미는 '인식/확인'(왕문용·민현식 1993), '전환'(손남익 1995), '당연성'(서정수 2005) 등으로 차이를 보인다. 최윤지(2021)에서 '하기는'이 한두 단어의 메타언어로 온전히 기술되지 않는 의미의 복잡성을 가진다고 하였는데 이는 '하기는'의 의미가 접속 대상이 되는 두 내용의 관계와 그에 대한 화자의 인식, 접속의 층위가

6) 구현정(2012: 11)에서는 '그러하기는 〉 하기는 〉 하긴'의 발달 순서를 제시하였다. '그러하-'는 '하-'와 교체되어 사용되고 접속사를 형성하면서 '그러-' 또는 '그러하-'가 생략되는 현상이 매우 광범위하게 나타난다는 점에서 '하지만', '하니까', '한데'와 같이 이른바 '하-' 계열의 접속어를 이루는 것으로 보았다.

다양하게 나타나는 것과도 관련된다고 할 수 있다. 먼저 〈표준〉과 〈고려대〉에서 제시된 '하기는'과 '하기야'의 뜻풀이를 보이면 아래와 같다.

(106) ㄱ. 〈표준〉

하기는 '실상 말하자면'의 뜻으로, 이미 된 일을 긍정할 때에 쓰는 접속 부사.

예문) 햇살은 활짝 퍼졌으나 아직 뜨겁지는 않았다. 하기는 이제 여름은 가고 있었으니까.

하기야 '실상 적당히 말하자면'의 뜻으로, 이미 있었던 일을 긍정하며 아래에 어떤 조건을 붙일 때 쓰는 접속 부사.

예문) 그 아이가 합격을 했다고? 하기야 그 정도로 열심히 했으면 떨어지는 게 이상하지.

ㄴ. 〈고려대〉

하기는 앞 내용을 긍정하며 뒤 내용을 이어갈 때 쓰여 이어주는 말.

예문) 요즘은 일곱 시에도 날이 어두워. 하기는 겨울이니까.

하기는 너도 요즘 살림이 어렵긴 하겠다.

하기야 이미 있었던 일을 긍정하며 아래에 어떤 조건을 붙일 때 쓰여 앞뒤 문장을 이어주는 말.

사전에서 '하기는'과 '하기야'는 유사하게 뜻풀이되어 있으나 '하기야'에는 어떤 조건을 붙일 때 쓰인다는 의미가 추가되어 있다. 말뭉치에서 확인된 '하기는' 구문에서는 '어차피'와 유사하게 '조건'과 같이 범주를 제한하는 구문과 특정적으로 결합하는 양상이 관찰되는데 이는 '하기야'에 국한되는 것이 아니므로 그 용법에서 차이를 가지는 것으로 보기는 어렵다.[7] '하기는, 하긴, 하기야'는 출현 빈도 외에 그 의미나 용법에서 차이를 보이지 않으므로(최윤지 2021: 87) '하기는'으로 대표하여 다루기로 한다.

〈표준〉과 〈고려대〉의 뜻풀이에서는 선행하는 내용에 대한 긍정의 의미가 공통적으로 제시되어 있다. 실제 '하기는'이 쓰인 예문을 살펴보면 후행하는 내용은 선행하는 내용을 인정하게 하는 근거로 해석되는데 사전에서는 이를 '긍정'의 의미로 기술한 것으로 보인다. 즉 '하기는'은 사실로서 결과에 대한 원인뿐만 아니라 선행하는 내용에 대한 수용성을 높이기 위한 근거를 제시하는 것을 통해 선행 문장과 후행 문장 사이에 인과 관계를 형성한다고 볼 수 있다.

4.3.1. 접속 유형

말뭉치에서 '하기는' 구문은 사실 접속과 의견 접속, 화행 접속의 유형을 모두 관찰할 수 있다. 먼저 '하기는'이 현실 사태와 결합하는 예를 제시한다.

---

7) 아래와 같이 '하기는'이 범주를 제한하는 구문과 특정적으로 결합하는 양상을 확인할 수 있다.

ㄱ. 두루미와 같은 별로 잘 날지 못하는 새라 하더라도 그 나는 모습을 보면 자연의 설계가 얼마나 완벽 것인가를 알 수 있습니다. <u>하기는 제대로 기능을 발화하지 못하면</u> 조물주가 거둬들였을 겁니다.

ㄴ. 빨리 버스가 왔으면 좋겠다. <u>하기는 곧 온다고 해도</u> 기껏 삼십여 명이면 터질듯이 만원이 되는 그 미니버스에 나까지는 못 탈 것이다.

(107) ㄱ. 어제는 많은 사람들이 득실거리더니 오늘의 상가에는 별로 사람이 없어 한층 쓸쓸했다. 최참판댁 눈을 두려워했던 것이다. 하기는 어제 저녁때 삼수가 와서 야료를 부리고 갔다.

ㄴ. 국회 의원이 만든 국회법은 끼리끼리를 엄중하게 보고하고 있다. 하기는 의원 소환 제도는 자칫 악용이 될 소지가 너무나 많다.

ㄷ. 아빠는 아직 한 번도 할아버지와 함께 목욕을 다니지 않았거든. 하기야 아빠가 어릴 땐 할아버지 집 부근에 어른과 함께 다닐 목욕탕이 있었던 것도 아니고.

(107ㄱ)에서는 사람들이 최참판댁 눈을 두려워하는 이유가 어제 삼수가 와서 야료를 부리고 갔다는 사실에서 찾는 것이며 (107ㄴ)은 국회법이 서로를 엄중하게 보고하고 있는 원인으로 의원 소환 제도가 악용될 소지가 많다는 사태를 제시한 것이다. 이를 '-기 때문에'를 통한 명시적 인과 구문으로 바꾸어 쓸 수 있다.

(108) ㄱ. 최참판댁 눈을 두려워했던 것이다. 하기는 어제 저녁때 삼수가 와서 야료를 부리고 갔다.

→ 어제 저녁때 삼수가 와서 야료를 부리고 갔기 때문에 (사람들이) 최참판댁 눈을 두려워했던 것이다.

ㄴ. 국회 의원이 만든 국회법은 끼리끼리를 엄중하게 보고하고 있다. 하기는 의원 소환 제도는 자칫 악용이 될 소지가 너무나 많다.

→ 의원 소환 제도는 자칫 악용될 소지가 너무나 많기 때문에 국회 의원이 만든 국회법은 끼리끼리를 엄중하게 보고하고 있다.

'하기는'은 선행하는 내용을 수용하고 이해하기 위한 이유로 과거 일어난 변하지 않는 사실이나 기정사실화된 사태를 제시함으로써 그 수용성을 높인다. 같은 맥락에서 '-는 것이다'와 공기하여 쓰일 때 화자에게 내면화된 사실로서 보편적 진리의 내용을 근거로 삼기도 한다.

(109) ㄱ. 멋의 미적 내용과 그 미학적 구조에 대한 이론적 연구는 우리 학계에는 너무 결핍되어 있다. 사실 멋이란 우리 민족이 수천년래 생활 속에서 체득하고 행위와 제작에서 수련해온 것이면서도 예술론으로서 다루어진 적이 일찍이 없었다. 하기는 앞에서 지적한 바와 같이, 멋의 개념 내용은 그저 느껴서 알 따름이요, 너무 막연해서 구체적으로 꼬집어 내놓을 수가 없는 것이다.

ㄴ. 미아로의 교통 통제 원인은 전혀 다른 것이었다. 길음역 사거리 지하 보도 설치 공사장에서 지하의 낡은 하수도관이 터져 그것을 복구하느라 찻길을 막을 수밖에 없었던 게 원인이었다. 하기야 사고는 언제 어느 곳에서나 날 수 있는 것이다.

위의 예에서 '멋의 개념은 느껴서 알 수 있는 것이고 구체적으로 설명할 수 없다'라거나 '사고는 언제 어느 곳에서나 일어날 수 있다'는 것은 시간한정성이 없는 문장으로 일반화된 사실을 기술한 것이다.

'하기는'이 의견 접속을 나타내는 경우 화자의 추측이 가장 많이 관찰된다.

(110) ㄱ. 사람들은 사재기로써 자신의 두려움을 조금이나마 해소할 수 있을 것으로 믿는지도 모른다. 하기는 사재기는 이 사회의 유구한 뿌리 깊은 관성이다.

ㄴ. 계단은 특별한 규칙도 없이 뱀처럼 구불구불 이어졌다. 그렇다면 이곳은 누군가 일부러 파 놓은 것이 아니라, 자연 동굴인지도 모른다. 하긴 강이네 동네에는 그런 동굴이 많다. 강이네 집 뒷산에서 조금만 더 가면 동굴 관광지도 있다.

ㄷ. 아버지는 정식으로 종교를 믿고 있지는 않았으나 서산 아저씨의 영향을 받은 탓인지 정신적으로는 가톨릭적인 기질이 농후했다. 하긴 늘 하늘에 떠 있으면서 하느님과 가까이 살고 있으니 하느님의 뜻을 누구보다도 잘 알고 있을지도 모른다.

(111) ㄱ. 둘째 미연이가 박산 슈퍼 건물에 야채가게만 차리지 않았더라도 윤수 내외는 은영빌라에서 살 때와 별반 다르지 않은 삶을 영위했을지도 모른다. 하긴 미연이가 미나리골에 가게만 열지 않았더라도 윤수네는 뒤도 돌아보지 않고 서울로 올라가 터를 잡았을 것이다.

ㄴ. 멀리서 그 소문을 접하고 찾아오는 사람들도 있는 걸 보면

사람 마음이 크게 다르지 않은 모양이야. 하긴 꽃 같은 여인이 강변 카페에서 심상히 늙어가는데 어느 누가 그냥 지나치고 싶겠는가.

(110)은 사실과 의견이 결합한 관계이며 (111)은 의견과 의견이 결합한 관계이다. '-ㄴ지 모르다', '-ㄹ 것이다' 등의 추측 표현을 사용하여 인과적 추론의 의미가 드러나는데 예에서 볼 수 있듯이 화자의 추측이나 판단은 원인이 되는 문장이나 결과가 되는 문장 각각에서 나타날 수 있다.

다음으로 '하기는'이 사용된 화행 접속의 경우를 보자. '하기는'이 가진 인과성에 대한 논의에서는 주로 화행 층위의 관계를 주목한다. 특히 구현정(2012: 11-13)에서는 아래 (112ㄴ)의 예를 들어 '하기는'이 질문을 나타내는 선행 발화에 대해 이유나 근거를 제시하는 표지로 사용되며 "그 이유를 생각해 보니"와 같은 표현으로 대치 가능한 것으로 보았다. 해당 논의대로 '하기는'은 질문의 화행과 빈번하게 결합하는데 이는 '질문'이라는 화행에 대한 이유나 근거가 아니라 질문에 대한 답으로 제시된다는 점에서 화행 접속의 관계가 특징적이다. 이때 질문은 화자가 질문에 대한 답을 어느 정도 예상하고 있는 경우로, 청자로부터 정보를 얻기 위한 행위라기보다 수사적인 성격이 짙은 것이므로 화자가 의도한 답에 대한 근거라고 해석할 수 있다.

(112) ㄱ. 그렇다면 관계 기관 대책 회의나 수표 추적 및 '선거 지침서 작성 배포' 같은 다른 수사 대상들은 왜 그렇게 우회되고 회피되고 있는가. <u>하기야</u> 검찰은 법을 다루는 입장에서 여

러 가지 법적 미비 사항과 기술적 장애 때문에 덮어놓고 불도저 밀 듯이 수사를 할 수 만은 없기도 할 것이다.

ㄴ. 근데 어쩌면 그렇게 통 안 내려왔니? 하긴 니네 집이 다 이사했으니 올 일도 없었겠지만.

(112ㄱ)에서는 몇몇 수사 대상들이 회피되고 있는 이유와 법적인 미비 사항과 기술적 장애라는 것이 질문과 답의 형식으로 기술되어 있으나 이는 몇몇 수사 대상들이 회피될 수밖에 없다는 정해진 답에 대한 근거가 될 수 있다. (112ㄴ)에서도 청자가 잘 안 내려올 수밖에 없었다는 예정된 답에 대한 근거로 청자의 집이 이사를 했다는 근거를 대고 있는 것이다. 그러나 화행과 결합하는 것으로 보이는 아래의 예들은 위 (112)의 예와는 구별되는 것이다.

(113) ㄱ. 어떤 사람이 좋은 사람이고 어떤 사람이 악질인지 과연 알 수 있을까. 하긴 그녀들은 알 수 있을지도 모른다.

ㄴ. 별일이야 있겠소? 지장수가 멀쩡한데. 하기는 나도 잘은 모르겠소만.

위의 예들은 의문에 대한 화자의 입장이 '하기는'을 전후로 바뀌어 있다는 점에서 (112)와는 구별된다. 별일이 없을 거라는 화자의 의견을 제시한 이후에 (생각해보니) 잘 모르겠다는 입장 변화가 '하기는'에 후행하여 드러난다. 질문 화행 이후에 그 답에 대한 화자의 변화된 생각이 '하기는'을 통해 연결된 것으로 발화 시점에 따른 화자의 생각 변화가 그대로 드러나는 것을 관찰할 수 있다. 이를 명시적 인과 접속으로 바꾸어 보면 (112)은 '그 이유를 생각해보니'로 대치 가능하고 예정된 답으로 인과 관계를 상정할 수 있는 반면 (113)에서는 불가능하다.

(114) ㄱ. 검찰은 법을 다루는 입장에서 … 불도저 밀 듯이 수사를 할 수만은 없을 것이기 때문에 … 다른 수사 대상들은 우회되고 회피되고 있는 것이다.

ㄴ. 집이 다 이사해서 내려올 일이 없었을 것이기 때문에 통 내려오지 않았다.

ㄷ. *그녀들은 알 수 있었을지 모르기 때문에 어떤 사람이 좋은 사람이고 어떤 사람이 악질인지 알 수 있다.

ㄹ. *나도 잘 모르기 때문에 (지장수에게) 별일이 없을 것이다.

위의 (113)과 유사한 아래의 예는 선후행 문장 간의 인과 관계를 상정하거나 화자의 주장을 지지하는 관계로도 파악하기 어렵다. 이는 화자의 입장이 바뀌는 데에서 더 나아가 선행 발화의 내용과는 대조되는 의견이 제시되고 있기 때문이다.

(115) ㄱ. 어쨌든 다행이야. 같이 이렇게 좋은 공연을 보게 되어서. 하긴 뭐 꼭 같이 봐야 하는 건 아니지만.

ㄴ. 이 수업은 꼭 들어야 돼. 하긴, 전과할 거면 안 들어도 되긴 하지.

이러한 '하기는' 구문에 대해 구현정(2012)에서는 '하기는'의 또 다른 기능으로 화자의 단언인 선행 발화에 대해 스스로 양보적 진술을 하는 것으로 보았고(115ㄱ), 최윤지(2021)에서는 '화자의 주장'과 '그에 대립되는 주장의 수용' 간의 의미 관계(115ㄴ)로 파악하였다. 화자의 기대와 그 기대가 어긋나거나 부정되는 의미가 드러나는바 '양보'의 의미와도 밀접한 관련이 있다. 이는 대립적 의미 '-지만'이나 제한된 영역에서의 해석으로 이끄는 조건적 구문 '-면'을 삭제했을 때 '하기는'만으로도 대립되는 내용이 자연스럽게 접속되는 것을 통해 알 수 있다. 위와 유사한 관계를 텍스트에서 아래와 같이 찾을 수 있다.

(116) ㄱ. 이런 꿈 얘기를 하면 어른들은 태몽이라고 하시며 웃으셨다. 나는 부끄러워서 어른한테 꿈 얘기를 하는 걸 스스로 삼가게 됐다. <u>하긴</u> 소녀 적의 태몽으로 지금 예쁜 딸들을 주렁주렁 두었는지 모르지만.

ㄴ. 너에게 이런 글을 쓰게 될 줄은 미처 몰랐구나. <u>하기는</u> 본디 아버지가 내일 일을 깊이 생각해보지 않는 성격이라서 그렇지, 조금만 생각해봤어도 넉넉히 예상할 수 있었을 일이지만.

ㄷ. 흔히들 말하지요. 사랑이란 주는 것이지 받는 것은 아니라고. 그럴 듯한 말입니다. <u>하기는</u> 일리도 있지요.

이러한 예에 대해서는 '하기는'을 전후로 한 문장 사이의 인과 관계를 상정하기는 어려울 것이다. 그러나 거시적인 텍스트적 측면을 관찰해 보아야 할 필요는 있다. 좀 더 확장된 텍스트 구조를 고려했을 때 화자의 단언에 대한 반대 의견이 있음을 가정하고 그에 대한 수용 가능성을 제한된 범주로 제시하는 것으로 해석할 수 있을 것이다. '하기는'에 후행하는 문장이 의미적으로는 대립되면서도 선행하는 내용의 수용성을 증가시키는 역할을 한다는 것은 그보다 후행하는 맥락을 통해서 파악할 수 있다. '하기는'의 더 확대된 텍스트 맥락을 보면 '하기는' 전후로 화자의 의견에 대립되는 견해를 수용하고 다시 선행하는 문장에서 보였던 견해로 되돌아오는 양상을 보이기 때문이다.

(117) ㄱ. 지금의 선거판은 그런 정책 공약의 대결보다는 힘싸움이라는 가장 원초적인 싸움의 수준만을 드러낼 뿐이다. 하기야 각당은 매일 같이 장밋빛 청사진을 광고하고는 있다. 그러나 그것은 어디까지나 장식품일 뿐, 핵심적인 쟁점을 둘러싼 정당간의 정책 대결이나 정책 토론은 별로 눈에 띄지 않는다.

ㄴ. 이런 소식이 모두 사실인지 아니면 조금 과장 전달되고 있는지 잘 알 수 없지만 날이 갈수록 사태의 심각성을 느끼는 사람들이 세계적으로 크게 증가하고 있는 것은 틀림없어 보인다. 하기는 이렇다 할 은행잔고도 없고 비행기 탈 일도 없는 대부분의 보통사람들에게는 컴퓨터의 오작동이나 작동정지 따위가 별로 큰 의미가 없을지도 모른다. 그러나 오늘날 우리가 개인적으로 원하든 원하지 않든 거의 모든 생활 영역에 걸쳐 컴퓨터에 기초한 정보 시스템의 지배를 벗어날 수 없는 …

위의 (113, 114)는 최윤지(2021)에서 제시한 '화자의 주장'과 '그에 대립되는 주장의 수용'의 관계에 해당되는 것으로, 다양한 텍스트 예를 통해 알 수 있듯이 이러한 용법이 주장이나 단언에서만 보이는 것은 아니다. 다만 대립되는 의견을 수용하는 관계는 청자의 입장을 고려한 것이고, 후행하는 진술을 염두에 두면서 반대되는 사태를 한정적으로 제시하는 텍스트 기능으로 확대된 것이라 할 수 있다.

4.3.2. 수사 관계

사실 접속에서 '하기는'에 결합하는 문장은 위성의 지위를 갖고 선행하는 핵과 결합하여 '원인' 관계를 구성한다. '어쩐지'와 같이 '하기는'이 수식하는 문장이 핵이 되는 경우는 관찰하기 어렵다. 한편 제시적 관계로는 객관적인 사태에 근거하여 화자의 추측이 드러나는 증거 관계로 분석할 수 있는데 이는 화자의 추론이 개입된 의견 접속에 대응된다.

(118) ㄱ. 1 국회 의원이 만든 국회법은 끼리끼리를 엄중하게 보고하고 있다.
2 하기는 의원 소환 제도는 자칫 악용이 될 소지가 너무나 많다.
ㄴ. 1 계단은 특별한 규칙도 없이 뱀처럼 구불구불 이어졌다.
2 그렇다면 이곳은 누군가 일부러 파 놓은 것이 아니라, 자연 동굴인지도 모른다.
3 하긴 강이네 동네에는 그런 동굴이 많다.
4 강이네 집 뒷산에서 조금만 더 가면 동굴 관광지도 있다.

(118ㄱ)의 수사 구조

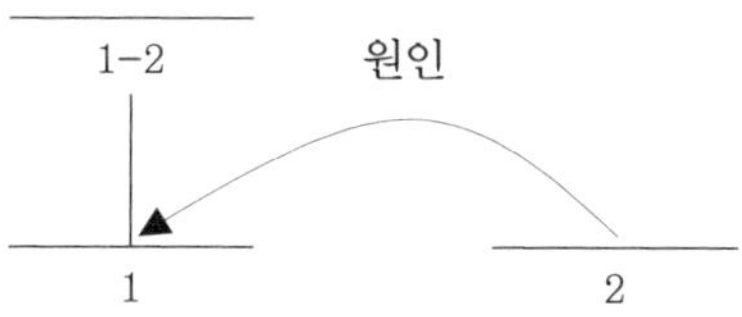

(118ㄴ)의 수사 구조

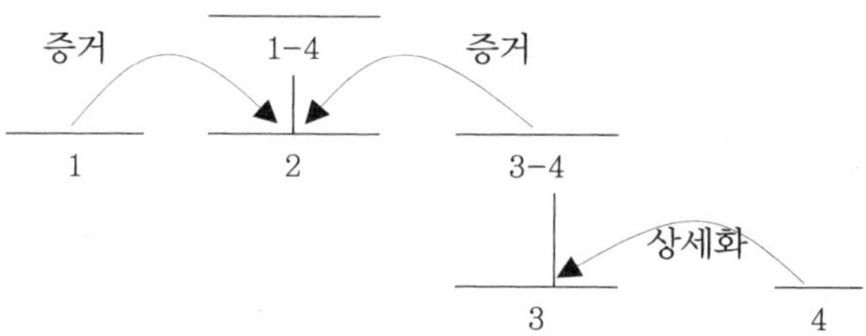

(118ㄱ)에서는 국회법이 상호간에 엄중하게 보고 있다는 것에 화자가 의도가 놓이고 '의원 소환 제도가 악용될 소지가 많다'는 사태를 위성으로 볼 수 있다. 위성은 선행하는 핵에 대한 원인으로 분석된다. (118ㄴ)에서는 이곳이 자연동굴일 것이라는 화자의 추측에 대해 '규칙이 없이 이어진 계단'이나 '동네에 동굴이 많다'는 객관적인 근거가 앞뒤로 제시되어 있다.

앞서 화행 접속에서 '하기는'은 수사 의문에 대한 답을 제시함으로써 질문 화행에 대한 수용성을 증가시킨다고 하였다. 따라서 아래의 화행 접속의 예는 질문 화행을 핵으로 하는 정당화 관계로 분석된다.

(119) ㄱ. 1 근데 어쩌면 그렇게 통 안 내려왔니?

2 하긴 니네 집이 다 이사했으니 올 일도 없었겠지만.

(119)의 수사 구조

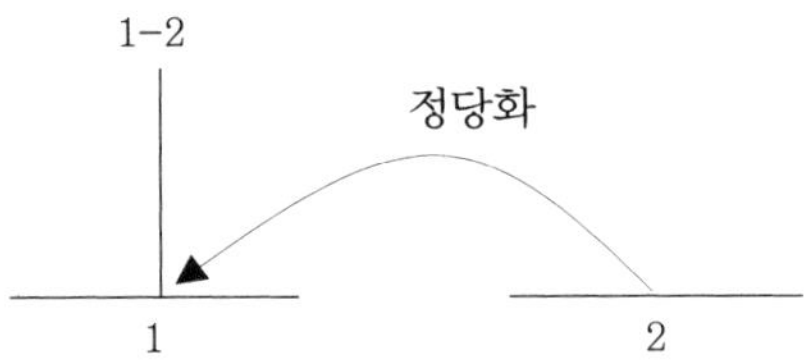

요컨대 '하기는'은 사태, 명제, 화행의 세 층위의 문장을 결합 대상으로 하여 각 층위의 관계를 모두 나타낼 수 있다. 인식 층위의 관계에서는 특히 화자의 추측 명제와 결합하며 화행 층위에는 '질문' 화행과의 결합 빈도가 높다. 그러나 이때 '하기는'으로 뒷받침되는 내용은 질문이라는 화행에 대한 근거가 아니라 질문에 대한 대답으로 기능한다는 점이 특징적이다. 이러한 경우 예정된 답에 대한 근거가 될 수 있다는 점에서 화자의 관점이 변화되는 양상을 보이는 구문과는 구별하여 화행 접속으로 포함할 수 있다.

'하기는'으로 결합된 관계 중에서는 선행하는 문장의 기대와 그 기대에 대립되는 의견의 진술이 진행되면서 화자의 관점이 발화 시점과 동일하게 변화되는 양상을 보이는데 맥락을 확장하여 텍스트의 흐름을 통한 화자의 의도를 살피면 이는 선행하는 문장에 대한 정당성을 확보하기 위한 관계라는 점에서 텍스트적 기능으로 확장된 용법이라 할 만하다.

'하기는'이 결합하는 문장은 선행하는 결과 문장에 대해 위성의 지위의 가지며 원인 관계로 연결된다. 또한 제시적 관계로는 화자의 판단이나 추측에 대해 객관적인 사태를 근거로 제시함으로써 증거 관계로 연결되기도 한다. 의문문과 결합하는 '하기는' 문장은 예정된 답에 대한 근거이므로 특정적이지만 질문이라는 발화 행위에 대해 수용성을 높이는 효과를 가지기 때문에 다른 화행 접속과 마찬가지로 정당화 관계로 분석할 수 있다. 원인 관계, 증거 관계, 정당화 관계는 각각 사실, 의견, 화행 접속에 대응된다.

[표 26] '하기는'의 인과 접속

접속 유형	사실, 의견, 화행(질문)	
접속 표지의 양태성	선행하는 내용에 대한 수용성, 정당성을 높이는 정보 제시	
수사 관계	주제 내용 관계	원인(Cause)
	제시적 관계	증거(Evidence), 정당화(Justify)
실현 위치	원인 사태, 판단 근거, 화행 근거	

4.4. -ㄴ 모양이-, -ㄴ가/나 보-

사전에서 '-ㄴ 모양이-'와 '-ㄴ가/나 보-'의 의미는 각각 의존명사 '모양'과 보조용언 '보다'의 한 용법으로서 선행하는 행동이나 상황에 대한 추측이나 짐작으로 뜻풀이된다. 〈한국어기초사전〉에는 '-ㄴ 모양이다', '-ㄴ가 보다, -ㄴ나 보다' 구성이 등재되어 있는데 이를 제시하면 아래와 같다.

(120) ㄱ. -ㄴ 모양이다

다른 사실이나 상황으로 보아 현재 어떤 일이 일어났거나 어떤 상태라고 추측함을 나타내는 표현.

예문) 승규가 요즘 계속 피곤해 하던데 일이 힘든 모양이에요.

백화점에 사람이 많은 걸 보니 세일 기간인 모양이야.

ㄴ. -ㄴ가 보다 / -나 보다

앞의 말이 나타내는 사실을 추측함을 나타내는 표현.

예문) 모두들 연락이 뜸한 걸 보니 바쁜가 보다.

며칠째 학교에도 못 나오는 걸 보니 지수가 많이 아픈가 봐.

'-ㄴ 모양이-'는 어떤 사건이나 상태를 추측하는 표현으로, '다른 사실이나 상황으로 보아'라고 하여 추측의 근거가 되는 내용이 뜻풀이에 포함되어 있는 것을 확인할 수 있다. 그에 비해 '-ㄴ가/나 보-'는 앞의 말을 추측함을 나타내는 표현이라고 하여 추측의 근거를 전제하고 있지 않지만 실제 텍스트에서는 두 형식 사이에 의미적, 문법적으로 큰 차이를 갖는 것으로 보이지 않는다.[8)]

8) '-ㄴ 모양이-'와 '-ㄴ가/나 보-'는 대부분 교체 가능하게 쓰이고 그 의미 차이가 미미하기 때문에 동일한 범주 안에서 다루어졌으며 여기에서도 함께 다룬다. 두 형식의 차이는 사용역에서 가장 크게 드러나는 것으로 보인다. 기존 연구 중 정경미(2016: 200)에서 '-ㄴ 모양이-'가 '-ㄴ가 보-'보다 미지의 의미가 조금 약하고 기술(記述)하는 의미가 조금 더 있는 것으로 보았고, 진기호(2006: 15)에서는 '-나 보다'에 현재 그 상황을 지각하고 있는 것을 전제로 하는 반면 '-는 모양이다'에는 상황을 지각한 후 그 상황을 토대로 이야기하는 차이가 있다고 하였다. 이윤진·노지니(2003: 193-194)에서는 사용역과 명제의 가능성에 대한 확신의 정도에 차이가 있다고 보았다.

기존 연구에서 '-ㄴ 모양이-'와 '-ㄴ가/나 보-'는 추측의 인식 양태 표현이나 증거성 범주 내에서 추론 혹은 간접 증거성 표지로 다루어졌다.[9] 명제에 대한 화자의 추측이라는 양태 의미와 정보의 근원이 되는 증거가 있음을 드러내는 증거성 의미는 '-ㄴ 모양이-'가 텍스트적 측면에서 두 내용을 연결하는 역할과 밀접하게 관련된다.

먼저 추측 표현으로서 '-ㄴ 모양이-'는 결과 사태를 통해 원인 명제를 추론하는 역행적 인과만을 드러낸다는 점에서 다른 추측의 양태 표현과 구분된다. 이러한 의미로 인해 추론 과정을 거쳐 결과를 추측해야 하는 경우에는 '-ㄴ 모양이-'의 사용에 제약이 생긴다. 이와 관련하여 명정희(2018: 112)에서는 '-ㄴ 모양이-'와 '-ㄴ가/나 보-'가 비현실적 조건문의 후행절에서 쓰이지 못함을 제시하였는데 이는 '-ㄴ 모양이-'나 '-ㄴ가/나 보-'가 직접적인 외부적 증거가 없이는 쓰일 수 없기 때문이라고 보았다. 즉 확인 가능한 결과 사태를 통해 원인을 추측하는 데에는 사용될 수 있지만 실현되지 않은 상황이 조건으로 제시될 때는 적합하지 않다.

(121) ㄱ. 엄마가 내가 산 집을 보면 {좋아하실 듯해/좋아하실 것 같아/좋아하실 거야/좋아하실 수 있어/*좋아하실 모양이야/*좋

9) 증거성(Evidentiality)은 학자에 따라 하나의 독립된 범주로 보기도 하고 양태의 하위 범주로 다루기도 한다. 이는 양태와 증거성의 개념을 넓게 보느냐, 좁게 보느냐와도 관련된다. 본 연구에서는 '명제에 대한 화자의 불확실함'을 나타내는 의미와 '추측하여 알아낸 명제임'을 나타내는 의미는 다른 의미 범주에 속한다는 것을 인정하지만 이러한 의미가 동일한 문법 형식에서 공유된다는 점에서 양태와 증거성이 가지는 접점을 인정할 수 있다고 본다. 본 연구에서는 이에 대해 깊게 논의하지 않으므로 양태와 증거성의 범주 처리에 대해서는 박재연(2007, 2015) 등의 연구에 기댄다.

아하실 건가 봐}

ㄴ. 언니가 열심히 저축하면 곧 집을 {살 듯해/살 것 같아/살 거야/살 수도 있어/ *살 모양이야/*살 건가봐}

위의 예는 비현실적 조건문으로 연결한 경우이지만 이를 현실적으로 확인할 수 있는 인과 구문으로 바꾸더라도 '-ㄴ 모양이-'와 다른 표현들에서는 차이가 있다.

(122) ㄱ. 언니가 열심히 저축해서 집을 살 모양이야/살 건가봐.

ㄴ. *언니가 열심히 저축했어. 그래서 집을 살 모양이야.

ㄷ. 언니가 열심히 저축해서 집을 살 것 같아.

ㄹ. 언니가 열심히 저축했어. 그래서 집을 살 것 같아.

조건 구문을 '-어서'로 연결된 인과 구문으로 바꾸면 '-ㄴ 모양이-'나 '-ㄴ가/나 보-'도 결합 가능하다. 그러나 이러한 구문을 '-ㄹ 것 같-'구문과 동일하게 볼 수 없는 것은 (122ㄷ)의 선행절은 3차 의미 실체의 지위를 가지는 반면, (122ㄱ)의 '언니가 열심히 저축해서'는 0차 실체에 해당되기 때문이다. '-을 것 같-'의 근거가 되는 내용은 선행절에 해당되지만 '-ㄴ 모양이-'는 그 추측의 작용역이 선행절까지 미치기 때문에 '요즘에 돈을 엄청 아끼는 걸 보니', '은행에 가서 통장을 만든 걸 보니'와 같은, 추측에 대해 다른 증거를 요구한다. 이는 (122ㄴ, ㄹ)처럼 접속부사를 이용해 두 문장으로 분리했을 때 수용 가능성의 차이를 통해서도 알 수 있다. (122ㄴ)에서는 언니가 집을 살 모양이라고 추측한 근거가 선행하는 문장으로 자연스럽게 이어지지 않는다.

원인을 통해 결과를 추측하는 표지 중에 '-ㄴ 것 같-', '-ㄴ 듯하-'는 단순히 화자의 주관적인 생각을 표현할 수도 있다. 즉 맥락상 원인에 대한 정보를 요구하지 않는데, 이는 화자의 내면적 판단이나 근거 없는 믿음을 나타내는 표현인 '내 생각에는, 왠지' 등의 표현과 공기 양상을 통해 알 수 있다.[10)]

(123) ㄱ. 내 생각에는 공부하기에 이 카페가 제일 {좋은 것 같다/좋은 듯하다/*좋은 모양이다/*좋은가 보다}
ㄴ. 왠지 이번 시험에서는 성적이 {오를 것 같아/오를 듯해/*오를 모양이야/*오를 건가 봐}

또한 '-ㄴ 모양이-'가 다른 추측 표현들과 비교하여 갖는 특성은 추론 과정에서 화자의 관여 정도가 가장 크다는 것이다. '-ㄴ 모양이-'는 추측의 주체가 화자임에도 표면적으로 드러나지 않으며 추측의 주체가 3인칭으로도 나타날 수 없다.

(124) ㄱ. 나는 이번 시험에서 성적이 오를 듯했다. /오를 것 같았다. /*오를 모양이었다.
ㄴ. 철수는 이번 시험이 너무 어려운 것 같았다/어려운 듯 했다./어려운 모양이었다.

---

10) 김동욱(2000)에서는 화자가 자신의 판단에 주체적인 태도를 취하는가 객체적인 태도를 취하는가 하는 점으로 '-ㄴ 것 같다', '-ㄴ 듯하다', '-ㄴ 모양이다'를 분석하였는데 그 기준으로 '내가 생각하기에는'과의 공기 관계 테스트를 적용하였다. '-ㄴ 모양이다'와 '-ㄴ가 보다'는 '내가 생각하기에는'과 자연스럽게 공기할 수 없으므로 판단 주체가 화자 자신임을 전면에 드러낼 수 없는 객체추측이라고 하였는데 화자를 표면적으로 내세울 수 없기 때문에 객관적인 태도의 형식이라고 본 것이다.

ㄷ. 그 당시에는 시험을 잘 본 것 같았다. 그런데 지금은 생각이 달라졌다.

ㄹ. *그 당시에는 시험을 잘 본 모양이었다. 그런데 지금은 생각이 달라졌다.

(124ㄱ)에서 문장의 주어가 화자로 제시될 때 '-ㄴ 모양이-'는 결합할 수 없으며[11] 주어가 3인칭으로 나타날 때, 추측의 주체는 '-ㄴ 것 같-'이나 '-ㄴ 듯하-'와는 달리 '-ㄴ 모양이-'의 경우 주어가 될 수 없다. 또한 (124ㄷ, ㄹ)에서 보듯이 '-었-'을 결합한 과거형에서 '-ㄴ 것 같았-'은 과거 시점에 추측한 것을 표현할 수 있지만 '-ㄴ 모양이-'는 과거의 사태에 대한 현재의 추측을 표현한다. 추측의 시점이 현재이므로 '지금은 생각이 달라졌다'와 같이 반대되는 현재의 생각이 기술된 문맥이 추가되면 그 의미가 상충된다.

한편 증거성 표지로서 '-ㄴ 모양이-'는 정인아(2010), 이의종(2012), 정경미(2016) 등에서 찾아볼 수 있다. '-ㄴ 모양이-'는 화자의 직접 경험 여부로 구분할 때 간접 증거성, 그 중에서도 추론하여 알게 된 명제라는 점에서 추론 증거성 표지로 다루어졌다.[12] 정인아(2010)에서는 추

11) 화자가 자신에 대해 제3자적 입장에서 기술하는 경우 '-ㄴ 모양이-'도 가능하다. 그러나 일반적인 상황에서 '-ㄴ 모양이-'로 추측을 표현하는 경우 추측의 주체인 화자는 문장에 명시적으로 드러나지 않는다.

12) 증거성 논의 중에는 추측 표현 이외에 '-군/구나'나 '-네'를 포함하기도 한다. 차려입은 영희의 모습을 보고 '영희가 결혼식에 다녀왔구나', '영희가 결혼식에 다녀 온 모양이다' 둘 모두 가능한 것처럼 '-구나'는 지각을 통해 추론한 정보나 인과적 추론의 명제와 자연스럽게 결합하기 때문이다. 그러나 추론적 정보는 '-구나'의 의미라기보다 '-구나'가 쓰이는 맥락에 의해 형성되는 것이다. 따라서 실제 용례에서는 '-구나'의 사용 분포를 근거에 기반한 추측으로 한정하기 어렵다. 이에 대한 논의로 박재연(2013)를 참고할

측의 내용과 그 지각 증거가 일치하지 않는다는 점을 특징으로 들었으며 정경미(2016)은 추론 증거성 표지가 추론의 근거가 아니라 추론의 방법으로 구분되는 것이고 '-ㄴ 모양이-'는 귀납적 추론[13]에 선택되는 형식으로 분류하였다.

이처럼 '-는 모양이-'는 결과를 통해 원인을 추론하는 역행적 추론을 나타내므로 확인 가능한 결과 사태가 요구되는 것이며 추론 증거성 표지로서도 화자가 추측하는 내용과 그에 대한 증거를 요구하는 것이다. 그렇다면 그 근거와 화자의 추측 내용이 연결되는 접속의 기능은 위와 같이 '-ㄴ 모양이-'가 가지는 인식적 기능과 밀접하게 관련된다고 할 수 있다. 정보의 근원을 언급하는 문법적 표지를 통해서 청자는 그 근거가 되는 내용을 기대하게 되고 그것이 텍스트 내에서 명시된다면 두 내용이 자연스럽게 연결될 수 있기 때문이다. 따라서 텍스트 단위를 접속하는 기능은 '-ㄴ 모양이-'가 드러내는 원인과 결과의 사태, 즉 접속 대상이 되는 사태가 명시화되는지를 통해 파악할 수 있을 것이다. 추측 표현을 다루는 논의에서 대부분 맥락을 상정하여 그 의미를 변별해내고 있지만 표지가 사용될 수 있는 가능한 맥락을 상정하는 것과 실제 그 맥락이 텍스트에서 명시되는지는 구분된다.

인식 양태나 증거성 범주 내에서 '-ㄴ 모양이-'는 유사 문법 표지와의 시차성에 중점을 두고 연구되어 왔으므로 의미적으로 유사한 표지와 비교하여 접속 대상의 명시화 여부를 관찰하여 보일 필요가 있다.

수 있다.

13) 논의에서 '귀납적 추론'은 동일하게 반복되는 패턴을 일반화하는 '귀납적 일반화', '인과율의 원리', 직접 관찰할 수 없지만 주변 정황을 통해 추론하는 '최선의 설명에 의한 추론'이 포함된다.

아래의 표는 추측 표현이 그 근거와 함께 명시되는지를 관찰한 것이다. 다른 요소의 개입을 최소화하기 위해 연결형을 제외하고 종결형에 한정하여 살폈다.[14)]

[표 27] 추측 표지에 따른 근거 명시화

	-ㄴ 모양이-		-ㄴ가/나 보-		-ㄴ 것 같-		-ㄴ 듯하-	
사용역 \ 근거	명시	비명시	명시	비명시	명시	비명시	명시	비명시
소설	68	11	63	13	11	42	2	17
신문	4	0	3	0	8	53	1	7
	65 (85%)	11 (14%)	66 (83%)	13 (16%)	19 (16%)	95 (83%)	3 (11%)	24 (88%)

위의 표를 통해 알 수 있는 것은 다른 표지와 비교하였을 때 '-ㄴ 모양이-'와 '-ㄴ가/나 보-'의 경우 추측의 근거가 되는 내용이 텍스트에서 대부분 명시된다는 것이다. 신문에서는 그 용례가 많이 보이지 않지만 그 근거가 모두 제시되어 있으며 소설에서 명시되지 않는 경우는 장르의 특성상 전체적인 맥락을 통해서 파악이 가능하기 때문에 생략된 것이다. 추측의 근거는 한 문장 내에서 '-ㄹ 보아', '-ㄹ 보니까'로 연결된 선행절을 통해 드러나기도 하며 선행하거나 후행하는 문장에서 제시되기도 한다. 접속 대상의 명시화가 뚜렷하다면 이는 한 문장 내에서 추측의 양태 의미를 가지면서 선후행 절을 인과적으로 연결시키는 '-는지', '-어서인지'의 기능이, 텍스트 단위에서는 '-ㄴ 모양이-', '-ㄴ가/나 보-'에 대응되는 것이라고 할 수 있다. 앞서 언급

14) 21세기 세종 말뭉치 내에 '소설' 2,017,140어절, '신문' 1,843,728어절의 총 400만 어절 규모를 대상으로 한 것이다.

했듯이 이를 명시적 인과 표현으로 나타낸다면 아래와 같이 불확실한 태도의 의미를 가지는 '-는지'로 치환할 수 있다.

(125) ㄱ. 내가 주먹을 휘두르는 것을 막둥이가 본 모양이었다. 그는 두 주먹을 불끈 쥔 채 나를 향해 부르르 온몸을 떨어대고 있었다.

→ 내가 주먹을 휘두르는 것을 막둥이가 봤는지, 그는 두 주먹을 불끈 쥔 채 나를 향해 부르르 온몸을 떨어대고 있었다.

4.4.1. 접속 유형

인과 유형 안에서 '-ㄴ 모양이-'가 결합하는 원인 사태는 '가능성'을 가지는 추측의 명제 지위가 되고 그 근거가 되는 결과는 이미 실현된 사태로 나타난다. 따라서 '-ㄴ 모양이-'는 의견 접속을 나타낼 수 있으며, 그 중에 결과를 근거로 삼아 원인을 추론하는 역행적 추론을 주로 담당하는 표지로 볼 수 있다. 실제 텍스트에서는 '-었-'이 결합된 '-ㄴ 모양이었다'의 형식이 많이 관찰되는데 이는 현재 시점에서 과거 자신의 추론 경험을 진술하는 것이 아니라 확인된 과거 사태에 대한 현재의 추론을 과거형으로 표현한 것이다. 따라서 모두 의견 접속에 포함할 수 있다.

(126) ㄱ. 지금까지 몇 번이고 여기에 왔지만 저런 문을 처음 본다. 아마 오늘 만들어낸 모양이다.

ㄴ. 잠시 그러고 있었을 때 출입문이 열리더니 정복 차림의 순

경 두 사람이 식당 안으로 들어섰다. 어느새 주인이 신고를 한 모양이었다.

ㄷ. 눈이 어두운 어머니가 참기름병을 식초병으로 잘못 안 모양이었다. 참기름이 섞인 초장은 확실히 칼칼한 맛이 덜했다.

'-ㄴ 모양이-'의 추론이 사용될 수 있는 근거는 현실 사태 중에서도 화자가 직접 감각을 통하여 경험한 결과이다. 위의 (126ㄱㄴ)은 시각을 통해 인지된 결과 사태이며 (126ㄷ)은 미각을 통해 인지된 것이다. 주로 감각을 통해 인지된 결과에 대해서 그 원인이 될 만한 명제를 추론하여 제시한다. 조규태(1983)에서도 '-ㄴ 모양이-'가 시각적으로 객관적인 근거가 있을 때 가능한 것으로 보고 이는 명사 '모양'의 원래 의미가 남아 있기 때문이라고 하였는데 '음식 냄새가 나는 것을 보니 옆집이 오늘 무슨 날인 모양이야'와 같은 예를 든 것으로 보아 시각적으로 얻을 수 있는 근거뿐만이 아니라 감각을 통해 알게 된 사태 전반을 가리킨다고 할 수 있다. 또한 안주호(2004)에서는 추측을 나타내는 표현을 확실성에 따라 '가능성 추측, 개연성 추측, 확실성 추측'으로 나누고 '-ㄴ 모앙이-'는 '개연성 추측'의 형태로 보았는데 그 추측의 근거로 삼은 것이 객관적인 대상인 경우라는 점에서 주관적인 표현인 '-듯하-'나 '-성싶-'과는 구별되는 것으로 분석하였다.

이에 대해 정경미(2016: 109)에서는 '-ㄴ 모양이-'가 주로 감각으로 관찰되는 결과를 근거로 추론하는 의미에서 점차 추상적인 결과와 지식으로까지 확대되었을 것이고 이는 문법화의 관점에서 설명될 수 있다고 하였다. 아래와 같이 '-는 모양이-'는 화자가 직접 지각적으로 경험하여 알게 된 결과 사태뿐만 아니라 화자가 추상적으로 판단한 결과나 다른 사람에게 들은 정보를 근거로 할 수도 있다.

(127) ㄱ. J는 미래를 위해 뭔가 해야 한다거나 장래에 뭔가가 되어야 한다는 압박감에서 완전히 자유로웠다. 그는 부모님과 함께 살았고 이미 가정을 꾸린 형도 있었지만, 누구도 그의 인생에 간섭하지 않는 모양이었다.

ㄴ. 지배인은 첫눈에 김달호가 마음에 든 모양이었다. 몇 마디 말을 나누어 보고는 내일부터 나와주기를 원했다.

ㄷ. (연기자에게 요즘 인기를 실감하는지 묻는 장면에서) 저는 코믹한 연기라고 생각하지 않았는데 시청자들은 재미있게 본 모양입니다.

ㄹ. 모처럼 돈맛을 보더니 돈에 환장했나 봐. 말단 공무원이던 오빠는 사표를 내고 종로에다 술집을 차렸대.

(127ㄱㄴ)에서 'J가 미래에 대한 압박감에서 자유로웠다'라거나 '지배인이 김달호에게 내일부터 나와주기를 원했다'는 것은 화자가 감각적으로 알게 된 객관적 사태라기보다 내면적으로 판단한 결과라고 할 수 있다. (127ㄷ)에서는 화자의 인기가 높아졌음을 경험을 통해 이미 알고 있거나 공공연하게 인정되고 있는 사실이라는 것이 전제되었을 때 발화될 수 있는 문장이다. (127ㄹ)에서는 화자가 다른 곳에서 들어서 알게 된 정보를 근거로 추측하는 것임을 알 수 있다. 그런데 위의 예(123)에서는 '내 생각으로는', '왠지'와 같이 화자의 내면적 판단이나 믿음을 나타내는 표현과 공기할 수 없다는 것을 보였다. '내 생각으로는, 왠지'의 경우 특정한 근거가 상정된 것이 아니고 화자의 단순한 믿음으로부터 도출된 근거라는 점에서 위 (127)의 예에서 나타난 화자

의 내면적 판단과는 성격이 다르다. 즉 추측의 근거가 화자의 내면적 판단이라고 하더라도 어떠한 방식으로든 '확인 가능한' 사태여야 한다는 것을 의미한다.

4.4.2. 수사 관계

접속 대상이 동일한 의미 층위에 있더라도 핵과 위성의 위치에 따라 텍스트에서 화자의 의견과 확인 가능한 사실 사이에 존재하는 수사 관계는 구분된다. 이는 '-ㄴ 모양이-'에서 비교적 잘 드러나는 것으로 보인다. 먼저 '-ㄴ 모양이-'가 결합된 명제에 화자의 의도가 놓이고 확인된 사태가 위성으로 화자의 추측을 수식하는 경우, 신뢰할 수 있을만한 객관적인 사태가 근거가 되므로 증거 관계를 맺는다. 증거 관계를 가지는 '-ㄴ 모양이-' 구문은 '-걸 보니'로 연결된 절 단위 접속에서도 많이 관찰되는데 이를 아래의 예를 통해 확인할 수 있다.

(128) ㄱ. 1 어, 문 열린 모양이다.
2 슬슬 관객 줄이 움직이기 시작했네.
ㄴ. 1 단발머리를 기억해낸 걸 보니까
2 정말로 내가 기억이 나긴 난 모양이네.
ㄷ. 1 자네는 우리보다 훨씬 운이 좋았던 모양일세.
2 우리는 먹고 사느라 발버둥치고 있건만 자네는 바빌론에서 가장 부자가 되었으니 말일세.
3 우리는 그저 보기 흉하지 않을 정도의 옷을 가족에게 입히고 흔해 빠진 음식으로 배를 채우건만 자네는 휘황찬란한 옷을 입고 희귀한 음식을 즐기고 있으니 말일세.

4 하지만 옛날에 우리는 모두가 똑같았네.

(128ㄱ)의 수사 구조

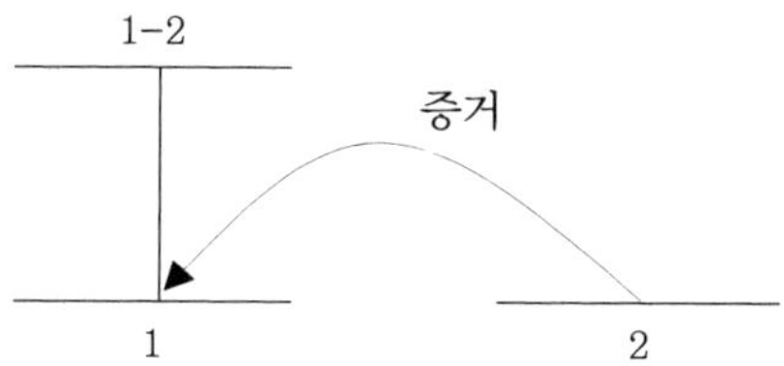

(128ㄴ)의 수사 구조

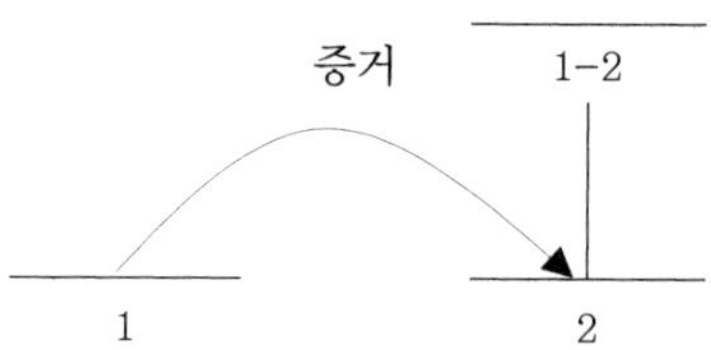

(128ㄷ)의 수사 구조

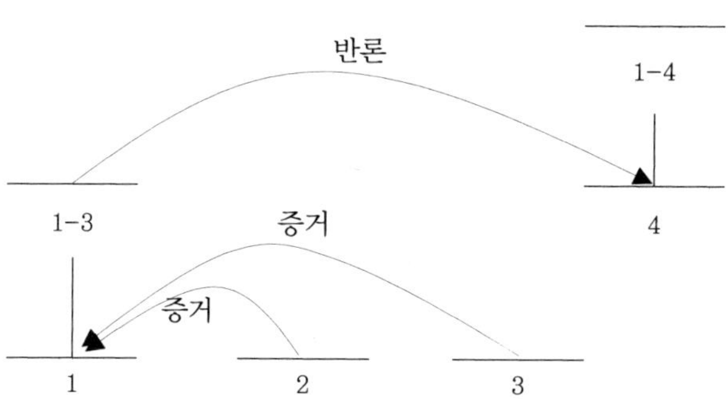

(128ㄱ, ㄴ)에서 '관객 줄이 움직이기 시작했다'는 것과 '단발머리를 기억해 냈다'는 것은 객관적인 사태로 각각 후행하는 화자의 추측에 대한 근거로 연결된다. (128ㄷ)에서는 문장1과 문장4가 반론 관계로 연결되는데 문장1의 화자가 추측한 의견에 대한 근거가 두 문장으로 제시되어 증거 관계로 수사 구조를 이룬다.

한편 확인 가능한 사태가 핵이 되고 화자의 추측이 위성이 되는 경우가 있는데 이때에는 '-ㄴ 모양이-'로 표현된 화자의 추측이 객관적으로 실현된 사태를 수식한다는 점에서 동일하게 증거 관계로 분석하기 어렵다. 아래의 예를 보자.

(129) ㄱ. 1 우리는 예약을 받은 적이 없는데요.
2 연락이 잘못 된 모양입니다.
3 다른 숙소를 알아 드리겠습니다.
ㄴ. 1 젊은 날품팔이꾼 하나가 헌 시멘트 부대로 덮어 한구석에 밀어놓았던 양철통을 열어 보이는 거였다.
2 양철통 속에는 등딱지의 폭이 한 뼘도 넘는 자라 한 마리가 들어 있었다.
3 갈아 묻으려고 들어낸 토관 속에서 나왔다는 거였다.
4 한강의 자라가 하수관을 타고 올라온 모양이었다.
5 그는 놓아주지 않는 이유를 물었다.

(129ㄱ)에서 연락이 잘못되었을 것이라는 추측이 '예약을 받은 적이 없다'는 핵에 원인 관계로 결합되어 있다. 이는 상위 층위에서 '다른 숙소를 잡아드리겠다'는 화자의 의도에 대해 정당화 관계로 연결된다.

(129ㄴ)은 토관 속에서 자라가 나왔다는 사태에 대한 이유가 한강의 자라가 하수관을 타고 올라왔을 거라는 추측으로 제시되어 있으며 이는 상위 층위에서 문장2에 대해 상세화 관계로 연결되고 그보다 상위 구조에서 연속 관계로 수사 구조를 이룬다.

(129ㄱ)의 수사 구조

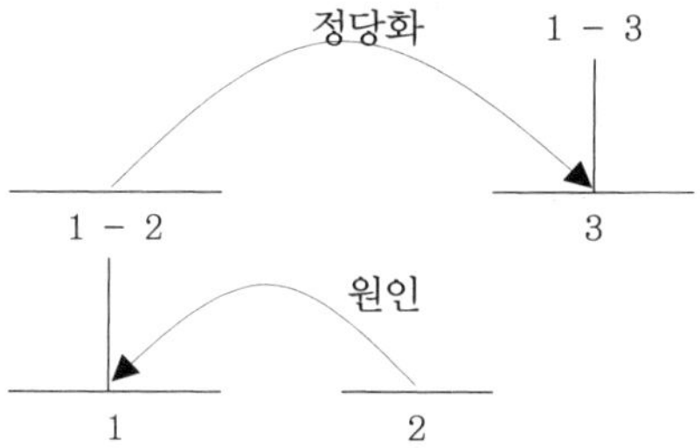

(129ㄴ)의 수사 구조

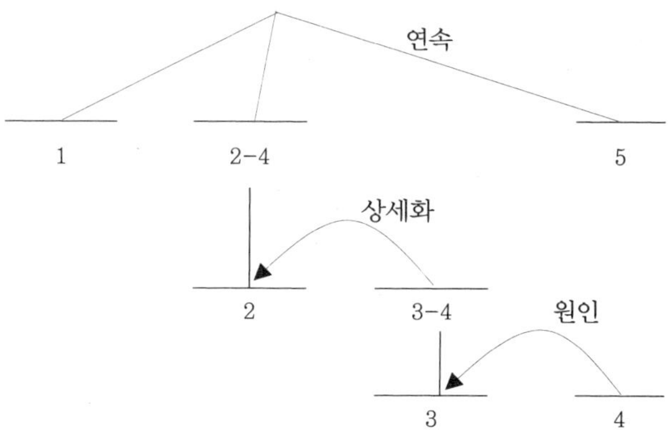

요컨대 '-ㄴ 모양이-', '-ㄴ가/나 보-'는 확인된 결과를 근거로 추측하는 인식 양태 의미와 정보를 획득한 방법이 추측이라는 것을 드러내는 증거성 의미를 기반으로 텍스트 내에서 사태와 추측의 명제를 연결하는 의견 접속 기능을 갖는다. 어떠한 명제를 추측하기 위해서는 그 근거가 되는 정보가 필요한데 기존에 인식 양태나 증거성의 범주에서 다루어진 '-ㄴ 모양이-', '-ㄴ가/ㄴ나 보-'의 의미적 특성은 텍스트 내에서 그 근거가 명시적으로 드러나야 할 필요성을 높인다고 할 수 있다.

수사 관계는 화자의 추측이, 실현된 사태를 수식하는 원인 관계와 실현된 사태가 화자의 추측을 수식하는 증거 관계로 나타난다. 화자의 추측과 추측에 대한 근거가 연결되면서도 텍스트 구조상 화자의 의도가 놓이는 핵이 다르게 설정됨으로써 수사 관계가 구분되는 것을 알 수 있다.

[표 28] '-ㄴ 모양이-, -ㄴ가/나 보-'의 인과 접속

접속 유형	의견	
접속 표지의 양태성	확인 가능한 사태를 전제하는 명제에 대한 불확실한 태도	
수사 관계	주제 내용 관계	원인(Cause)
	제시적 관계	증거(Evidence)
실현 위치	원인 사태, 판단 결과	

4.5. -ㄴ 것이다

'-ㄴ 것이다'는 문장의 내용 층위가 아닌 메타적 층위에 있으면서 문맥에 따라 해석할 수 있는 의미의 범주가 다양하다. '-ㄴ 것이다'가 화자의 태도나 목소리가 실현된 형식(박나리 2012)이라고 보거나 '-ㄴ 것이다'의 문체적 효과에 집중하는 시각(장경현 2010)은 '-ㄴ 것이다'가 결합함으로써 도출되는 의미 기능적 효과를 주목한 것이라 할 수 있다.

동격 구성에서 문법화를 거쳐 형성된 '-ㄴ 것이다' 구문은 그 의미 실현 과정에서 반드시 다른 명제를 전제로 해야 한다. 기존 연구에서는 '-ㄴ 것이다'의 논항이 선행하는 내용으로 취해지는 것을 통해 그 의미 관계가 형성되는 것으로 설명한다. 박소영(2001: 141)에서는 '-는 것이다' 자체적으로는 주제가 실현되지 않고 '앞 명제의 관형절+이유는' 구성의 주제를 설정할 수 있다고 보았으며 박나리(2012)에서도 '-ㄴ 것이다'의 기저 구조를 '[topic(NP1)]$_i$는 [-는 것(NP2)]$_i$이다'로 설정하여 NP1을 선행 담화의 내용을 지시하는 것으로 보았다. '-ㄴ 것이다'는 하나의 형태적 구성으로 문법화되었지만 '-ㄴ 것이다'의 주제로 처리되는 내용은 '-ㄴ 것이다' 문장 내에 있는 것이 아니라 선행하는 맥락이 되는 것이다. '-ㄴ 것이다' 문장을 해석하기 위해 다른 맥락이 필요하다는 점에서 공통적이지만 여기에는 '-ㄴ 것이다'가 선행하는 맥락에 대해 부연 설명(상세화)으로 기능하는 경우는 포함하지 않고 인과적으로 연결되는 경우만을 대상으로 한다.

'-ㄴ 것이다'를 박소영(2001)에서 텍스트의 응결 장치로, 안인경 외(2009:93)에서 접속어미나 접속부사와 같이 연결어의 일종인 특수 연결어로 본 것은 '-ㄴ 것이다'의 텍스트 내 접속 기능을 인정한 것인데,

다만 응결 장치라고 했을 때는 의미 관계를 전제로 하는 것이 아니어서 지시나 대용과 같이 두 사태의 응집성을 강화시키는 역할을 하는 것이지만 '-ㄴ 것이다'는 문맥에 따라 다양한 관계 의미가 해석되는바 텍스트 내 접속의 기능을 가진 문법적 요소로 인정할 수 있을 것이다.[15]

먼저 '-ㄴ 것이다'가 원인부에 결합할 때 결과가 먼저 제시되고 그에 대한 원인이 나중에 제시되는 순서를 따르는데, 앞 문장 사이에 '왜냐하면'과 같은 접속부사나 '-기 때문이다' 구문으로 변환하여 표현하는 것이 가능하다.

(130) ㄱ. 〈우리동네〉를 지배하고 있는 분위기는 묘하게 역설적이다. 농촌의 현실에 대한 분노와 촌스러운 사람들이 보여주는 그 어떤 흥겨움이 동시에 존재하고 있는 것이다.

ㄴ. 농촌의 현실에 대한 분노와 촌스러운 사람들이 보여주는 그 어떤 흥겨움이 동시에 존재하고 있기 때문에 〈우리동네〉를 지배하고 있는 분위기는 묘하게 역설적이다.

조민영(2017)에서는 '-는 것이다'가 '-기 때문이다'와 교체 가능하지만 아래와 같이 '왜냐하면'과 호응하지 않는다는 점을 들어 원인이나 이유의 기능은 인정할 수 없고 '판단'의 의미로 분석하였다.

(131) ㄱ. 그는 그녀를 위해 모든 것을 바칠 수 있다. 왜냐하면 사랑하기 때문이다.

15) 여기에서 살핀 '-ㄴ 것이다'의 의미 기능은 텍스트 차원에서 실현되는 의미로, 단절된 문장 차원에서 분석된 의미는 논외로 한다.

ㄴ. 그는 그녀를 위해 모든 것을 바칠 수 있다. 왜냐하면 *사랑하는 것이다.

그러나 '원인'이나 '이유'는 특정 문장 자체가 다른 문장에 상대하여 가지는 정보적 측면의 의미이고 '판단'은 인지 과정적 측면의 개념이라는 점에서 두 의미를 배타적으로 설정하기는 어려워 보인다. 또한 명시적 인과 표지로의 교체 가능성과는 별개로 '-ㄴ 것이다'로 드러나는 명시의미와 '-기 때문이다'의 언표적 의미는 호응 양상의 비교를 통해 판단할 수는 없을 것이라고 생각된다.

4.5.1. 접속 유형

우선 '-는 것이다'가 이루는 두 문장의 의미 층위를 살펴보자. '-ㄴ 것이다'가 연결하는 두 문장의 의미 특성은 말뭉치에서 사실 접속으로 나타나는 경향이 있다. 사태 층위의 관계 중에서도 '-ㄴ 것이다'는 원인 사태나 결과 사태 둘 모두에 결합하여 나타날 수 있는데 결과가 되는 문장에 결합할 때, 그 관계 의미는 환언 관계로도 중복 해석이 가능하다.

먼저 '-는 것이다'가 원인 사태에 결합하는 경우를 보자. 원인과 결합하는 '-ㄴ 것이다'는 대부분 사실 접속을 나타낸다.

(132) ㄱ. 미국 기업 사상 최대의 적자인 이 기록은 그러나 단 하루만에 깨어졌다. 바로 그 다음날 세계 최대의 자동차 메이커인 GM사가 '92년도 적자 2백 35억 달러'를 발표한 것이다.

ㄴ. 그 순간 갑자기 3루심이 요미우리 쪽 더그아웃으로 다가오더니 오른 주먹을 높이 들어 보이며 "아웃"을 외쳤다. 이승엽이 홈런을 친 뒤 1루 주자가 홈으로 들어가면서 3루를 밟지 않았다는 것이다.

ㄷ. 이튿날 근무는 고됐다. 예준은 판을 내리면서 편집은 역시 독불장군의 원맨쇼가 아님을 실감했다. 국제면에서 이어 맡은 증권1면, 데드라인보다 5분 앞서 여유로운 필름출력을 끝냈다. 화장실을 다녀온 뒤 홀가분히 커피 한잔까지 때리고 자리에 돌아왔는데, 증권시장 분석 기사에 문제가 있다는 청천벽력같은 소리를 들은 것이다.

(132ㄱ)에서는 미국 기업의 최대 적자 기록이 하루 만에 깨졌다는 사태와 다음날 GM사가 더 큰 적자 기록을 발표했다는 사태가 인과적으로 연결되어 있으며 (132ㄴ)은 3루심이 "아웃"을 외친 사태와 1루 주자가 3루를 밟지 않았다는 사태가 연결되어 있다. (132ㄷ)은 증권시장 분석 기사에 문제가 있다는 소리를 들은 것을 원인으로 한 결과 사태는 첫 번째와 두 번째 문장인 '이튿날 근무는 ~ 실감했다.'에 해당된다. 이들 예에서 '-ㄴ 것이다'는 선행하는 문장에서 제시된 사태가 어떠한 원인이나 이유에 의한 것인지를 설명하는 역할을 담당한다. 또한 (132ㄷ)에서처럼 '-ㄴ 것이다'와 관계를 맺는 부분은 바로 앞의 문장이 아니라 물리적 거리를 두고 제시되기도 한다.

한편 '-ㄴ 것이다'가 결과에 결합하여 쓰이는 경우도 살펴볼 수 있다. 결과 내용과 결합할 때는 특히 앞 문장과의 사이에 '그래서, 그러므로, 따라서'와 같은 명시적인 접속부사들과 공기하는 경향을 보인다.

(133) ㄱ. 올 들어 지난달 20일까지 중국에 대한 우리나라의 수출은 263달러로 전체 수출의 17.9%를 차지하면서 미국을 제쳤다. 최대 수출 시장이 된 것이다.

ㄴ. 중앙 아시아에서 러시아의 바이칼로 가는 방법도 상당히 어렵게 되어 있었다. 그래서 비행기에서 그 호수의 한 쪽 자락을 내려다본 것으로 갈증을 달래야 했던 것이다.

ㄷ. 전쟁이라는 특수한 상황에 내몰린 사람들은 모두 매음굴에 드나들었다. 익명성이 보장되는 상황에서나 가능한 대도시의 특수 문화였던 매춘이 전쟁을 통해 보편적인 일이 된 것이다.

정상철(2016)에서는 '-ㄴ 것이다'의 용법 중 하나로 〈인과관계설명〉을 두고 그 하위 분류로 '원인설명문'과 '이유설명문'을 구분하였다. 이때 실제적 관계를 나타내는 '원인'과 논리적 관계를 나타내는 '이유'를 구별하고 명제 내용의 의미를 분석하였는데 '원인설명문'에는 현실적인 사태만이, '이유설명문'에는 현실적, 가능적, 필연적 사태를 모두 나타낼 수 있다고 보았다.[16] 안지영(2008)에서도 '것이다' 구문의 여러 의미를 다루면서 '결과정보'와 '결론정보'를 구분하고 있는데 '결과정보'는 객관적인 사실이나 사건의 원인과 결과, '결론정보'는 화자가 근거로 삼은 명제와 그에 대한 주관적인 결론으로 구성된다. 이러한 논

16) 해당 논의를 통해 실제적 관계와 논리적 관계의 차이를 명확하게 파악할 수는 없었다. 그러나 접속 대상이 되는 명제의 의미 특성이 '원인설명문'에서는 현실 사태만으로, '이유설명문'에는 현실, 가능, 필연적 사태가 모두 가능하다는 점이나 '시간한정성'이 '원인설명문'에만 존재한다는 점을 통해 미루어 짐작해 보면 '원인설명문'은 사태 층위 관계로, '이유설명문'은 명제 층위 관계로 대응시킬 수 있을 것으로 짐작할 수 있다.

의를 통해 알 수 있는 것은 '-ㄴ 것이다'가 결과에 결합하는 텍스트 관계 안에서도 사실 접속과 의견 접속으로 구분하여 파악할 수 있다는 것이다. 명제 층위의 의견 접속으로 판단되는 예는 아래와 같이 관찰된다.

(134) ㄱ. 다양하고 가벼운 정보들이 합쳐져 어느 정도 무게의 투자 요인으로 다가오는지를 판단해야 한다. 자신에게 딱 맞는 '지역화'를 빨리 이루는 투자자가 성공하는 시대가 된 것이다.

ㄴ. 구세대는 구세대대로 새 세대를 보다 적극적으로 이해하고자 하는 너그럽고 따뜻한 마음을 지녀야 한다. 최근의 엄청난 변화의 속도를 감안할 때 전통이니 지켜야 한다는 주장만으로 새 세대를 통제하기는 이미 불가능한 것이다.

ㄷ. 현실적으로 북쪽 인사들을 조사할 수 없는 상황에서 북한에 송금된 돈의 성격을 밝히는 수사 자체가 한계를 가질 수밖에 없는데다 수사 결과가 국민적 공감을 얻을 수 있을지도 미지수다. 이래저래 특검이 갈 길은 험난하기만 한 것이다.

(134ㄱㄴ)에서는 '-ㄴ 것이다' 구문으로 제시된 화자의 판단이 선행하는 당위성 명제에 대한 근거로 제시된 것이고 (134ㄷ)에서는 명제의 실현 가능성에 대한 화자의 의견과 그에 대한 결과가 연결된 것이다.

앞서 설명했듯이 '-ㄴ 것이다'가 접속하는 대상은 대부분 사실 문장으로 관찰되지만 표지 자체의 기능으로 인해 화자의 추론적 의미가 드러날 수 있다. 아래의 예처럼 확인된 결과 사태를 전제로 하여 추론된 원인 명제가 드러나는 역행적 추론을 표현할 수 있다.

(135) ㄱ. 그와 며칠 전부터 연락이 되지 않는다. 분명히/확실히 무슨 일이 생긴 것이다.
ㄴ. 부엌엔 아무것도 남아 있지 않았다. (생각해 보니) 언니가 모두 가져간 것이다.

(135ㄱ)은 조민영(2017: 47)에서 '며칠째 연락이 되지 않는 상황을 바탕으로 추론하여 내린 확신에 찬 판단 내용'이라고 하여 제시한 예로, 화자의 확신의 정도를 나타내는 부사 '분명히'나 '확실히'로 추론된 내용을 수식하고 있다. 또한 (135ㄴ)처럼 사유 과정인 '생각해 보니'와 같은 구문을 삽입했을 때 자연스럽게 연결되는 것을 보면 '-ㄴ 것이다'가 결합한 원인 사태에 대해 화자의 추론 과정을 상정할 수 있다.

위의 예에서 드러나는 인과적 추론은 '-ㄴ 것이다' 표지 자체가 가지는 의미로 인해 '-ㄴ 것이다' 문장이 화자의 주관적인 판단을 드러내기 때문이다. 박나리(2012:263)에서는 '-ㄴ 것이다'를 통해 정보에 대한 화자의 인식 정도, 즉 내성화가 강력하게 이루어진다고 하였는데 화자가 확신하는 의미를 표현함으로써 '-ㄴ 것이다'가 결합한 문장은 화자의 확신이 드러난 명제 지위를 갖게 된다고 할 수 있다. 이를 통해 기존의 논의에서 결과에 결합하는 '-ㄴ 것이다'를 논리적 추리나 결론, 환언 등의 의미로 분석한 이유를 이해할 수 있다. 앞서 언급한 바 있듯이 '환언'은 화자가 선행 명제를 재해석하는 과정에서 연역이나 귀납 추론과 같은 인지적 작용을 거쳐야 하기 때문에 인과 관계와 인지적 추론 과정을 공유하는데, '-ㄴ 것이다' 표지가 결합함으로써 추론의 결과임을 나타낼 수 있다.

'-ㄴ 것이다' 구문이 화행 접속에 사용되는 경우는 관찰하기 어렵다. 아래의 예(136)과 같이 의문문과의 문장 연쇄인 하나의 예를 관찰할 수 있었는데 이는 '하기는'과 같이 예정된 답을 기대하기 어려운 질문과 그에 대한 답을 제시하는 관계라는 점에서 인과 관계로서 화행 접속으로 보기는 어렵다. '-ㄴ 것이다'는 대부분 문어 사용역에서만 특징적으로 나타나는 형식이므로 화행 접속을 나타내는 데에 제약이 있는 것이다.[17)]

(136) 무엇이 이들에게 야외 밤샘 기도회를 열게 하였는가? 정부가 설연휴 직후인 2월 4일 정권 말기의 어수선한 틈을 타 핵폐기장 후보지를 발표하자 이들은 비상총회를 소집하여 계획을 백지화하고 핵 발전 중심의 전력정책을 전환하도록 촉구하는 기도회를 열게 된 것이다.

17) 이는 '-ㄴ 것이다'와 그 외의 활용형 '-ㄴ 거야', '-ㄴ 거예요'를 구분하였기 때문이다. 이들 형태는 동일한 구조의 활용형이지만 이 연구에서는 텍스트에서 '-ㄴ 것이다'만이 가지는 독자적 특성이 있음을 인정해야 한다고 본다. 예를 들어 '-ㄴ 것이다'의 의미를 구명하는 논의에서 제시한 '권유나 명령' '자신의 결심' 등의 의미는 '-ㄴ 것이다'에서는 나타날 수 없고 구어적 형식인 '-ㄴ 거야'를 통해서만 드러난다. 한편 박나리(2012:263)에서는 내성화의 정도가 강할수록 발화수반력의 수위가 높아진다고 하면서 '-ㄴ 것이다'는 내성화의 정도가 강하게 이루어져 "청자는 잘 모르지만 화자는 잘 아는 정보를 말한다는 뉘앙스를 파생시킨다"고 하였다. 따라서 연설문과 같은 장르에서 많이 나타난다는 것이다. 이를 보면 '-ㄴ 것이다' 형태가 구어에서 가지는 특성도 그 활용형과는 별개로 독자적으로 나타난다고 할 수 있다.

4.5.2. 수사 관계

'-ㄴ 것이다'의 수사 관계에 대해서는 안인경 외(2009)에서 분석된 바 있다. 안인경(2009: 94)에서는 '-ㄴ 것이다'의 수사 관계로 '비의도성 원인(Non-volitional cause)', '의도성 원인(Volitional cause)', '상세화(Elaboration)', '재진술(Restatement)', '요약(Summary)', '양보(Concession)'로 제시하였는데 이 중 인과 관계의 유형으로 포함될 수 있는 것은 '의도성/비의도성 원인'에 해당한다.

본 연구에서는 '-ㄴ 것이다' 표현이 관여하는 수사 관계가 더 추가될 수 있다고 보는데 원인 관계와 결과 관계인 주제 내용 관계 외에도 제시적 관계에서 증거 관계와 동기화 관계를 형성할 수 있다. 먼저 원인과 결과 관계로 분석될 수 있는 텍스트는 아래와 같다.

(137) ㄱ. 1 어디선가 고소한 두부 냄새가 풍겨왔다.
2 두부공장 앞을 지나고 있었던 것이다.
3 두부공장은 이나의 집으로 가는 길에 있는 삼층짜리 붉은색 벽돌건물이다.
4 문이 활짝 열려 있어서 안이 훤히 들여다보이는 그곳에는 언제나 기분 좋은 온기와 고소한 냄새가 있다.
ㄴ. 1 나는 '세계문화사'라는 교양과목의 계절학기 강의를 듣고 있었다.
2 일학기 때 F를 맞은 과목이었다.
3 출석만 잘하면 B 이상은 받을 수 있는 거저주기용 과목이었는데 무모하게도 지나치게 결석이 잦았던 것이다.

(137ㄱ)의 수사 구조

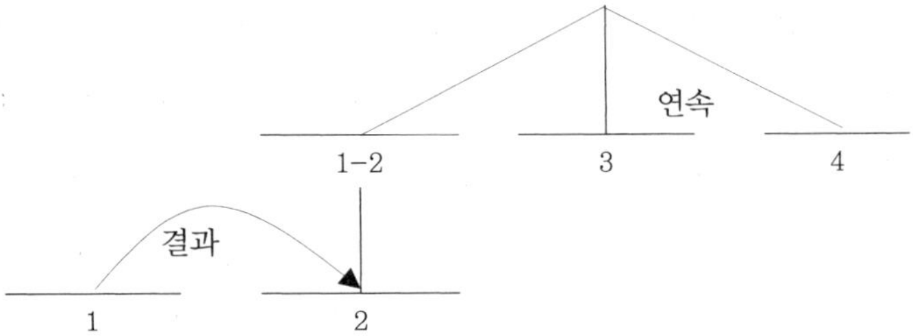

(137ㄴ)의 수사 구조

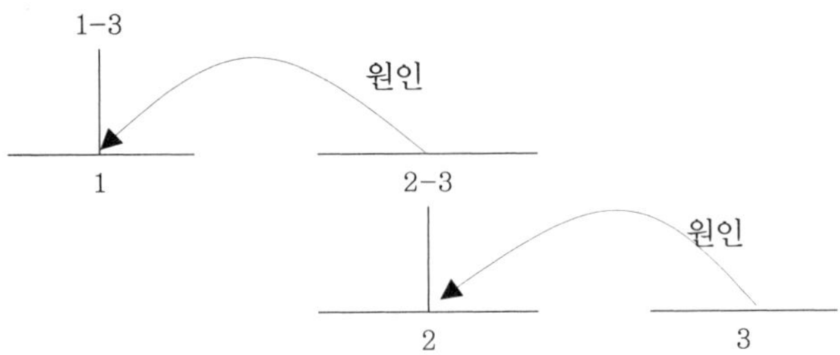

(137ㄱ)의 문장 2,3,4는 연속 관계로 대등하게 연결되어 있다. '-ㄴ 것이다'가 결합한 문장 2에 대해 첫 번째 문장인 '어디선가 두부 냄새가 풍겨왔다'는 결과 관계로 연결된다. 한편 (137ㄴ)은 '-ㄴ 것이다'가 위성으로, 선행하는 핵에 대해 원인 관계를 형성하면서 상위의 구조로 연결된다. 즉 접속 관계에서 '-ㄴ 것이다'가 동일하게 원인 사태에 결합한 경우라고 하더라도 상위 명제로 통합되는 텍스트 구조화 과정에서는 핵의 위치에 따라 원인 관계와 결과 관계가 구분된다.

다음으로 의견 접속에 해당되는 '-ㄴ 것이다'의 수사 관계를 보자.

(138) ㄱ. 1 다양하고 가벼운 정보들이 합쳐져 어느 정도 무게의 투자 요인으로 다가오는지를 판단해야 한다.

2 자신에게 딱 맞는 '지역화'를 빨리 이루는 투자자가 성공하는 시대가 된 것이다.

ㄴ. 1 신경증 환자들에게 책임감을 가질 수 있도록 도와주자 병세가 급속도로 호전되었다고 한다.

2 각각의 연구 사례를 통해 자기 관리가 정신 건강에 유익하다는 사실이 증명된 것이다.

(138ㄱ)의 수사 구조

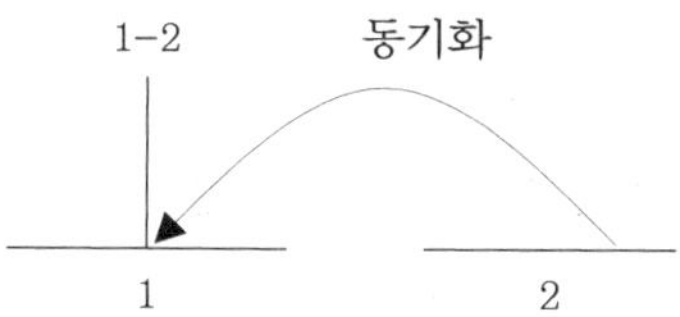

(138ㄴ)의 수사 구조

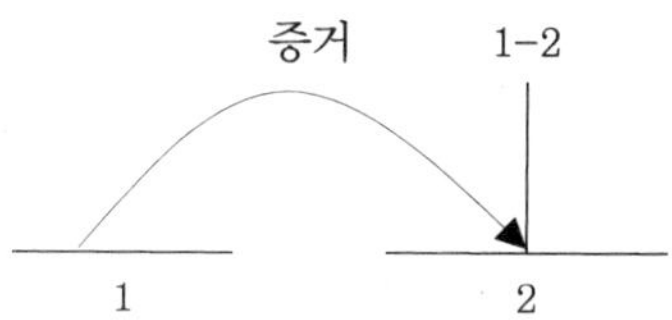

(138ㄱ)에는 첫 번째 문장이 당위성 명제로, 아직 실현되지 않은 사태이며 이를 핵으로 볼 수 있다. 위성의 내용은 청자로 하여금 핵에서 제시된 의견을 실행하고자 하는 바람을 증가시키므로 동기화 관계로 분석할 수 있다. (138ㄴ)은 '-ㄴ 것이다'로 나타난 사태를 핵으로 해서 선행하는 문장에서 그에 대한 객관적인 근거가 제시되어 증거 관계를 형성한다.

요컨대 '-ㄴ 것이다'는 선후행 문장이 원인-결과가 되는 맥락에서 원인이나 결과에 결합하여 사태와 의견의 접속 유형을 드러낸다. 말뭉치에서 관찰한 것에 의하면 '-ㄴ 것이다'가 결합하는 문장은 대부분

현실 사태로 사실 접속 관계를 맺는 것을 확인할 수 있다. 그러나 '-ㄴ 것이다' 표지 자체의 의미적 특성으로 인해 추론적 의미가 드러나는 경우나 당위성 명제나 화자의 추측 명제와 결합하는 경우도 관찰할 수 있어 의견 접속도 가능하다.

'-ㄴ 것이다'가 텍스트 내에서 맺는 수사 관계는 주제 내용 관계로서 원인 관계와 결과 관계를 나타낼 수 있고, 제시적 관계로서 '증거, 동기화'를 들 수 있다. 수사 관계 분석을 통해 '-ㄴ 것이다'가 단순히 인과 관계의 맥락에서 해석될 수 있다는 사실보다 화자의 의도와 관련하여 다양한 구조로 인과 유형을 나타낼 수 있다는 것을 알 수 있다.

[표 29] '-ㄴ 것이다'의 인과 접속

접속 유형	사실, 의견	
접속 표지의 양태성	사태에 대한 화자의 확신성	
수사 관계	주제 내용 관계	원인(Cause), 결과(Result)
	제시적 관계	증거(Evidence), 동기화(Motivation),
실현 위치	원인 사태, 결과 사태, 판단 근거	

4.6. -잖아, -거든

'-잖아'와 '-거든'은 명시적 인과 표지와 통사적 변형 없이 대치 가능하므로 인과 접속 표현의 범주 안에서 포함된 논의를 찾을 수 있다. 그러나 형태에서 기원한 본래적 의미가 유지된다는 점에서 인과 접속 기능을 이들 표지의 기본 의미로 인정하기는 어렵다(박민신 2017:

83-84).[18] 기존 논의에서 제시된 '-잖아'와 '-거든'의 의미는 아래와 같다.

(139) ㄱ. '-잖아'의 의미
- 대화 당사자 간의 알고 있음 확인 (손세모돌 1999)
- 화자가 인정하는 사실을 청자도 동의한다고 화자가 생각함 (배주채 2002)
- 언술된/언술될 내용에 대하여 청자가 동의하리라고 또는 동의해야 된다고 화자가 추정하는 경우 (서경희 2002)
- 화자와 청자가 공유하는 경험, 혹은 청자가 알고 있을 것으로 화자가 생각하고 있는 사실을 표면화하여 명확하게 하는 환기 (조민하 2015)

ㄴ. '-거든'의 의미
- 말할이가 월의 내용을 사실로 인식하고 있음 (고창운 1995)
- 이미 실현된 또는 실현될 것이라고 믿는 사실 (이종철 2002)
- 이미 화자에게 내면화된 확실한 정보를 청자는 아직 모르고 있다고 가정하는 의미 (박재연 2006)

'-잖아'와 '-거든'은 각각 화자가 명제에 대해 청자가 알고 있음을 가정하는 형식과 청자가 모르는 정보임을 가정하는 형식으로서 유사 문법 표현으로 자주 다루어져 왔다.[19] 양태의 범위를 넓게 본다면 화자

18) 박민신(2017)에서는 '이유'의 의미 범주를 구성하는 항목 중에 '-잖아'와 '-거든'을 유사 이유 표현으로 분류하였다. 이는 '-잖아'와 '-거든'에서 나타나는 '이유'의 의미가 그 형식 자체에 의한 것이 아니라 맥락의 한 해석으로 보았기 때문이다.

19) 박재연(1998)에서는 '-잖-'이 청자가 화자의 발화 내용에 대한 지식을 이미 가지고

의 '내면화된 앎'이나 청자의 지식에 대한 '기지/미지 가정'의 의미를 갖는 '-거든'과 '-잖아'는 양태 표현의 범주로도 포함된다. 여기서 두 표지를 한 자리에서 다루는 이유는 정보구조적 측면에서 대립되는 특성을 보이기도 하지만 이들 표지가 인과적 정보를 제시할 때 그 인과 판단 과정에서 청자의 추론이 개입된다는 점과 이로 인해 담화 내에서 유사한 화용적 효과를 드러낼 수 있다는 점에 근거한 것이다.

'-잖아'는 기원적으로는 부정 의문의 '-지 않아'가 음운적 축약을 거친 형태이지만 현재는 '-잖아'에서 더 이상 부정의 의미가 파악되지 않기 때문에 하나의 형태적 구성으로 문법화된 것으로 본다. 선행 연구에서 제시된 의미를 통해 알 수 있듯이 '-잖아'는 청자가 이미 알고 있거나 동의할 것을 화자가 확인, 추정하는 의미로 파악된다. 최윤지(2016: 130)에서는 말뭉치에서 나타난 '-잖-'에 두 가지 의도가 있음을 분석하였는데, "화자가 서술하는 이야기에서 전달하고자 하는 명제에 대한 '배경'이나 '이유'를 제시하려는 의도"와 "청자의 질문에 대한 대답을 제공하는데 이것이 청자가 이미 알고 있는 정보라는 것을 표시하려는 의도"라고 하였다. 그렇다면 기존의 '-잖아'의 기본 의미로 분석된 것은 최윤지(2016)에서 제시한 후자의 의도에 맞춰진 것이라 할 수 있다.

있다는 가정 하에 쓰이는 데 반해, '-거든'은 청자가 전혀 모르는 정보를 새로 알려준다는 것은 전제한다고 하고 두 형태에 비해 '-어'는 무표적이라고 하였다. 이러한 대립적 특성에 근거해 '-잖아'와 '-거든'을 동일선상에서 비교하여 다룬 논의로는 김은혜(2015), 오현아·강효경(2015), 박진경(2015), 박동화(2017) 등이 있다. 한편 유사문법 항목연구인 강현화 외(2017)은 알려주기 표현의 목록으로 '-거든(요), -잖아(요), -더라고(요), -는답니다'를 제시하면서 이들이 알려주기의 기능을 수행하고 있으나 화자가 상대방의 인식의 상태에 대해 생각하고 있는 양상과 알려줄 내용을 얻은 출처에서 차이가 있는 것으로 보았다.

'-거든'은 '조건'의 의미를 가지는 연결어미에서 구어체 종결어미로 문법화 과정을 거친 것으로 짐작된다. 연결어미와 종결어미의 용법을 동시에 가지고 있지만 현대 국어에서는 종결어미의 사용 빈도가 더 높게 나타나고(구현정·이성하 2001: 10) 종결어미 중에서도 원인이나 이유를 제시하는 용법이 고빈도를 차지한다(타이라 카오리 2006).[20] 박재연(2006)에서는 담화적 기능과 양태적 기능을 구분하는데 '-거든'이 배경이나 이유의 문장을 이끄는 연결어미적 기능을 갖는다고 하면서 종결어미이면서도 문장과 문장의 관계를 표현하는 담화적 기능을 갖는다고 하였다. 따라서 '-잖아'와 '-거든'은 선행하는 발화에 대한 이유나 근거가 되는 정보를 나타내거나 청자의 지식에 대한 화자의 가정이 드러나고 그로 인한 화용적 효과를 나타내는 기능을 공유한다고 할 수 있다.

이러한 '-잖아'와 '-거든'의 두 기능은 배타적으로 나타나는 것이 아니라 화자가 전달하고자 하는 정보의 내용적 측면과 텍스트 기능적 측면이라고 할 수 있다.[21] 즉 원인이나 결과의 내용을 전달하면서 동시에 그것이 이미 청자가 알고 있거나 모르고 있는 정보임을 드러내는 기능을 가질 수 있으며 이는 발화 상황이나 뉘앙스에 따라 다르게 나타나는 것이다. 따라서 두 경우를 뚜렷하게 구분되는 용법으로 처리하는 것보다는 그 의미가 실현되는 층위의 차이라고 보고, 여기에서는

20) 이는 화자 단독의 연속 발화로 제한된다. 발화자가 바뀌는 질문-대답의 인접쌍에서 '-거든'은 특정 정보를 추가하는 기능이 가장 높은 빈도로 나타난다.

21) 채영희(1998)에서는 '-거든'의 의미를 정보 층위, 발화 행위 층위, 담화 맥락 층위로 구분하여 제시한 바 있다. 각각의 층위에서 '-거든'은 [정보 제공], [발화 행위의 이유], [담화 서법 표지]로 기능하는 것으로 보았다.

관계적 측면에서의 쓰임에 중점을 두어 살펴볼 것이다.

먼저 '-잖아'와 '-거든'은 인과 관계를 나타낼 때 원인이 되는 내용과 결합하는데 예외적으로 김명희(2013)에서는 '-거든'이 원인이나 이유가 아닌 결과적인 화자의 내적 상태를 표현하는 아래의 예를 들었다.

(140) 1~3 생략

4 근까 세계 주요 나라에서 온 사람들 다 한 번씩 만나봤는데 참 생각하는 게 다르더라구요, 그래서 참 충격을 많이 먹었거든요.

그러나 해당 논의에서도 언급하고 있듯이 위와 같은 예는 예외적인 경우로, 선후행 문장 사이가 명시적 인과 표지 '그래서'로 연결되어 있으며 '-거든'이 나타나는 일반화된 맥락이 아니라 일회적인 맥락이라는 점에서 '-거든'이 결과가 되는 사태에 관여하는 용법이 있음을 인정하기는 어렵다.

4.6.1. 접속 유형

먼저 '-잖아'와 '-거든'이 각각 사실 접속의 유형으로 쓰이는 예를 보이면 아래와 같다.

(141) ㄱ. 청주는 더 이상 산골 도시가 아니야. 옆에 있는 청원군과 합쳐서 도시와 농촌이 하나가 된 도농 복합 도시가 되었잖아.

ㄴ. 이런 생각을 하면 좀 안됐다는 마음이 들어요. 선생님 세대만 해도 식민지의 신민이나 한 나라의 국민으로 살기에도 바빴는데 요즘엔 명칭이 많잖아요.

ㄷ. 아주 시끄러운 소리가 났지만, 암소들은 아랑곳하지 않았습니다. 여물 먹기에 바빴거든요.

ㄹ. 실제로 지금도 런던에서는 가스등을 옛날 방식 그대로 켜고 있어. 이게 바로 관광 수입이거든.

'-잖아'나 '-거든'이 연결하는 인과 접속은 객관적인 사태와 결합하는 경향이 크다. 실제 말뭉치에서 이들 표지가 양태화된 명제와 결합하는 경우는 낮은 빈도로 관찰되는데 특히 화자의 추측이 드러난 명제와 결합하는 경우는 문법적으로 자연스럽게 수용되지 않거나 특정한 화용적 효과를 드러낼 때뿐이다. 구어 말뭉치에서 양태 표지 '-겠-'과 결합하는 '-거든'과 '-잖아'는 각각 4건, 1건이 관찰되는데 아래의 예 이외에 '-거든'은 '모르겠-'에 결합한 '모르겠거든(요)'이고 '-겠잖아'는 문법적으로 부자연스럽다.[22)]

(142) a. 근까 표정이 하나밖에 없대니까

b. 이쁘게 그게 베스트구나.

c. 그게 개발한 표정이 그거잖아.

a. 하나 더 개발해야 되는데? 그 ~ 성격상 이런 건 또 못하<u>겠거든</u>.

---

22) '-겠-'에 '-잖아'가 결합한 '-겠잖아'는 문법적으로 부적합한 아래의 한 예만 보인다.

a 일요일부터 전화기가 꺼져 있어요.

b 집에서 어디로 보냈나 봐요.

a 아 나 사귀자고 했으니까 피하지는 않겠잖아요.

위의 예(142)은 한 표정으로만 사진을 찍는 친구에 대해 이야기하는 장면이다. '-겠거든'의 생략된 주어는 3인칭이지만 화자a가 자신의 입장을 대입시켜 이야기하면서 웃음을 유발하고 있다. 따라서 이때 '-거든'에 결합하는 '-겠-'은 자연스러운 쓰임으로 보기 어렵다.

이처럼 양태 의미가 실현된 명제와의 결합에서 '-잖아'와 '-거든'이 제한적으로 나타나는 것은 기존 연구에서 '-거든'이 강한 사실성을 지니는 것으로 분석한 것과도 관련된다.[23] 이는 '-거든'이 전달하는 정보가 화자가 직접 경험하여 확인한 사실이거나 실현 가능성이 높은 사태에 결합하기 때문인데 정확하게 말하자면 '사실성'은 '-거든'의 의미가 아니라 '-거든'이 결합한 문장의 의미 특성이라고 할 수 있다. 이는 대치 가능한 명시적 인과 표지 '-어서'나 '-니까'와의 비교를 통해서도 알 수 있다. 한송화(2016: 295)의 예를 보자.

(143) ㄱ. a: 왜 벌써 가세요?
b1: 힘들어서요./ ??힘들거든요.
b2: 약속이 있어서요./ 약속이 있거든요.
ㄴ. a: 정말 많이 드시네요.
b1: 배고파서요./ ??배고프거든요.

23) 이는 문법화되기 이전의 연결어미 '-거든'의 의미에서 이어진 의미 특성이 아닌가 한다. 기존 논의에서는 연결어미 '-거든'에 대해 '-(으)면'과는 달리 실현가능성이 있는 내용이나 확정적인 사태를 선행 조건으로 삼는다고 보고 있다(김승곤 1979, 전혜영 1989, 이해영 1996, 이종철 2002). 한편 문순표(2010)는 '나 죽거든, 결혼해'라는 예문을 통해 실현가능성이나 사실성의 조건 의미나 확인은 '-거든'의 기본 의미가 아니라고 주장하기도 하였다. 그러나 '-거든'에 후행하는 내용을 '(으)면'과 비교해보면 더욱 실현가능성이 있는 사태가 결합하는 것을 확인할 수 있다. 사실성에 대한 연결어미 '-거든'과의 관련성의 구체적 논의는 여기에서 다루지 않고 후고를 기약한다.

b2: 아침을 안 먹어서요./ 아침을 안 먹었거든요.

위의 예에서 '힘들다, 배고프다'와 같이 질문에 대한 직접적인 원인이 되는 것은 '-거든'보다 '-어서'가 자연스럽게 결합하지만 직접적인 원인을 추론하게 하는 사태인 '약속이 있다, 아침을 안 먹다'는 '-어서'와 '-거든'이 모두 자연스럽게 쓰일 수 있다.[24] '힘들다, 배고프다'와 '약속이 있다', '아침을 안 먹다'는 사태의 사실성에 있어서 큰 차이가 없다. 두 경우 모두 화자의 추론이 개입되지 않은 현실 사태이기 때문이다. 이러한 특성에 대해 한송화(2016: 295)에서는 '-거든'이 직접적인 '이유'가 아니라 이유를 추론할 수 있는 '근거'를 제시하는 의미 기능을 가지기 때문이라고 설명하였으며 타이라 카오리(2006)에서는 청자에게 직접적인 정보를 추측시키는 기능을 한다고 하였다. 즉 이들의 차이점은 '약속이 있다', '아침을 안 먹다'의 경우 원인으로 해석되는 과정에서 청자의 판단이 필요하다는 점이다.

인과적 추론이 필요한 두 내용 요소 사이에서 정보를 전달하는 형식으로서 '-거든'과 '-잖아'를 사용하는 것은 화자는 관련된 정보를 전달하고 청자에게 의미적 연결에 대한 부담을 일부 지워줌으로써 인과적 판단을 청자에게 맡기는 것이라고 할 수 있다. '-잖아'의 경우에는 이러한 특성으로 인해 질문에 대한 대답에서 그 직접적인 답을 생략하는 경우가 빈번하게 발생한다. 이는 '-잖아'로 제시된 근거를 통해 추론하여 직접적인 대답을 예측하는 것이 쉽기 때문이다.

---

24) (143)의 예에서 '힘들거든요, 배고프거든요'가 문법적으로 수용되지 않는다는 것은 아니다. 이러한 경우에는 '-거든'이 정보에 대한 원인을 제시하는 표지로서 기능한다기보다는 부가적으로 얹히는 화용적 의미에 초점이 맞추어진다고 보아야 한다.

(144) ㄱ. a: 안 돼, 엄마랑 가.
b: 서울 의대 합격증 줬잖아. 그게 소원이라며?
ㄴ. a: 애비도 알고 있니?
b: 애비 성격 잘 아시잖아요.

위의 (144)은 정주연(2020)에서 제시한 예로, (144ㄱ)에서는 집을 나간 아들과 엄마의 대화에서 아들은 '엄마랑 가지 않겠다'는 직접적인 대답을 생략하고 엄마와 가지 않겠다는 주장에 대한 근거만 제시하여 대답을 대신하고 있다. (144ㄴ)에서는 며느리가 한 일에 대해 남편(애비)이 알고 있는지 묻는 시어머니의 질문에 '남편은 모른다'는 대답을 대신하여 남편이 모르는/몰라야 할 이유를 제시한다. 직접적인 대답을 회피하고 청자가 대답을 쉽게 예측할 수 있는 근거만을 제시하는 대화는 화자가 원인과 결과를 적절하게 연결할 수 있는 청자의 추론을 전제했을 때 성공할 수 있다. 결국 두 텍스트 단위의 의미적 연결이 멀어 추론이 쉽지 않아서 단서가 절실한 경우가 접속부사가 쓰이는 환경이라면, '-거든'과 '-잖아'는 의미적 연결이 먼 문맥에서도 이를 연결할 수 있을 것이라는 청자의 추론이 전제될 때 결합하는 표지라 할 수 있다.[25)]

'-잖아'와 '-거든'이 사실 사태와 결합하는 특성을 가지므로 의견 접속을 나타내는 경우는 현실 사태에 기반한 화자의 추론이나 판단이

---

25) 이러한 견해는 문숙영(2018)에서 주장하는 접속부사의 절차적 의미에 대한 해석을 참고할 수 있다. 해당 논의에서는 관련성 이론에 기반하여 접속부사가 두 내용 요소의 사이에 형성되는 추론 유형을 안내함으로써 청자가 고려할 수 있는 다양한 의미 관계의 해석 가능성을 좁히는 역할을 한다고 보았다. 이는 청자의 추론 과정이 전제된다는 점에서 '-거든'이나 '-잖아'의 기능과 관련성이 있다고 판단된다.

드러난다. 아래의 예에서는 화자의 추측이나 판단이 제시되고 그에 대한 근거에 '-잖아', '-거든' 쓰인 것이다.

(145) ㄱ. 아마 헤르셀이 돼지 우리에 불을 켜는 중일 거야. 그 집 돼지가 곧 새끼를 낳을 거라고 했잖아.

ㄴ. 그들은 결코 서로를 용서하지 않을 것입니다. 제가 그들을 잘 알거든요.

ㄷ. 그 사람의 상태가 비정상이 아니라 정상인 것으로 진단된다고 한들 무슨 이득이 있겠어. 그는 이미 돌이킬 수 없는 상황에 있는 거잖아.

ㄹ. a. 며칠이나 다녀올 예정이지?

b. 잘 모르겠어요. 우선 가까운 곳에 있는 별들은 다 가봤잖아요.

'-잖아'와 '-거든'이 형성하는 화행 접속에 대해 살펴보자. 화행 층위 관계는 사태나 명제 층위보다는 논리적 관련성이 적고, 반드시 청자가 상정되어야 한다는 점에서, 청자의 인과 추론을 전제하는 '-잖아'와 '-거든'이 화행 층위에서 자유롭게 쓰이는 이유를 이해할 수 있다. '-잖아'와 '-거든'은 명령과 질문의 화행 층위와 모두 자유로운 결합이 가능하므로 명령과 질문으로 구분하여 살펴볼 수 있다. 먼저 명령 화행과의 결합에서는 '-잖아'와 '-거든'이 모두 사용될 수 있으며 이들은 모두 '-니까'로 바꾸어 쓸 수 있다.

(146) ㄱ. 내가 파인애플 사왔거든. 우리 같이 먹자.

ㄱ'. 내가 파인애플 사왔으니까 우리 같이 먹자.

ㄴ. 잠깐 춘재 형네 들리자. 내가 또 해장커피를 기가 막히게 내리거든.

ㄴ'. 잠깐 춘재 형네 들리자. 내가 또 해장커피를 기가 막히게 내리니까.

(147) ㄱ. 우리 병원에 윤선생만한 선수 없잖아. 전략 다시 짜봐.

ㄱ'. 우리 병원이 윤선생만한 선수 없으니까 전략 다시 짜봐.

ㄴ. 군것질 좀 하고 갈까? 당신 달달한 거 좋아하잖아.

ㄴ'. 군것질 좀 하고 갈까? 당신 달달한 거 좋아하니까.

위와 같은 명령, 권유, 요청 등의 화행과의 결합에서는 '-어서'로 바꾸어 쓰는 것이 불가능하고 '-니까'만이 가능하다. 따라서 '-거든'이나 '-잖아'가 가지는 인과성은 '-니까'와 비교하여 간접적이고 약한 인과성을 가지는 것으로 분석되었다. 조민하(2015)에서는 이유를 제시하는 종결 기능을 가지는 '-잖아'를 통해서는 '-니까'의 단정성이 보다 간접적이라고 하였고, 이종철(2002), 한하림(2015)에서는 '-거든'의 기본 의미 중 하나로 '약한 이유'를 제시하고 있다. 이는 직접적으로 관계 의미를 제시하기보다 정보를 제공하면서 청자에게 인과적 판단을 맡기는 방식으로 그 의미 관계를 드러내고 있기 때문일 것이다.

다음으로 질문 화행과 결합하는 관계는 조금 더 복잡한 양상을 띤다. 질문 화행과의 접속에서는 '-어서'와 '-니까'로 바꾸어 쓸 수 있는 가능성이 일률적으로 나타나지 않기 때문에 그 인과성을 검증하는 것이 어렵지만 질문 화행을 수행하고 청자가 질문을 받아들일 수 있는 수용성을 높이는 정보를 근거로서 제시하는 관계는 명시적 접속 표지로의 변환 가능성과는 별개로 화행 인과로 다루어질 수 있다. 먼저 기존 예를 다시 보자.

(148) ㄱ. 일한 것에 대한 비용을 지불하고 싶거든요/*싶잖아요. 청소 일을 한지 얼마나 되셨죠?

ㄴ. 청소 일을 한지 얼마나 되셨죠? 일한 것에 대한 비용을 지불하고 싶어서요/*싶으니까요.

ㄷ. 너는 똑똑하잖아/*똑똑하거든. 조지 워싱턴이 언제 태어났지?

ㄹ. 조지 워싱턴이 언제 태어났지? 너는 *똑똑해서./*똑똑하니까.

(148ㄱㄴ)에서는 청자에게 일한 기간을 묻는 질문 화행과 질문 화행을 수행하는 근거가 제시되어 있으며 (148ㄷㄹ)에서는 화자가 알지 못하는 정보를 얻기 위한 질문과 그 질문에 대한 정당성을 확보하기 위해 청자가 똑똑하다는 정보를 제시한다. 이때 (148ㄴ)과 같이 문장의 순서를 바꾸거나 휴지를 개입시키면 '-어서'의 경우에는 수용이 가능하지만 (148ㄹ)의 경우에는 어떠한 순서를 적용해도 접속 어미로 바꾸어 쓰기 어렵다.

질문 화행과 결합하는 다른 예를 보자.

(149) ㄱ. 아니 동아1차 방향으로 지하철 출입구 내는 걸 왜 우리 경비들이 다니면서 서명을 받아야 해? 우리는 1번 출구가 이미 가깝게 있잖아요.

ㄴ. a. 나가지 말까?

b. 왜? 가서 엄마들도 사귀고 정보도 얻고 그러면 좋지 않아? 궁금한 거 많았잖아.

ㄷ. 구조한 학생이 지금 입양할 데를 찾고 있거든. 그동안만 네가 좀 맡아 주면 안 될까?

ㄹ. 꼬마야. 이거 지금 빠진 거야? 언니가 치과 선생님이거든. 한번 봐도 될까?

위와 같은 '-잖아'와 '-거든'에 대한 예를 통해 알 수 있는 점은 화행 접속에서 '-거든'과 '-잖아'는 결합했을 때 그 의미에서 배타적인 양상을 띤다는 것이다. 아래의 예에서는 '-거든'과 '-잖아'가 모두 사용될 수 있지만 그것이 화자에게 가까운 정보인지, 청자에게 가까운 정보인지에 따라 의미 해석에서 차이가 생기는 것으로 분석된다.

(150) ㄱ. 구조한 학생이 지금 입양할 데를 찾고 있거든/있잖아. 그동안만 네가 좀 맡아 주면 안될까?

ㄴ. 꼬마야. 이거 지금 빠진 거야? 언니가 치과 선생님이거든/선생님이잖아. 한번 봐도 될까?

위에 제시된 예에서는 '-거든'을 사용하는지 '-잖아'를 사용하는지에 따라 화자가 청자에게 전달하는 근거에 대해 화·청자가 공유하는 정도가 다르게 인식된다. 구조한 학생이 입양할 곳을 찾고 있다는 것(150ㄱ)이나 언니가 치과 선생님이라는 것(150ㄴ)이 청자도 이미 알고 있는 정보일 때 '-잖아'가 사용되고 청자가 알지 못하는 정보여서 화자가 새롭게 알려 주고자 하는 상황에서 '-거든'을 쓸 수 있다. 이에 대해 '-잖아'나 '-거든'으로 제시되는 정보가 청자와 밀접한 정보인지, 화자 자신과 밀접한 정보인지에 따라 구분되는 것으로 보기도 하고[26] 화자의 입장에서 청자에게 새로운 정보임을 전제하는가, 청자가 이미 알고 있을 것이라고 전제하는가 하는 정보구조적[27] 특성으로 분석하기도 한다. 화자 중심적 정보와 청자 중심적 정보의 구분이나 화자가 가정하는 청자의 미지/기지 정보는 뚜렷하게 구별되는 것은 아니다. 청자가 이미 알고 있을 것이라고 가정되는 정보는 청자와 관련된 정보일 가능성이 높고 청자가 모를 것으로 가정되는 정보는 화자와 관련될 정보일 가능성이 높기 때문이다. 그러나 아래와 같이 청자에게 더욱 밀접한 정보임에도 그 정보량이 화자보다 청자에게 부족한 상황인 경우 '-거든'이 사용될 수 있는 것을 보면, 담화 참여자에 근거한 기준보다는 정보의 인지 상태에 대한 가정인 정보구조적 측면에서 해석되는 것이 더욱 적합한 것으로 보인다.

---

26) 박지용(2020: 54)에서는 화행적 접속에 해당되는 예에 대해서 선행절의 정보를 청자와 관련된 것(ㄱ~ㄷ)과 화자 자신에 대한 것(ㄹ, ㅁ)으로 구분하고 후행절의 질문의 특성에 따라 선택 가능한 연결어미가 바뀔 수 있음을 보였다.
ㄱ. 너 오늘 {생일이라서/생일이니까/생일인데}, 뭐 갖고 싶은 거 있어?
ㄴ. 너 오늘 {생일이라서/생일이니까/생일인데}, 저녁에 뭐 해?
ㄷ. 네가 수학은 {천재라서/천재니까/천재인데}, 이거 정답이 뭐야?
ㄹ. 나 오늘 {생일이라서/생일이니까/생일인데}, 너 저녁에 뭐해?
ㅁ. 내가 수학은 {젬병이라서/젬병이니까/젬병인데}, 이거 정답이 뭐야?
이러한 위의 예를 '-잖아'와 '-거든'을 사용하여 두 문장으로 바꾸면 (ㄱ~ㄷ)은 '-잖아'와 (ㄹ, ㅁ)은 '-거든'과의 결합이 자연스러운 양상을 보인다.

27) 정보구조는 화자가 전달하려는 정보가 청자에게 새로운 것인지 아니면 주어진 것인지에 대한 화자의 가정을 반영하는 것으로 신정보와 구정보로 구분된다. 비교적 최근 논의인 최윤지(2016)에서는 정보구조를 절대적 정보구조와 상대적 정보구조로 나누고 절대적 정보구조에서 명사구를 대상으로 하느냐, 명제를 대상으로 하느냐에 따라 다시 분류하였다. 인과 관계와 정보구조의 관련성은 그간 인과적 연결어미 '-어서', '-니까'에 대한 의미적 차이를 밝히는 과정에서 하나의 기준이 되어 왔다.

(151) ㄱ. 죄송해요. 다른 손님이 예약해 놓은 거라서요. 꼭 저 디자인을 원하시면 주문을 하셔야 되거든요. 주문해 드릴까요?

ㄴ. 왜 엘리베이터 거울에 셋밖에 안 보이는지 알아? 너는 엘리베이터보다 먼저 내려간다고 맨날 계단으로 뛰어갔거든.

(151ㄱ)은 타이라 카오리(2006: 374)에서 제시한 예로, 손님이 원하는 상품이 이미 예약되어 있는 상황에서 구매할 수 있는 방법을 전달하는 상황이다. 동일한 디자인의 상품을 구매하기 위해서는 주문을 해야 한다는 사실은 화자보다는 청자에 가까운 정보이며 이러한 정보가 부족한 청자에게 화자는 '-거든'을 사용하여 전달하고 있다. (151ㄴ)은 엄마가 딸의 어린 시절 사진을 보고 회상하는 장면에서 딸(청자)에 대한 기억을 전달한다. 이 역시 청자에게 밀접한 정보임에도 청자가 알지 못하는 정보이므로 '-거든'의 사용이 가능하다.

추가적으로 '-거든'과 '-잖아'가 항상 청자가 알 것이라고, 혹은 모를 것이라고 가정하는 맥락에 대응되는 정보구조적 의미로 쓰이는 것은 아니다.

(152) ㄱ. 제가 이런 말을 하면 속물이고 투기꾼이라고 생각하시겠죠? 그래서 말하지는 않으려고요. (아시다시피) 생각이야 참을 수 없지만 말은 가릴 줄 알거든요.

ㄴ. a: 찬이는 대치동 갈 줄 알았는데. 서영중 갔을 때 진짜 놀랐잖아.

b: 대치동이요?

a: 찬이 외가가 원래 대치동이잖아.

b: 아 그래요?

위처럼 '-거든'과 '-잖아'는 정보구조적 의미가 희미해져 청자의 미지/기지 정보를 가정하지 않은 상황에서도 쓰일 수 있는데 이는 특정한 화용적 효과를 위한 것으로 보인다. '-거든'은 화자가 알고 있음을 강조함으로써 상대방의 체면을 손상시키는 전략으로 사용될 수 있고, (152ㄴ)과 같이 청자에게 새로운 사실을 알리면서 '-잖아'를 사용하는 것은 화자가 자신의 발화를 청자가 동조하기를 바라면서 청자도 알고 있을 것으로 예상하는 것처럼 표현하는 것이다.

4.6.2. 수사 관계

주로 대화 상황에서 높은 빈도로 쓰이는 '-잖아'와 '-거든'은 그 수사 구조 분석이 용이하지 않은 측면이 있다. 따라서 단독 화자의 발화 텍스트를 대상으로 '-잖아'와 '-거든'의 수사 관계를 분석해 보고자 한다. 먼저 원인 관계와 결과 관계로 분석될 수 있는 텍스트 연쇄에 대한 수사 구조를 보자.

(153) ㄱ. 1. 나는 상대방 차례가 되면 그걸 기다려주기가 힘들었어.
2. 상대방이 지금 무슨 생각을 하고 있는지, 무슨 생각으로 이 게임을 시작했는지 관심이 없었거든.
3 나는 늘 나 자신한테밖에 관심이 없었으니까.
ㄴ. 1. 실제로 지금도 런던에서는 가스등을 옛날 방식 그대로 켜고 있어.

2. 이게 바로 관광 수입이거든.
3. 옛날 그대로 가스등을 켜는 점등식이 시민들이나 찾아오는 관광객들의 집단 기억 한 구석을 비춰줘.

ㄷ. 1. 우리 학교 전교 1등 하는 친구의 뇌도 주파수가 잘 맞춰져 있는 경우입니다.
2. 주파수가 안 맞으면 집중을 못하고 집중을 못하는데 공부를 잘할 리 없거든요.

ㄹ. 1. 간혹 인도로 오토바이가 지나갈 때면 가슴이 철렁해요.
2. 같이 가다 앞이 전혀 안 보이는 언니가 다치면 제 마음이 아프고 미안하잖아요.

(153ㄱㄴ)의 수사 구조

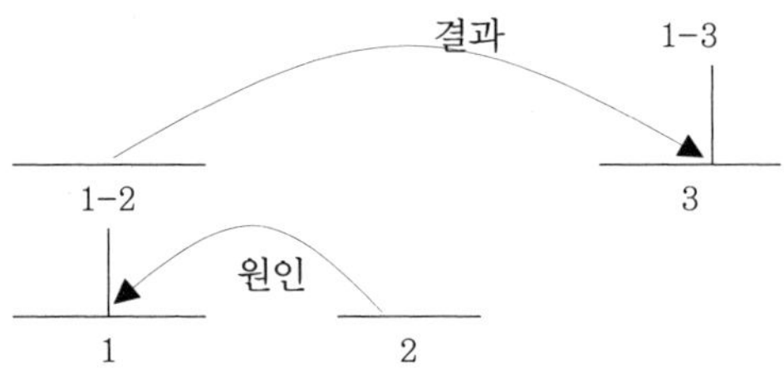

(153ㄷ)의 수사 구조

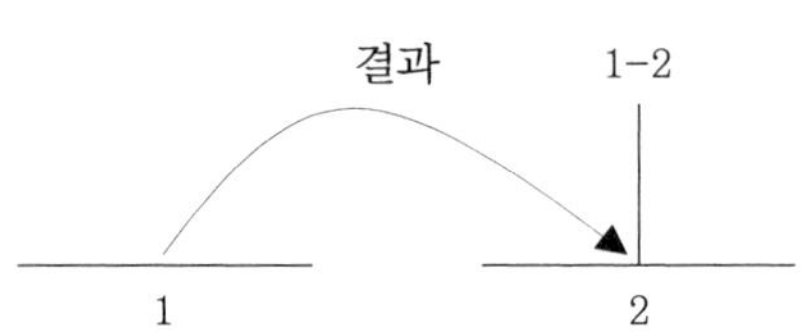

(153ㄱㄴ)의 예에서 문장2는 문장1에 대해 원인 관계로 연결되고 상위 층위에서 문장 3에 대해 결과 관계로 연결된다. 한편 (153ㄷ)에서는 '-거든'이 결합한 문장이 핵이 됨으로써 문장1과 결과 관계로 분석할 수 있다. '-잖아'나 '-거든'으로 제시되는 원인 사태는 선후행 문장에 대해 원인 관계와 결과 관계를 모두 맺을 수 있는 것으로 보인다. 그러나 '-잖아'의 경우는 '-거든'과는 다르게 실제 예에서 '-잖아' 문장이 핵이 되는, 결과 관계의 예를 찾기 어렵다 정보구조적 특징으로 이미 청자가 알 것이라고 가정하는 정보가 인과 관계에서 더 중요한 요소가 되기 어렵기 때문이라고 생각된다.

다음으로 의견 접속이나 화행 접속에 해당되는 예를 보자.

(154) ㄱ. 1. 다음에 책을 낼 때는 이 공원의 나무와 풀들에게 감사를 해야 할 것 같아.
2. 글을 쓰는 데 실제로 많은 힘을 줬잖아.
ㄴ. 1. 너무 좋은 학과에 지원하지 않는 것이 좋겠네.
2. 그런 학과는 시험 점수와 가정 신분에 대한 심사가 아주 엄격하거든.

(155) ㄱ. 1 그거, 깨끗한 벽에 던져야 돼.
2 먼지가 묻으면 잘 안 터지거든.
ㄴ. 1 꼭 저 디자인을 원하시면 주문을 하셔야 되거든요.
2 주문해 드릴까요?
ㄷ. 1. 오랜만에 아버지가 계시는 동안 엄마 생신을 맞았잖아요.
2. 음식은 저희들이 준비할 테니까 아버지는 엄마 선물을 사주세요.

(154ㄱㄴ)의 수사 구조

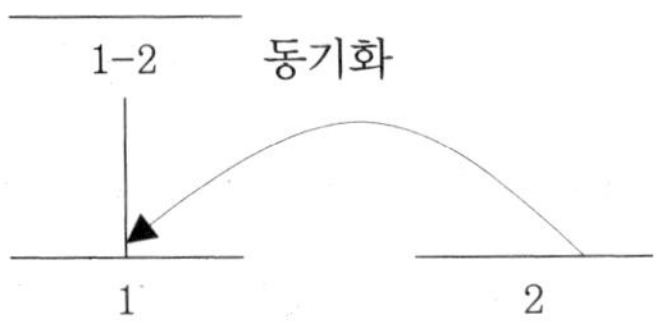

(155ㄷ)의 수사 구조

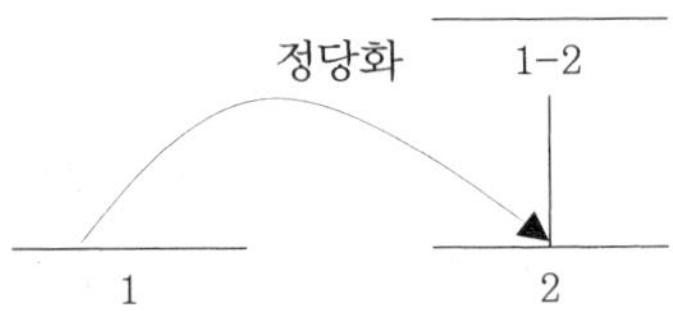

(155ㄱ)은 청자에 의해 실행되지 않은 행위가 핵인 문장 1로 제시되어 있고 문장 2에서 핵의 행위를 실행하고자 하는 청자의 바람을 증가시키는 정보가 제시되어 '동기화' 관계로 분석할 수 있다. (155)는 화자의 질문이나 명령에 대한 수용성을 높이는 근거를 제시하는 관계로 '정당화' 관계로 연결될 수 있고 명령이나 질문 화행이 실현되는 문장을 핵으로 한다. 그 중 (155ㄴ)는 청자가 핵에 제시된 행위를 더 쉽게 수행할 수 있게 하는 정보로 본다면 '가능화' 관계로 분석할 수 있을 것이다. 이를 통해 '-잖아'와 '-거든'은 주제 내용 관계 안에서 '원인' 관계와 '결과' 관계를 나타낼 수 있으며 제시적 관계로는 '동기화', '정당화', '가능화' 관계로 분석될 수 있다.

요컨대 '-잖아'와 '-거든'은 원인과 결과 사이의 논리적 밀접성이 낮은 인과 관계를 연결하는 데에 사용된다. 이로 인해 인과 연쇄[28]가 먼 경우에 사용되어 청자의 인과 판단을 전제하고 있으며 화행 접속에서는 질문이나 명령의 화행 제약 없이 자유롭게 사용될 수 있다. 화행 층위의 인과를 살펴보았을 때 명시적 인과 접속 표지인 '-어서'나 '-니

---

28) 인과 연쇄(causal chain)란 사건들이 이어지면서 결과가 발생하는 것이다. 일련의 사건들에서 각 사건이 다음 사건의 결과 발생에 꼭 필요한 경우를 의미한다(이석용 2012: 8). 따라서 인과 연쇄가 멀면 멀수록 인과 관계로 판단하기 어려운 경우가 발생한다.

까'가 담당하기 힘든 빈칸을 '-잖아'와 '-거든'이 채우고 있음을 알 수 있다. 수사 관계의 경우 '-잖아'와 '-거든'이 사용된 텍스트는 원인, 결과, 동기화, 정당화, 가능화 관계로 나타난다.

[표 30] '-거든', '-잖아'의 인과 접속

<table>
<tr><td>접속 유형</td><td colspan="2">사실, 의견, 화행(질문, 명령)</td></tr>
<tr><td>접속 맥락</td><td colspan="2">청자의 인과적 판단 전제
청자의 기지/미지 가정</td></tr>
<tr><td rowspan="2">수사 관계</td><td>주제 내용 관계</td><td>원인(Cause), 결과(Result)</td></tr>
<tr><td>제시적 관계</td><td>동기화(Motivation)
정당화(Justify)
가능화(Enablement)</td></tr>
<tr><td>실현 위치</td><td colspan="2">원인 사태, 판단 근거, 화행 근거</td></tr>
</table>

지금까지 살핀 비명시적 인과 표지 중에 '어쩐지', '어차피', '하기는'과 '-ㄴ 모양이-'는 표지 자체가 가지는 의미를 해석하는 과정에서 인과성이 나타난다. 반면에 '-ㄴ 것이다', '-잖아', '-거든'은 표지 자체에서 인과 관계와 관련된 의미가 파악되지 않고 선·후행 문장을 통해 그 관계를 파악할 수 있다는 점에서 맥락 의존성이 상대적으로 더 크며 이들 표지로 연결되는 두 텍스트 단위 사이에서 원인-결과의 관계는 일반화된 맥락이 된다. 따라서 기존에 '-ㄴ 것이다'나 '-잖아', '-거든'의 의미 중 하나로 '원인'이나 '결과'가 제시되기도 한 것이다.

또한 '-ㄴ 모양이-', '-ㄴ가/나 보-'와 '-ㄴ 것이다'는 문장 종결부에 결합해 문장의 의미 층위에 관여한다. '-ㄴ 모양이-'는 그 자체로 화자의 추측 표현이므로 인식 층위의 관계를 나타내며 '-ㄴ 것이다'는 대부분 사태 층위로 결합하지만 표지 자체의 의미로 인해 '-ㄴ 것이다'가 결합한 문장은 인식적 의미가 드러나는 경우도 있다.

5.
결론

5.1. 요약

이 책은 텍스트 단위를 인과적으로 연결하는 비명시적 표지를 선정하고 그 세부 의미를 분석하였다. 절 단위의 인과 표지인 '-어서'와 '-니까'의 의미 차이를 밝히는 것과 마찬가지로 동일한 의미 범주를 나타내는 언어적 형식에 대한 연구이면서, 접속 대상을 텍스트 단위로 확장하여 문법 형식 자체의 의미 기능뿐만 아니라 맥락을 통해 실현되는 의미 관계 표지를 명시성으로 구분하였다는 점에서 의미가 있다. 그간 텍스트 단위의 접속은 접속사의 존재 유무에 따라 명시적 접속과 비명시적(암시적) 접속을 구분해 왔고 그 기준이 된 것은 대부분 접속부사에 한정된 접속사였다. 이 연구는 화자의 추론을 통해 접속 의미가 도출되는 과정에서 참조할 수 있는 요소를 접속사로 한정하여 보는 이분법적 시각에서 벗어나 텍스트라는 동적인 개념을 적용하여 접속의 범위를 확장한 것이다.

텍스트 단위의 인과 관계는 문장 이상의 단위를 접속 대상으로 하는 텍스트적 특성과 인과 관계를 언어화하는 방식의 두 가지 관점에서 접근할 수 있다. 텍스트 단위의 접속 대상은 통사적 독립성으로 인해 대상 간의 의미 관계를 청자의 해석에 기대는 개연성을 갖는다. 즉 청자는 화자의 의도에 맞는 가장 그럴듯한 의미 관계를 판단하고 연결해야 하는데 그 과정에서 명시적이거나 비명시적인 언어적 단서들을 활용한다. 따라서 접속 표지의 범위는 접속부사나 연결어미와 같은 명시적인 접속사뿐만 아니라 결합하는 명제 이외에 다른 언어 단위와의 관련성이 전제되는 형식을 포함한다.

또한 여러 의미 관계 중에서도 인과 관계는 문장 연쇄에 대한 텍스트성을 확보하는 의미 관계로서 다양한 접속사를 사용하는 명시적인 접속과 기본적인 인지 처리에 기대는 비명시적인 접속 양상을 동시에 보인다. 본 연구에서는 이러한 전제 위에서 텍스트 단위의 인과적 연결에 작용하는 비명시적인 언어 형식에 대한 연구가 필요하다고 보았다.

연구 대상을 선정하는 방법은 선행 연구를 통해 전체 인과 관계 표현을 수집하여 문장 이상 단위를 연결할 수 있는 표지를 찾고 그 목록 안에서 텍스트 단위의 접속 여부와 명시성의 판단 기준을 적용하여 선별하였다. 접속의 명시성을 '접속 대상 간의 의미 관계를 드러내는 직접성'으로 정의하고 화행이론 관점에서 제시된 기준을 바탕으로 1) 해석의 자립성, 2)통사-기능 상관성, 3)지시성, 4)구조적 지표로 설정하였다. 접속의 명시성 판단 기준을 적용하면 비명시적 접속 표지는 접속 기능에 따른 통사적 언어 형식에 해당되지 않으면서 접속 관계나 접속 대상을 지시하지 않고 인과적 의미가 맥락에 의해 형성되는 것으로 제한된다. 이 책에서는 이러한 비명시적 인과 표지를 '어쩐지, 어차피, 하기는, -ㄴ 모양이-/-ㄴ가 보-, ㄴ 것이다, -잖아, -거든'으로 선정하였다.

이러한 인과 표지들이 갖는 '인과'라는 의미는 언어 형식 자체가 가지는 고정적인 의미는 아니면서 화자가 텍스트를 통해 전달하고자 하는 의미라는 점에서 함축이 아닌 명시의미에 속한다. 화행론에서의 명시의미는 문장의 의미를 넘어 화자가 전달하려는 의미의 한 부분이면서 청자에 의해 그 의미가 보충된 것이다. 텍스트의 명시의미는 문장을 구성하는 지시 대상들의 연관성을 통해 관계를 추론함으로써 형성되는 의미이므로 비명시적 표지를 통해 드러나는 인과 의미는 청자가 추론해야 하는 텍스트의 명시의미라 할 수 있다.

텍스트 접속은 텍스트 구조와 관계 의미의 두 측면으로 정의함에 따라 텍스트 단위의 인과 관계를 분석하기 위한 기준으로 텍스트 구조적 관점과 인과의 의미 층위 관점의 유형을 분류하였고 이를 3장에서 논의하였다. 먼저 의미 층위 관점으로 접속의 의미 층위를 내용 영역, 인식 영역, 화행 영역의 세 유형으로 분류한 Sweetser(1990)와 이를 수용한 Maat & Degand(2001)을 참고하여 인과 관계의 하위 유형을 사실 접속, 의견 접속, 화행 접속으로 구분하였다. 구분의 기준이 되는 것은 접속 대상인 문장의 의미 특성으로, 각각 사태, 명제, 화행의 의미 층위에서 관계를 이루는 것이다. 특히 사실과 의견의 구분이 어려운데 인과적 구조에서 화자의 판단과 추론 과정을 구분하여 사실 접속은 화자가 두 사태에 대해 인과적으로 판단하여 연결하는 과정으로, 의견 접속은 하나의 사태나 명제에 근거하여 다른 명제를 추론하여 도출하는 과정으로 구분된다고 보았다.

화행 접속은 접속 대상이 명령이나 질문의 화행을 포함하는 관계이다. 청자가 화자의 화행을 적절하게 받아들일 수 있게 하는 관계로, 그 행위가 물리적인 행동을 직접 이끌어내는지의 여부로 화자의 주장을 포함하는 의견 접속과 화행 접속 관계를 구분할 수 있다고 보았다. 마지막으로 기존에 환언이나 텍스트 층위의 접속으로 분석된 관계는 사태, 명제, 화행 층위 유형과 대등하게 별개의 유형으로 설정하지 않았는데 이는 텍스트 단위 접속이 가지는 특성으로 포섭할 수 있기 때문이다.

텍스트 구조적 측면에서는 수사구조이론에서 제시하고 있는 의미 관계 정의를 참고하여 인과 관계의 범주 안에 포함되는 관계를 선정하고 수사 관계의 분석 틀을 설명하였다. 기존 논의에서는 인식 층위 인과를 객관적인 사태에 근거하여 화자의 판단이나 주장을 도출하는 관계로 파악하고 이를 추론의 방향성으로 구분하였으나 텍스트 단위 접속에서는 추론의 방향성보다는 텍스트 단위들끼리 맺는 수사 관계가 더 유의미하게 작동한다고 볼 수 있다. 예를 들어 확인된 결과 사태를 근거로 원인을 추측하는 표현인 '-ㄴ 모양이-' 구문의 접속에서도 수사 관계를 고려하면 확인 가능한 결과가 추측의 원인을 지지하거나(사태 → 의견) 추측의 원인과 확인 가능한 결과가 연결되는(의견 → 사태) 양상을 각각의 관계로 해석할 수 있다.

4장에서는 2장에서 선정한 비명시적 인과 표지에 대해 3장의 인과 유형 분류 기준을 적용하여 인과 관계의 세부적 양상을 살폈다. 먼저 '어쩐지'가 인과 접속에 쓰이는 경우 화자의 판단 근거에 결합한다. '어쩐지'가 연결하는 문장의 의미는 사실 층위에서는 원인-결과, 결과-원인의 반대되는 순서로 나타나지만 명제 층위의 의견 접속으로 본다면 인과 관계로 자연스럽게 연결된다. 또한 '어쩐지'가 결합하는 문장은 위성으로서 선행하는 문장에 '증거'의 수사 관계로 맺어지는 것을 확인할 수 있다.

‘어차피’의 접속 대상은 명제, 화행 층위에서 가능하고 의견 접속에서는 당위성 명제와, 화행 접속에서는 명령 화행과 특정적으로 결합한다. 텍스트에서 ‘어차피’로 연결되는 문장 연쇄는 증거, 동기화 관계, 화행 접속에서는 정당화 관계로 분석할 수 있음을 확인할 수 있다.

‘하기는’은 사태, 명제, 화행의 세 층위의 문장을 결합 대상으로 하여 각 층위의 관계를 모두 나타낼 수 있다. 인식 층위의 관계에서는 특히 화자의 추측 명제와 결합하며 화행 층위에는 ‘질문’ 화행과의 결합 빈도가 높다. 그러나 이때 ‘하기는’으로 뒷받침되는 내용은 질문에 대한 대답으로 기능한다는 점이 특징적이다. 사실 접속에서 ‘하기는’이 결합하는 문장은 선행하는 결과 문장에 대해 위성의 지위의 가지며 원인 관계로 연결된다. 또한 의견 접속에서는 화자의 판단이나 추측에 대해 객관적인 사태를 근거로 제시함으로써 증거 관계로 연결되기도 한다. 화행 접속에서 의문문과 결합하는 ‘하기는’ 문장은 예정된 답에 대한 근거이므로 특정적이지만 질문이라는 발화 행위에 대해 수용성을 높이는 관계를 가지기 때문에 다른 화행 접속과 마찬가지로 정당화 관계로 볼 수 있다.

‘-ㄴ 모양이-’, ‘-ㄴ가/나 보-’가 가지는 인식 양태 의미와 증거성 의미는 텍스트 내에서 그 근거가 명시적으로 드러나야 할 필요성을 높여 사태와 추측의 명제를 연결하는 의견 접속 기능을 갖는다. 수사 관계는 화자의 추측이, 실현된 사태를 수식하는 원인 관계와 실현된 사태가 화자의 추측을 수식하는 증거 관계로 나타난다. 추측과 그에 대한 근거로 제시되는 관계 안에서도 텍스트 구조상 화자의 의도가 놓이는 핵이 다르게 설정됨으로써 수사 관계가 구분되는 것을 알 수 있다.

'-ㄴ 것이다'는 맥락 의존성이 큰 접속 표지로 사실과 의견의 접속 유형을 드러낸다. 말뭉치를 통해 확인한 바에 따르면 '-ㄴ 것이다'가 결합하는 문장은 대부분 사실의 의미 층위에 해당된다. 그러나 '-ㄴ 것이다' 자체가 가지는 의미적 특성으로 인해 추론적 의미가 드러나는 경우나 당위성 명제나 화자의 추측 명제와 결합하는 경우 의견 접속의 유형으로 해석할 수 있다. '-ㄴ 것이다'가 텍스트 내에서 맺는 수사 관계는 주제 내용 관계로는 '원인, 결과', 제시적 관계로는 '증거, 동기화'를 들 수 있다. 수사 관계를 분석함으로써 '-ㄴ 것이다'가 텍스트 내에서 작용하는 다양한 역할을 포착할 수 있게 된다.

'-잖아'와 '-거든'은 사태 층위에서 청자의 인과 판단을 전제하고 있으며 화행 층위 인과에서는 질문이나 명령의 화행 제약 없이 자유롭게 사용될 수 있다. 이는 명시적 인과 접속 표지인 '-어서'나 '-니까'가 담당하기 힘든 빈칸을 '-잖아'와 '-거든'이 채우는 것임을 알 수 있다. '-잖아'와 '-거든'이 사용된 텍스트의 수사 관계는 '원인, 결과, 동기화, 정당화, 가능화' 관계로 나타난다.

위와 같은 인과 관계의 유형을 기준으로 삼아 비명시적 접속 표지를 분석한 결과는 다음과 같다.

[표 31] 비명시적 인과 표지의 인과 접속

	접속 대상의 의미 특성에 따른 접속 유형	접속 표지의 양태성/맥락	수사 관계	실현 위치
어쩐지	의견	두 사태의 인지 시점 차이 (인과적 판단에 대한 뒤늦은 깨달음)	증거(Evidence)	판단 근거

어차피	의견, 화행(명령)	처한 상황에 대한 당위성, 화·청자의 선택 범주 제한	증거(Evidence) 동기화(Motivation) 정당화(Justify)	판단 근거, 화행 근거
하기는	사실, 의견, 화행(질문)	선행하는 내용에 대한 수용성, 정당성을 높이는 정보 제시	원인(Cause) 증거(Evidence), 정당화(Justify)	원인 사태, 판단 근거, 화행 근거
-ㄴ 모양이-, -ㄴ가/나 보-	의견	확인 가능한 사태를 전제하는 명제에 대한 불확실한 태도	원인(Cause) 증거(Evidence)	원인 사태, 판단 결과
-ㄴ 것이다	사실, 의견	사에 대한 화자의 확신성	원인(Cause) 결과(Result), 증거(Evidence), 정당화(Justify),	원인 사태, 결과 사태, 판단 근거
-잖아, -거든	사실, 의견, 화행(질문, 명령)	청자의 인과적 판단 전제 청자의 미지/기지 가정	원인(Cause), 결과(Result) 동기화(Motivation) 정당화(Justify) 가능화(Enablement)	원인 사태, 판단 근거, 화행 근거

5.2. 남은 문제

국어학 연구 안에서 접속 현상은 문장 내에 집중되어 있었고 문장과 문장의 의미 관계에 대해서는 크게 주목받지 못했다. 이는 의미적 의존성이 통사적 결속으로 이어지지 않기 때문에 접속 대상 간의 의미 관계를 청자의 해석에 기대야 한다는 텍스트 단위의 특성으로 인한 것이다. 그럼에도 문장 단위의 의미적 관계를 좀 더 면밀하게 분석하기 위한 시도는 그 자체로 의의를 가지는 동시에 명백한 한계를 가질 수밖에 없다.

먼저 비명시적 표지의 선정 과정에서의 정밀성 확보의 문제이다. 이 책은 기존 연구에서 제시된 인과 관계 표현이나 인과 의미로 분석된 표현을 취합하여 그 관계 의미가 드러나는 직접성의 정도로 표지를 선정하였으나 크게 문법적 기능에 따른 분류 안에서 명시성 기준을 적용함으로써 각 언어 형태 개개의 명시성을 판단하는 데까지는 나아가지 못했다.

또한 문장의 의미 층위로서 사실과 의견의 경계를 세울 수 있는 통합적인 기준을 마련하는 데에 천착하지 않았기 때문에 문장 표면적으로 드러나는 시제나 상적 속성, 양태 표현 등을 고려하여 문장의 층위를 개별적으로 판단하였다. '사실' 문장과 '의견' 문장을 구분하기 위한 기준을 세부적으로 세우는 것은 본 연구에서 기술할 수 있는 범위를 넘어서는 것이라고 판단하였는데 문장의 의미 층위를 인과 유형의 분류 기준으로 두었음에도 의미 층위를 결정할 수 있는 구체적인 기준에는 다가서지 못했다는 점은 한계라고 할 수 있다.

또한 문맥을 확인하여 관계를 판단해야 하는 과정으로 인해 대규모의 말뭉치의 통계를 사용하지 못하였는데 이로써 각 표지들이 보이는 텍스트 유형에 따른 차이나 인과의 세부 의미 유형의 분포까지 확인하지 못하였다. 이러한 다양한 사용역의 말뭉치를 활용하는 작업은 앞으로의 과제로 남겨 둔다.

참고문헌

강범모(2000). “논항의 의미 유형과 다의성 기술.”「의미구조의 표상과 실현」. 소화출판사. 185-228.

강창우(2005). “통사적 단위와 의소소통 단위의 관계에 대한 연구.”「독어학」 11. 한국독어학회. 47-70.

강현주(2010). “추측과 의지의 양태 표현 ‘-겠-’과 ‘-(으)ㄹ 것이다’의 교육 방안 연구. 「이중언어학」 43. 이중언어학회. 29-53.

강현화 외(2017). 「담화 기능에 따른 한국어 유사 문법 항목 연구」. 한글파크.

고영근(1986). “서법과 양태의 상관관계.” 유목상 외 공편. 「국어학신연구Ⅰ」. 탑출판사.

______(1995). 「단어 문장 텍스트」. 한국문화사.

______(1999). 「텍스트이론」. 아르케.

고영근·구본관(2008). 「우리말 문법론」. 집문당.

고창운(1995). “통용 의향씨끝 ‘-어, -은데, -지, -을래’의 통사와 의미.”「한말연구」 2. 한말연구학회. 1-39.

구현정·이성하(2001). “조건 표지에서 문장종결 표지로의 문법화.”「담화와 인지」 8-1. 담화·인지언어학회. 1-19.

구현정(2004). “공손법의 실현 양상.”「담화와 인지」 11-3. 담화·인지언어학회. 1-23.

______(2012). “‘-기는’ 구문의 문법화.”「담화와 인지」 19-3. 담화·인지언어학회. 1-28.

국지연·이성범(2007). “‘말해진 것’의 명시의미: 적합성이론 분석.”「담화와 인지」 14-2. 담화·인지언어학회. 1-25.

권이은(2010). “사실 문장 요소의 체계화 및 지도 방안 연구.” 경인교육대학교 석사학위논문.

김강희(2018). “한국어 지시화행의 담화문법 연구.” 연세대학교 박사학위논문.

김강희(2019). “한국어 학습자를 위한 인과 관계 연결표현의 위계화 연구.”「우리어문연구」 64. 우리어문학회. 329-358.
김동욱(2000). “한국어 추측표현의 의미차이에 관한 연구.”「국어학」 35. 국어학회. 171-197.
김명희(2013). “구어체 어말어미 ‘-거든’과 ‘-더라’의 담화기능.”「담화와 인지」 20-1. 담화·인지언어학회. 27-51.
김미선(2001). “접속부사의 텍스트언어학적 연구.” 중앙대학교 박사학위논문.
______(2010). “감탄사와 부사의 경계에 대하여.”「인문과학연구」 27. 강원대학교 인문과학연구소. 5-30.
김봉순(1996). “텍스트 의미 구조의 표지 연구.” 서울대학교 박사학위논문.
______(2002).「국어교육과 텍스트구조」. 서울대학교 출판부
______(2015). “읽기교육에서 텍스트 의미 추론의 이론과 실제.”「텍스트언어학」 38. 텍스트언어학회. 1-25.
김상민(2020). “한국어 인식양태의 범주 연구.” 연세대학교 석사학위논문.
김상훈(2013). “한국어 담화 표지 연구.” 상명대학교 석사학위논문.
김선혜(2018). “한국어의 우언적 구성에 관한 연구.” 연세대학교 박사학위논문.
김승곤(1978). “연결형 어미 {-니까}, {-아서}, {-므로}, {-매}의 말쓰임에 대하여.”「인문과학논총」 11. 건국대학교 인문과학연구소.
김은혜(2015). “‘-잖아(요)’와 ‘-거든(요)’의 의미-화용 복잡도. 한국문법교육학회 학술발표논문집. 한국문법교육학회. 74-85.
김일웅(1989). “담화의 짜임과 그 전개.”「코기토」 34. 부산대학교 인문학연구소. 23-59.
김정남(2008). “텍스트 유형과 담화 표지의 상관관계.”「텍스트언어학」 24. 텍스트언어학회. 1-26.
김종복 외(2008). “연설문 말뭉치에서 나타나는 ‘것’ 구문의 문법적 특징.”「인지과학」 19-3. 한국인지과학회. 257-281.
김지혜(2009). “한국어 이유 표현 교육 연구.” 고려대학교 박사학위논문.
김진수(1987).「국어접속조사와 어미 연구」. 탑출판사.
김진우(2010).「언어와 수사-신수사학 서설」. 한국문화사.
김창익(2003). “명시의미의 규명에 따른 화용론적 기여.” 영어영문교육 9권
김태옥·이현호(1995). “담화 연구의 텍스트성 이론과 적합성 이론.”「담화와 인

지」 1. 담화·인지언어학회. 1-78.

김태인(2019). “한국어 문장의 의미 층위에 대한 연구-사건, 명제, 사실, 화행을 중심으로-.” 서울대학교 박사학위논문.

김현주·정연주(2021). “해체 종결어미 ‘-게’의 두 가지 기원.”「한국어문학국제학술포럼」 54. Journal of Korean Culture. 7-42.

김혜령(2015). “국어 어휘 의미의 실현 조건 연구.” 고려대학교 박사학위논문.

______(2018). “대학생 에세이 담화에 나타난 ‘-게 되다’ 구문의 특성.”「어문논집」 90. 민족어문학회. 155-176.

김혜영(2019). “현대 한국어 부사어 연구.” 서울대학교 박사학위논문.

길호현(2020). “텍스트의 응집성(coherence) 형성 요소와 양상에 대한 연구.「독서연구」 56. 한국독서학회. 193-223.

남기심(1978). “‘아서’의 화용론.”「외국어로서의 한국어교육」 3-1. 연세대학교 한국어학당. 9-20.

노석기(1987). “국어 담화의 엮음관계 연구.”「외대논집」 5-1. 부산외국어대학교. 369-383.

______(1990). 「우리말 담화의 결속관계 연구」. 한글 208.

도재학(2014). “우언적 구성의 개념과 유형에 대하여.”「국어학」 71. 국어학회. 259-304.

______(2016). “국어 문장 의미의 분석 방법 연구.” 고려대학교 박사학위논문.

마쯔자키 마히루(2011). “韓國語 文章 連結 硏究 -指示, 接續, 省略을 中心으로-.” 경희대학교 박사학위논문.

______________(2013). 「한국어 문장 연결 연구」. 소통.

명정희(2018ㄱ). “한국어 양태 구문의 의미 해석 연구.” 서강대학교 박사학위논문.

______(2018ㄴ). “인식양태 구성들의 비교 연구-판단자와 판단증거를 중심으로-.” 한국언어학회 학술대회지. 한국언어학회. 99-112.

문숙영(2018). “관련성 이론의 관점에서 본 접속부사의 의미기능.”「국어학」 88. 국어학회. 97-136.

문순표(2010). “추론적 제약 표지 ‘-거든’.”「언어연구」 25-4. 한국현대언어학회. 709-729.

박건숙(2020). “한국어 교육을 위한 인과관계 접속부사 연구: {그래서}와 {따라서}를 중심으로.”「학습자중심교과교육연구」 20-3. 학습자중심교과교육학회. 1215-1237.
박나리(2009). "학술논문의 텍스트성(textuality) 분석." 이화여자대학교 박사학위논문.
______(2012). "'-는 것이다' 구문 연구." 「국어학」 65. 국어학회. 251-279.
박동화(2017). "한국어 교육을 위한 종결어미 '-거든'과 '-잖아'의 비교 연구." 한국외국어대학교 석사학위논문.
박민신(2017). "의미 범주 기반 한국어 이유 표현 교육 연구. 서울대학교 박사학위논문.
박소영(2001). "'-은 것이다' 구성의 텍스트 분석." 「한국 텍스트과학의 제과제」. 역락. 135-158.
박영순(2008). 「한국어 담화·텍스트론」. 한국문화사.
박재연(1998). "현대국어 반말체 종결어미 연구." 서울대학꾜 석사학위논문.
______(2006). 「한국어 양태 어미 연구」. 태학사.
______(2007). "문법 형식의 전경 의미와 배경 의미." 「한국어의미학」 22. 한국어의미학회. 73-94.
______(2013). "한국어 인식론적 범주와 관련한 몇 문제." 「국어학」 66. 국어학회. 79-107.
______(2014). "한국어 연결어미 의미 확장에서의 환유와 은유." 「국어학」 70. 국어학회. 117-155.
______(2015). "한국어 어미 결합에서 나타나는 비합성적 의미 해석." 「언어와 정보사회」 26. 서강대학교 언어정보연구소. 215-250.
______(2018). "한국어 인식론적 범주의 안과 밖." 「언어학」 81. 한국언어학회. 77-102.
박지용(2020). "원인·이유의 연결어미 '-어서'와 '-니까' 연구." 서울대학교 박사학위논문.
박진경(2015). "한국어 교육을 위한 '-거든'과 '-잖아'의 의미 기능과 용법 연구." 우리말학회 학술대회지. 우리말학회. 3-24.
박진호(2009). "동시성을 나타내는 연결어미 '-면서'의 비대칭적 용법." 「한국언어문화」 38. 한국언어문화학회. 173-187.
______(2010). "언어학에서의 범주와 유형." 「인문학연구」 17. 경희대학교 인문학연구소. 265-292.

박진호(2011ㄱ). "시제, 상, 양태." 「국어학」 60. 국어학회. 289-322.
박진희(2011ㄴ). "국어 절 접속의 의미관계 유형에 대한 연구." 서강대학교 박사학위논문.
박철우(2017). "담화 단위와 의미." 「한국어학」 77. 한국어학회. 1-36.
변정민(2014). "인과관계 연결어미의 의미 기능-'-어서'와 '-니까'를 중심으로-." 「한국언어문화학」 11-1. 국제한국언어문화학회. 23-42.
배진영(2009). "관용 표현을 이루는 접속 관형절 구성-인과 관계를 나타내는 의미를 중심으로." 「한국사전학」 14. 한국사전학회. 140-169.
서반석(2018ㄱ). "한국어 접속 부사에 대한 인지·텍스트적 연구." 서울대학교 박사학위논문.
______(2018ㄴ). "결과의 비접속 부사 연구-'결국, 끝내, 드디어, 마침내'를 중심으로." 「국어학」 87. 국어학회. 237-265.
______(2020). "결과의 접속 부사 '그래서, 그러므로'에 대한 인식론적 연구." 「한국어학」 89. 한국어학회. 169-197.
______(2021). "'결과'의 내면화와 의미 층위의 관계 연구: 접속부사 '그래서, 그러므로, 따라서'와 '-ㄴ 것이다' 구문을 중심으로." 「언어와 정보사회」 43. 서강대학교 언어정보연구소. 109-137.
서은아 외(2004). "구어 말뭉치에 나타난 조각문 유형 연구." 「한글」 264. 한글학회. 123-151.
서정수(1994). 「국어문법」. 뿌리깊은나무.
______(2005). 「한국어의 부사」. 서울대학교출판부.
성낙수(1978). "아유·원인을 나타내는 접속문 연구(Ⅱ)." 「한글」 162. 한글학회.
성연숙(2003). "'되다' 구문 연구." 연세대학교 석사학위논문.
손남익(1995). 「국어 부사 연구」. 박이정.
손마정(2018). "한국어 교육에서의 텍스트 결속 표지 연구." 우리말학회 학술대회지. 우리말학회. 7-15.
손세모돌(1999). "'-잖-'의 의미, 전제, 함축." 「국어학」 33. 국어학회. 213-240.
손혜옥(2016). "한국어 양태 범주 연구." 연세대학교 박사학위논문.
송석만(2004). "일관성 관계에서 담화 연결어." 「현대영미어문학」 22-2. 현대영미어문학회. 181-199.
신지연(1999). "구어의 텍스트 형성에 대한 연구." 「텍스트언어학」 7. 한국텍스트언어학회. 209-227.
신지연(2003). "거시구조 접속의 양상." 「텍스트언어학」 14. 텍스트언어학회. 89-110.
_____(2005ㄱ). "단락 경계에서의 '그러나'의 의미 기능." 「텍스트언어학」 19. 한국텍스트언어학회. 83-107.
_____(2005ㄴ). "접속부사 '그러나'의 의미." 「한국어 의미학」 18. 한국어의미학회. 23-48.
_____(2006). "국어 텍스트의 거시구조 접속." 「시학과 언어학」 11. 시학과 언어학회. 7-23.
안경화(2001). "구어체 텍스트의 응결 장치 연구." 「한국어 교육」 12-2. 국제한국어교육학회. 137-157.
안병섭(2007). "언어 분석 단위로서의 발화 설정 방법론 연구." 「한국학연구」 26. 고려대학교 한국학연구소. 233-259.
안윤미(2021). "'그러-'계열 접속부사의 의미 연구." 고려대학교 박사학위논문.
안인경 외(2009). "한국어 '-ㄴ 것이다'의 텍스트 기능과 독일어 대응 형식에 관한 병렬코퍼스 기반 연구." 「언어와 언어학」 46. 한국외국어대학교 언어연구소. 85-115.
안주호(2000). "'그러-' 계열 접속사의 형성과정과 문법화." 「국어학」 35. 국어학회. 113-141.
_____(2004). "'-는 법이다'류의 양태표현 연구." 「국어학」 44. 국어학회. 185-210.
안지영(2008). "한국어 '것이다' 구문의 의미, 화용적 분류 및 분석." 「高凰論集」 43. 경희대학교. 141-158.
양정석(2017). 「주관적 판단의 문법」. 한국문화사.
양태영(2010). "설명텍스트의 표지와 텍스트구조 분석." 「한국어 의미학」 31. 한국어의미학회. 109-142.
염혜경(2012). "텍스트 구조 및 텍스트 구조 표지 활용 학문 목적 읽기 전략 교수 방안." 「언어사실과 관점」 30. 연세대학교 언어정보연구원. 159-180.
오승은(2017). "한국어 양태 표현 연구." 서강대학교 박사학위논문.
오현아 외(2015). "문법 교육에서의 인성 교육 내용 구성 가능성 탐색 -잖아(요), -거든(요)를 중심으로. 「새국어교육」 103. 한국국어교육학회. 79-111.

이소현(2012). "한국어 연결어미 '-는데'의 의미 연구." 한국외국어대학교 박사학위논문.
이우리(2019). "수사구조이론을 활용한 고등학생 논증 텍스트의 구조 분석." 연세대학교 석사학위 논문.
왕문용·민현식(1993). 「국어문법론의 이해」. 개문사.
유효진(2003). "한국어 학습자 작문의 텍스트 의미 구조 표지 연구." 연세대학교 석사학위논문.
원해영(2011). "한국어교육을 위한 구어체 종결어미 '-잖아(요)'연구." 「한국언어문학」 79. 한국언어문학회. 307-327.
유연(2017). "한국어 상태변화 구문 '-어지다'와 '-게 되다' 연구." 서울대학교 박사학위논문.
유유현(2018). "'-면서'의 기능과 의미관계의 다면성." 「한국어학」 78. 한국어학회. 55-79.
______(2021). "연결어미 의미의 검증 기준 연구." 「국어문학」 78. 국어문학회. 85-120.
유해준(2017). "한국어 학술논문 텍스트 표지 분석." 「영주어문」 37. 영주어문학회. 311-326.
유현경(2003). "연결어미의 종결어미적 쓰임에 대하여." 「한글」 261. 한글학회. 123-148.
유현경 외(2015). 「한국어의 문법 단위」. 보고사.
유현경 외(2019). 「말뭉치 기반 한국어 접속어 연구」. 보고사.
유혜령(2005). "연결어미의 접속 기능에 대하여." 「문법교육」 3. 한국문법교육학회. 87-105.
유혜원(2007). "'-게'에 대한 형태론적 고찰." 「형태론」 9-1. 도서출판 박이정. 25-45.
윤석민(2000). 「현대국어의 문장종결법 연구」. 집문당.
______(2010). "문장종결법 재고." 「한국어학」 46. 한국어학회. 47-80.
윤평현(1989). "국어의 접속 어미에 대한 연구: 의미론적 기능을 중심으로." 전남대학교 박사학위논문.
______(2003). "국어 소형문의 발화 행위에 대한 고찰." 「한글」 259. 한글학회. 199-232.

이경희(2008). "담화연결어의 의미와 기능." 한국슬라브어학회 학술대회자료집. 1-11.

이남경(2008). "접속부사의 텍스트언어학적 고찰." 「한국어와 문화」 4. 숙명여자대학교 한국어문화연구소. 287-309.

이동혁(2015). "'-어야 하다'의 양태 의미에 대하여." 「국어학」 76. 국어학회. 95-122.

이상구(2001). "비판적 읽기 능력 함양을 위한 직접 교수법 적용 방안." 「교육이론과 실천」 11. 경남대학교 교육문제연구소. 437-462.

이선영(2018). "수사구조이론(RST)을 활용한 학습자 텍스트 분석의 문제점과 해결 방안. 「화법연구」 39. 한국화법학회. 65-88.

이석용(2012). "인과 연쇄에서의 인과 판단과 책임 판단." 성균관대학교 석사학위논문.

이숙의·김진수(2008). "문어 텍스트와 구어 텍스트의 담화 표지와 텍스트 구조 비교 연구." 「어문연구」 56. 어문연구학회. 61-88.

이슬비(2016). "한국어 학술 텍스트의 필자 태도 표현 교육 연구." 서울대학교 박사학위논문.

이운형(1993). "흄의 인과론과 자연적 필연.". 「哲學思想」 14. 동국대학교 철학회. 67-89.

이원표(1999). "인과관계 접속표현: 세 가지 의미영역과 일관성의 성취." 「언어」 24-1. 언어학회. 123-158.

이윤진·노지니(2003). "한국어교육에서의 양태 표현 연구." 「한국어 교육」 14-1. 국제한국어교육학회. 173-209.

이은경(2015). 한국어 연결 어미의 의미 기술에 대하여." 「한국학연구」 38. 인하대학교 한국학연구소. 333-359.

이은령(2013). "'결국'의 의미와 화용적 기능." 「한민족어문학」 64. 한민족어문학회. 5-36.

이은희(1999). "접속 구성과ㅏ 언어 이해 교육: 언어 이해 과정을 중심으로." 「텍스트언어학」 7. 한국텍스트언어학회. 365-390.

______(2000). 「텍스트언어학과 국어교육」. 서울대학교출판부.

이의종(2012). "증거성과 정보 관할권의 상호 작용." 서울대학교 석사학위논문.

이종철(2002). "어말어미 '-거든'에 대한 화용론적 연구." 「국어교육」 108. 국어

교육학회. 271-290.

이지연(2018). "한국어 양태 표현 연구." 연세대학교 박사학위논문.

이한나(2018). "정치 담화에 ㄴ나타난 명예훼손 발화의 명시성 비교 연구." 「언어」 43-2. 한국언어학회. 353-371.

이현희(2014). "구어성 언어 단위의 설정과 그 유형." 「한글」 303. 한글학회. 41-76.

이해영(1996). "현대 한국어 활용어미의 의미와 부담줄이기의 상관성." 이화여자대학교 박사학원논문.

이해윤·전수은(2009). "Constructing an ontology of coherence relations: an example of 'causal relations.". 「언어학」 54. 언어학회. 41-60.

이혜현(2016). 한국어 교육을 위한 '-(은)ㄴ/는 것이다'의 의미기능 제시방안 연구. 고려대학교 석사학위논문.

이홍매(2013). "한국어 환언문 연구." 「한국어의미학」 40. 한국어의미학회. 219-248.

이효인(2005). "텍스트구조 표지를 이용한 한국어 교육 연구." 전남대학교 박사학위논문.

이후인(2015). 한국어 양태접속부사에 관한 연구. 서울대학교 석사학위논문.

이희자(2002). "'의사소통의 최소단위'로서의 '발화문'과 '문장'." 「텍스트언어학」 13. 텍스트언어학회. 343-366.

임동훈(2008). "한국어의 서법과 양태 체계." 「한국어의미학」 26. 한국어의미학회. 211-249.

임유종 외(2001). "접속부사의 구문론적 특성." 「언어학」 28. 사단법인 한국언어학회. 177-209.

임지룡 외(2017). 「의미관계의 인지언어학적 탐색」. 한국문화사.

임은하(2002). "현대국어의 인과관계 접속어미 연구." 서울여자대학교 박사학위논문.

임채훈(2008). "'감각적 증거' 양태성과 한국어 어미 교육-'-네', '-더라', '-더니', '-길래' 등을 중심으로". 「이중언어학」 37. 이중언어학회. 199-234.

______(2012). 「사건 발화상황 그리고 문장의미」. 역락.

임홍빈(1991). 「대학국어작문」. 서울대학교출판부.

임홍빈·장소원(1995). 「국어문법론 I」. 한국방송대학교출판부.

임홍빈·이홍식(2002). 「한국어 구문 분석 방법론」. 한국문화사.

장경현(2010). 「국어 문장 종결부의 문체」. 역락.

장석배(2015). "한국어 정형표현 연구-대규모 말뭉치 분석을 중심으로." 연세대학교 박사학위논문.

장현주(2006). "중·한 번역의 논리 연결 연구: 비명시적 논리 연결의 명시화를 중심으로." 한국외국어대학교 박사학위논문.

전문이(2020). "한국어 양태의 정형성 및 유형에 관한 인지언어학적 연구." 한국외국어대학교 박사학위논문.

______(2021). "한국어 동적양태의 양태 정형성 연구." 담화·인지언어학회 학술대화 발표논문집. 담화·인지언어학회. 61-71.

전영옥(2007). "구어와 문어의 접속부사 실현 양상 비교 연구." 「텍스트언어학」 22. 한국텍스트언어학회. 223-247.

______(2017). "구어 말뭉치에 나타난 '그러니까, 그니까, 근까, 그까' 비교 연구." 「어문논총」 74. 한국문학언어학회. 125-152.

전영철(2008). "소위 이중피동문에 대하여." 「언어학」 52. 사단법인 한국언어학회. 79-101.

정경미(2016). "한국어 추론 증거성 연구." 고려대학교 박사학위논문.

정미진(2014). "한국어 공손 표현의 교수학습 연구." 가톨릭대학교 박사학위논문.

정주연(2020). "'-잖아'에 의한 인과 표현 고찰." 「언어와 정보사회」 40. 서강대학교 언어정보연구소. 531-556.

______(2023). "'어쩐지'의 의미 고찰." 「어문논집」 97. 민족어문학회. 121-152.

정상철(2012). "한국어 시상법 연구를 위한 몇 가지 제언-언어유형론과 시간적 한성정을 중심으로-." 「국어학」 63. 국어학회. 361-390.

______(2016). "〈-ㄴ 것이다〉의 텍스트 기능과 의미." 「텍스트언어학」 41. 텍스트언어학회. 245-267.

정연창(2000). 「담화기능론」. 한국문화사.

정영교(2018). "한국 목적 한국어 읽기·쓰기 교육을 위한 텍스트 접속 표지 연구." 세종대학교 박사학위논문.

정인아(2010). "한국어의 증거성(Evidentiality) 범주에 관한 연구." 상명대학교 박사학위논문.

정종수·신아영(2012). "문장 간의 관계성에 관한 고찰." 「텍스트언어학」 32. 한국텍스트언어학회. 181-200.
정효진(1999). 일반대화함축과 명시의미의 관계성에 대한 연구. 동국대학교 석사학위논문
정희자(1999). 「담화와 문법」. 한국문화사.
______(2002). 「담화와 추론」. 한국문화사.
제민경(2015). "장르 문법 교육 내용 연구." 서울대학교 박사학위논문.
조국현(2020). "텍스트 구성 표지와 기능." 「독일어문학」 88. 한국독일어문학회. 183-203.
조규태(1983). "준자립명사 '모양'에 대하여." 「배달말」 8. 배달말학회. 89-98.
조민영(2017). "한국어 교육을 위한 표현문형 '-는 것이다'의 담화기능 연구. 한국외국어대학교 석사학위논문.
조민하(2015). "구어 종결어미 '-잖아'의 화용적 특성과 억양의 기능: 여성 자유발화의 반말체를 중심으로." 「화법연구」 28. 한국화법학회. 165-194.
조오현(1990). "현대 국어 이유 구문에 관한 연구." 건국대학교 박사학위논문.
조원형(2013). "텍스트성 기준과 디자인 척도." 「텍스트언어학」 34. 텍스트언어학회. 207-232.
조인정(2011). "표현 문현 "-은/는 것이다"의 담화 기능." 「한국어 교육」 22-2. 국제한국어교육학회. 329-349.
조재수(1984). 「국어사전편찬론」. 과학사.
조진수 외(2015). "텍스트 표지" 교육 내용에 대한 문법교육적 고찰." 「국어교육」 150. 한국어교육학회. 1-31.
차명희(2020). "체계기능언어학 기반 한국어 양태 표현 연구." 단국대학교 박사학위논문.
차윤정(2000). "이음말 연구." 부산대학교 박사학위논문.
채숙희(2002). 연결어미 상당 명사구 보문 연구. 서울대학교 석사학위논문.
채영희(1998). "담화에서 쓰이는 '-거든'의 화용적 기능. 「한국어 의미학」 3. 한국어의미학회. 159-177.
최문선(2017). "수사구조이론(RST)을 적용한 통역결과물의 결속성 기술과 평가." 「통번역학연구」 21-3. 191-225.
최상진 외(2008). "인과관계 형성의 인지과정과 연결어미의 상관성." 「국어학」 52. 국어학회. 127-152.

최승기(2013). "수사구조이론을 활용한 논증적 텍스트의 구조 분석." 강릉원주대학교 박사학위논문.

_____(2014). "응집성 관계와 수사구조이론의 인과성과 주관성에 대한 비교 연구." 「텍스트언어학」 36. 텍스트언어학회. 391-412.

최윤지(2011). "이접과 양태의 상관관계 고찰: '-인가'를 중심으로." 「국어학」 60. 국어학회. 146-181.

_____(2016). "한국어 정보구조 연구." 서울대학교 박사학위논문.

_____(2019). "접속부사어 '그도 그럴 것이'의 통사와 의미-(준)분열문과 기대 논리." 「국어학」 92. 국어학회. 319-348.

_____(2021). "양태접속부사 '하기는'의 의미." 「한국어의미학」 73. 한국어의미학회. 83-116.

최종원(2016). "긴밀한 절 공기를 형성하는 부사적 표현." 서울대학교 석사학위논문.

최호철(2011). "국어 발화의 의미에 대하여." 「한국어 의미학」 36. 한국어의미학회. 481-529.

타이라 카오리(2006). "구어체 '-거든'의 화용적 기능. 「한국어학」 31. 한국어학회. 365-392.

한계임(2017). "배경 분류를 통한 유사 문형 변별 방안." 「문법 교육」 31. 한국문법교육학회. 341-370.

하영우(2015). "구어 자료에 나타난 접속부사의 기능·형태·운율에 관한 연구. 고려대학교 박사학위논문.

하의뢰(2022). "'어찌-/어쩌-'류 활용형과 부사에 대한 연구." 서울대학교 석사학위논문.

한국텍스트언어학회(2004). 「텍스트언어학의 이해」. 박이정.

한송화(2016). "한국어 부사 연구에 있어서의 쟁점과 과제." 「한국어 의미학」 52. 한국어의미학회. 223-250.

한하림(2015). "구어체 종결어미 "-거든(요)"의 기능 분석 연구." 국제한국어교육학회 학술대회논문집. 국제한국어교육학회. 693-707.

한희정(2016). "한국어교육을 위한 접속 표현 연구." 단국대학교 박사학위논문.

홍종선(1996). "서술 내용의 대용 표현." 월촌 이기반교수정년기념논문집 간행위원회 편. 「원촌 이기반 교수 정년기념 국어국문학연구」. 배명사. 101-120.

홍종선(2014). "구어와 문어를 아우르는 사용자 중심의 한국어 문법." 「어문연구」 42-1. 한국어문교육연구회. 7-35.

홍종화(1996). "인과 구문의 화용론: '-어서'와 '-니까'의 다성적 분석." 「언어와 언어학」 22. 한국외국어대학교 언어연구소. 357-397.

홍혜란 외(2020). "한국어 교육을 위한 텍스트 장르별 메타 담화 표지 연구." 「국제어문」 84. 국제어문학회. 79-114.

황미향(1998). "'그-계' 접속어에 대한 텍스트언어학적 고찰." 「국어교육연구」 30. 경북대국어교육학회.

______(1999). "한국어 텍스트의 구성소 분석." 「텍스트언어학」 6. 텍스트언어학회. 187-205.

______(2018). "한국에서의 텍스트 의미 연구 현황과 과제." 「텍스트언어학」 45. 텍스트언어학회. 307-334.

황화상(2008). "연결어미 '-어서, -니까'의 의미 기능과 후행절 유형." 「국어학」 51. 국어학회. 57-89.

국립국어원 편(2015). 「표준국어대사전」. http://stdweb2.korean.go.kr/main.jsp

국립국어원 편(2016). 「한국어기초사전」. http://krdict.korean.go.kr

고려대학교 민족문화연구원. 「고려대 한국어 대사전」. 고려대학교 민족문화연구원.

철학사전편찬위원회(2009). 「철학사전」. 중원문화.

한국 철학사상연구회 편(1990). 「철학대사전」

Biber, D. et al.(1999). *Longman Grammar of Spoken and Written English*. Longman.

Bhat, D.N.S.(1991). *Grammatical Relations: The Evidence Against Their Necessity and Unversality.* London: Routledge.

Blakemore, D(1992). *Understanding Utterances*: An Introduction to Pragmatics. Oxford: Blackwell.

Carston, R.(1988). "Implicature, Explicature and Truth-theoretic Semantics." In R. Kempson(ed.) *Mental Representation: The Interface between Language and Reality.* Cambridge: Cambridge University Press. pp.155-181.

Croft, W.(2007). The origins of grammar in the verbalization of experience. Cognitive Linguistics 18-3. pp.339-382.

Grice, H.P.(1975). "*Logic and Conversation.*" In P. Cole and J. L. Morgan(eds.) *Syntax and Semantics 3*: Speech Acts. New York: Academic Press. pp.41-58.

Halliday, M.K&Hasan, R.(1976). *Cohesion in English*. London: Longman.

Heinemann, W & Viehwegerm D(1991). *Texlinguistik*, Max Niemeyer Verlag, Tubingen(백설자 역(2001). 「텍스트 언어학 입문」. 역락).

Hengeveld, K.(1998). "*Adverbial clauses in the language of Europe.*" In Auwera, v,d.(ed). *Adverbial Construction in the Language of Europe*, Berlin: De Gruyter Mouton. pp.335-419.

Hong, Guanpyo(2006). The clarification of the Functional Differences among Causal Connective Suffixes in Korean, Ph.D. dissertation. University of Southern California.

Irwin&Baker(1989). 한철우, 천경록 공역(1996). 「사고중심 전략 중심 독서지도 방법」. 교학사.

Lyons, J.(1977). *Semantics 1,2.* Cambridge: Cambridge University Pess.(강범모 역(2011). 「의미론1: 의미 연구의 기초」. 한국문화사. / 강범모 역(2013). 「의미론2: 의미와 문법, 맥락, 행동」. 한국문화사.

_________(1981). *Language, Meaning, and Context.* London: Fontana.

Maat, H.P. & Degand(2001). Scaling causal relations and connectives in terms of speaker involvement. Cognitive linguistics. 12(3). pp.211-246.

Maat, H.P. and T. Sanders(2001). Subjectivity in causal connectives: An empirical study of language in use. Cognitive linguistics. 12(3). pp.247-274.

Mann, W.C.&Thompson, S. A.(1986). "Relational propositions in discourse." *Discourse Processes* 9(1). pp.57-90.

Mann, W. C.&Thompson, S. A.(1988). "Rhetorical structure theory: Towards a functional theory of text organization." Text 8(3). pp.243-281.

Mann, William C.(2005): http://www.sfu.ca/rst/

Nicholas, N.(1994). Problems in the Application of Rhetorical Structure Theory to Text Generation. unpublished Master's thesis. University of

Melbourne.

Taboada, M. T.&Mann, W. C..(2006). "Rhetorical structure theory: Looking back and moving ahead." Discourse Studies. 8(3). pp.423–459.

McCarthy, M(2001). *Discourse Analysis for Language Teachers.* Cambridge University Press.

Meyer, B.J.F.(1985). Signalling the Structure of Text. In Jonassen. In D,H(ed) The Technology of Text 2. Educational Publications.

Oh, Sang–suk(2005). A multi–level semantic approach to Korean causal conjunctive suffixes –(e)se and –(u)nikka: A corpus–based analysis, *International Journal of Corpus Linguistics.* 10(4). pp.469–488.

Renkema, J.(1992). *Discourse Studies an Introductory Textbook*(이원표 역(2002). 「담화연구의 기초」. 한국문화사).

Schiffrin, D.(1987). *Discourse Marker*. Cambridge University. Press.

Palmer, F.R.(1986). *Mood and Modality*. Cambridge Univ. Presss.

Sperber, D. & Wilson, D.(1993). *Relevance*(김태옥, 이현호 공역(1994), 「인지적 화용론 적합성 이론과 커뮤니케이션」. 한신문화사).

Stadler, S. A.(2011). "Coding Speech Acts for Their Degree of Explicitness." Journal of Pragmatics 43(1). pp.36–50.

Steiner, E.(2005). "Explicitation, its lexicogrammatical realizationm and its determining(independent) variables - towards an empirical and corpus–based methodology. SPRIKreports 36. pp.1–42.

Sweetser, E.(1990). *From etymology to pragmatics: Metaphorical and cultural aspects of semantic structure.* Cambridge University Press.

van Dijk, T.A.(1980). *Textwissenschaft Eine inter disziplinare Einfuhrung(*정시호 역(1995). 「텍스트학」. 민음사).

______________(1993). "Principles of Critical Discourse Analysis." Discourses & Society 4(2). pp.249–283.

찾아보기

민족문화연구총서 출간현황(~2023.11.1)

NO	서명		저자	정가
1	총서1	19世紀 韓國 傳統社會의 變貌와 民衆意識	진덕규	9,000
2	총서2	洪武正韻譯訓의 新研究	박병채	10,000
3	총서3	고조선에 대한 새로운 해석	김정배	35,000
4	총서4	韓國 近代教育法制 研究	안기성	13,000
5	총서5	韓國 近代戲曲史 研究	서연호	11,000
6	총서6	韓國 巫俗의 綜合的 考察	김인회	9,000
7	총서7	朝鮮 後期의 詩經論과 詩意識	김흥규	8,000
8	총서8	高麗時代 佛教詩의 研究	인권환	9,000
9	총서9	韓國 現代詩意識 研究	이기서	8,000
10	총서10	道家思想의 研究	이강수	8,000
11	총서11	조선후기 군수광공업사 연구-조총·화약·연환제조를 중심으로	유승주	22,000
12	총서12	西學에 대한 韓國實學의 反應	최동희	9,000
13	총서13	朝鮮前期 制度言論 研究	목정균	9,000
14	총서14	韓國 現代詩史의 代位的 構造	오탁번	7,000
15	총서15	개정증보-金鰲新話 研究	설중환	17,000
16	총서16	韓國의 傳統婚禮 研究	박혜인	9,000
17	총서17	古小說의 原始宗教思想 研究	박용식	10,000
18	총서18	가톨릭과 朝鮮後期 社會變動	노길명	10,000
19	총서19	1920年代 韓國小說 研究	송하춘	8,000
20	총서21	朝鮮後期 天主教史 研究	조광	8,000
21	총서23	朝鮮後期 小說讀者 研究	대곡삼번	7,000
22	총서24	전면개정판-한국의 옛길 嶺南大路	최영준	28,000
23	총서25	金東仁 研究	김춘미	9,000
24	총서26	韓國古代社會의 軍事와 政治	김영하	13,000
25	총서27	古墳出土 副葬品 研究	윤세영	10,000
26	총서31	云丁散藁	김춘동	15,000
27	총서32	韓國現代詩의 意識現象學的 研究	최동호	9,000
28	총서34	韓國 家庭小說 研究	우쾌제	10,000

29	총서36	國語被動 硏究	배희임	8,000
30	총서37	韓國古典文學의 原典批評的 硏究	정규복	11,000
31	총서38	企齋記異 硏究	소재영	10,000
32	총서40	法을 통한 朝鮮植民地 支配에 관한 硏究	영목경부	14,000
33	총서42	국어내용연구1	배해수	14,000
34	총서43	日帝末期의 韓國小說 硏究	김종균	12,000
35	총서44	國語 體言化構文의 硏究	홍종선	8,000
36	총서45	羅末麗初의 豪族과 社會變動 硏究	김갑동	10,000
37	총서46	古代國語學 硏究	박병채	13,000
38	총서47	牧民心鑑 硏究	김성준	8,000
39	총서48	韓國傳統音樂 論究	한명희	9,000
40	총서49	漢字語系 歸化語 硏究	조세용	7,000
41	총서51	韓國近代敎育思想 硏究	차석기	11,000
42	총서53	古代國語의 語彙 硏究	천소영	9,000
43	총서54	春香傳의 辭說形成 原理	전경욱	9,000
44	총서55	近代轉換期의 言語와 文學	홍일식	9,000
45	총서56	北靑方言의 音韻論	이기동	7,000
46	총서57	韓國文學의 考證的 硏究	최강현	14,000
47	총서58	현대시·시조통합이론	민병기	15,000
48	총서59	高麗 武臣政權期 農民·賤民抗爭 硏究	이정신	10,000
49	총서60	白頭山 說話 硏究	정재호	18,000
50	총서63	朝鮮朝 畿湖學派의 禮學思想에 關한 硏究	배상현	13,000
51	총서65	栗谷李珥의 聖學硏究	장숙필	7,000
52	총서66	韓國古地名辭典	전용신	14,000
53	총서67	高麗·朝鮮時代 敍事文學 發展의 硏究	성택승	8,000
54	총서68	渤海史의 綜合的 考察	한규철	14,000
55	총서70	韓國 近代小說論 硏究	윤충의	9,000
56	총서72	韓國近世 禪家文學	서규태	8,000
57	총서73	조선 중기 정치권력구조 연구	정홍준	9,000
58	총서75	조선후기 운서 한자음 연구	정경일	11,000

59	총서77	高麗 前期 私田 硏究	윤한택	8,000
60	총서78	근대 한국 고등교육 연구	한용진	25,000
61	총서79	심능숙 문학의 연구	장효현	15,000
62	총서81	韓國 近代 文學批評論 硏究	신재기	10,000
63	총서85	한국 현대비평의 문체	이병헌	11,000
64	총서87	조선후기 시가의 현실인식	박노준	12,000
65	총서89	고구려 전기 정치사 연구	금경숙	9,000
66	총서90	독립국가연합 고려인의 생활과 의식	윤인진	10,000
67	총서91	美軍政下의 敎育政策 硏究	김용일	10,000
68	총서92	조선시대 성리학의 연구	윤사순	10,000
69	총서93	朝鮮後期 中人層 漢文學의 硏究	윤재민	14,000
70	총서94	범주문법	강범모	8,000
71	총서95	조선 후기 우화소설 연구	정출헌	12,000
72	총서96	高麗後期 政房 硏究	김창현	12,000
73	총서97	토끼傳·水宮歌 硏究	인권환	16,000
74	총서100	日帝下의 朝鮮貿易 硏究	송규진	10,000
75	총서101	지리산지 농업과 촌락 연구	정치영	20,000
76	총서103	高麗時代 中樞院 硏究	박용운	14,000
77	총서104	조선초기 전세제도 연구	강제훈	13,000
78	총서106	기정진 철학사상 연구	박학래	9,000
79	총서107	조선후기 인성·물성논쟁의 연구	이애희	13,000
80	총서109	서사문법시론	강헌국	9,000
81	총서110	북간도 한인사회의 형성과 민족운동	김춘선	32,000
82	총서111	주자학에서 실학으로	김용헌	35,000
83	총서113	朝鮮初期 性理學과 歷史學-기억의 복원, 좌표의 성찰	오항녕	18,000
84	총서114	조선후기 사회변화와 시가문학	정흥모	20,000
85	총서116	판소리 유파와 명창의 세계	김기형	22,000
86	총서117	조선후기 시가사와 가곡 연행	신경숙	20,000
87	총서119	性理學 受容器 佛敎 批判과 政治思想的 變容 -鄭道傳과 權近을 중심으로	이정주	13,000

88	총서122 조선후기 가집 연구	이상원	27,000
89	총서123 개정판-학교문법교육론	이관규	24,000
90	총서124 근대 동아시아와 한국 자본주의	김윤희	18,000
91	총서125 조선후기 자연학의 동향	김문용	13,000
92	총서127 한국 고전소설과 정신분석학	강상순	25,000
93	총서128 미국의 헤게모니와 한국민족주의	허 은	23,000
94	총서130 한용운과 근대성	김종인	15,000
95	총서131 大韓帝國期 民族談論과 國家構想	백동현	16,000
96	총서132 19세기 문예사와 기생의 한시	박영민	20,000
97	총서136 빈도 효과-코퍼스를 활용한 국어 문법의 기술	김일환	18,000
98	총서137 규방가사의 전통성과 근대성	백순철	20,000
99	총서138 일제 강점기 설화·동화집 연구-우리 옛이야기의 정체성 찾기	권혁래	18,000
100	총서139 신문관의 출판 기획과 문화운동	권두연	30,000
101	총서140 아동문학의 숨은 의미와 가치	노제운	16,000
102	총서142 한국의 자유민주주의와 『사상계』	이상록	24,000
103	총서143 전통연행을 보는 또 하나의 시각	허용호	35,000
104	총서144 조선조 오륜시가의 역사적 전개 양상	하윤섭	24,000
105	총서145 정약용의 철학사상과 체제개혁론-주희와의 비교를 중심으로	전성건	15,000
106	총서146 누정기를 통해 본 한국한문산문사	안세현	16,000
107	총서147 시적 정의와 시의 윤리	여태천	24,000
108	총서148 16세기 후반~17세기 전반 산문 연구	안득용	23,000
109	총서149 검열, 실종된 작품과 문학사의 복원	문한별	22,000
110	총서150 낙하생 이학규의 시문학 연구	이국진	20,000
111	총서151 방각본 영웅소설의 지역적 특성과 이념적 지향	엄태웅	22,000
112	총서152 영체와 행사에서 본 정약용의 종교적 의식	이숙희	15,000
113	총서154 19세기 상·하층 소설의 접점과 문화적 의미	장예준	30,000
114	총서156 한국 근대문학의 형성과 진화론	이만영	22,000
115	총서157 한국 근대시의 형성과 한문맥의 재구성	정기인	23,000
116	총서158 동아시아의 사신영접의례와 공연문화	민태혜	30,000
117	총서159 명사 구성 합성어의 의미 구조	김숙정	15,000

118	총서160　4·19세대 문학과 자기형성의 서사학	고지혜	15,000
119	총서161　한국어 비종결 문말 형식의 탈종속화 연구	박주원	18,000
120	총서162　고려시대 외국인 이주 연구	이바른	24,000
121	총서163　전사 자료를 통해 본 한국어 전설모음의 형성 과정	허인영	22,000
122	총서164　한국어 발화의 시간 구조	유도영	18,000
123	총서165　한국어 텍스트 단위의 비명시적 인과 접속 연구	정주연	18,000

民族文化研究叢書 165

한국어 텍스트 단위의 비명시적 인과 접속 연구

2023년 11월 1일 초판 1쇄 펴냄

저　자 정주연
발행인 이형대
발행처 고려대학교 민족문화연구원

등록번호 1964년 9월 28일 제6-18호
주소 서울특별시 성북구 안암로 145
전화 02-3290-1610~4
팩스 02-926-8385
http://riks.korea.ac.kr

ISBN 978-89-7155-193-6 94700
978-89-7155-073-1 (세트)

정가 18,000원